LES LIMITES DU CERTAIN

LES LIMITES DU CERTAIN

Affronter les risques dans une nouvelle économie de service

ORIO GIARINI
ET WALTER R. STAHEL

Un volume dans la Série d'Informations du Club de Rome

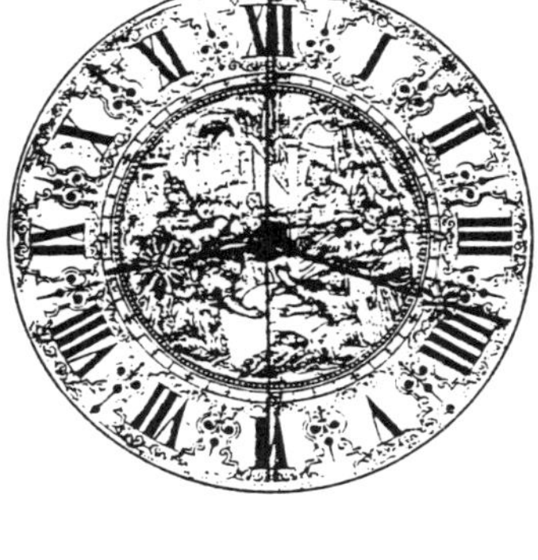

PRESSES POLYTECHNIQUES ET UNIVERSITAIRES ROMANDES

DANS LA MÊME COLLECTION

Le chercheur à la recherche de lui-même
Sens et limites de la recherche scientifique

André Delessert, Lawrence W. Freedman, Josef Hofstetter, François Jéquier, Marcel Jufer, Carl-A. Keller, J.-Claude Piguet, Dominique Rivier, François Schaller, Pierre-Bernard Schneider

Pour une informatique consciente
Réflexions sur l'enjeu humain
et l'impact socio-culturel de l'informatique
rassemblées par Pierre-Gérard Fontolliet

Le huitième jour de la création
Introduction à l'entropologie
Jacques Neirynck

L'ordre et la volupté
Essai sur la dynamique esthétique dans
les arts et dans les sciences
Roland Fivaz

Aventures mathématiques
Miguel de Guzmán

Première épître aux techniciens
Philippe Baud et Jacques Neirynck

Si vous désirez être tenu au courant
des publications de l'éditeur de ces ouvrages
envoyez vos noms et adresse
aux Presses polytechniques et universitaires
romandes (EPFL-Centre Midi, 1015 Lausanne,
Suisse) qui vous enverront leur catalogue général.

Illustrations de la couverture et intérieur
Tardy, *Les plus belles pendules suisses*,

ISBN 2-88074-188-2

Imprimé en Suisse, Schüler SA

A Fabio Padoa,
dont l'aide et l'enthousiasme
ont été essentiels
dans l'élaboration de cet ouvrage.

Préface

Je considère comme un privilège d'avoir été invité à préfacer *Les limites du Certain*. Il peut sembler paradoxal, à première vue, de demander au théoricien de la physique que je suis de s'exprimer sur une monographie qui traite surtout de l'économie de service; je suis néanmoins ravi de pouvoir le faire. Il est en effet frappant que deux disciplines de nature aussi radicalement différente que la physique et les sciences sociales – en particulier les sciences économiques – puissent présenter des analogies aussi constructives. Il n'est pas question ici de réductionnisme. Personne ne prétendra réduire les sciences sociales à la physique, ni utiliser les phénomènes d'interactions sociales à seule fin de formuler de nouvelles lois sur l'atome. L'enjeu présent se situe bien au-delà d'une simple réduction: il est synonyme de l'effondrement d'une distinction ancienne entre les sciences dites «dures» et les sciences «douces».

Cette distinction relève d'une longue histoire. Il convient de rappeler l'influence qu'eut la réussite de Newton sur la définition des buts de la recherche scientifique. Cette influence a induit la formation de modèles d'équilibres pour l'ajustement de l'offre et de la demande comme l'a bien remarqué Walter Weisskopf: «Le paradigme newtonien qui sous-tend les théories économiques – classiques ou non – interprète l'économie en fonction de schémas développés par la physique et la mécanique traditionnelles, en analogie avec le système planétaire, la machine et l'automate: elle serait un système clos, autonome, régi par des facteurs endogènes de nature hautement sélective, auto-régulateur, qui se déplacerait vers un point d'équilibre déterminé et prévisible» (Les communications de Genève sur le Risque et l'Assurance, 9, 33, pp. 335 à 360). Giarini et Stahel écrivent «qu'il n'est plus justifié «scientifiquement parlant» de considérer un état d'équilibre en économie (en référence au modèle newtonien) comme prémisse de l'analyse économique».

En effet, tenter de combiner la mécanique classique et les sciences humaines revenait à se lancer dans un mariage contre nature. La science classique décrivait un monde statique, les sciences humaines, quant à elles, traitent de situations en perpétuelle évolution où l'idée même d'équilibre n'a aucun sens. Pensons un instant au cauchemar que décrit Orwell dans *1984* et nous aurons une parfaite illustration de ce à quoi une telle situation aboutirait: une forme de société hors du temps, imposée par une force brutale ou par une technologie sophistiquée. Il est hors de doute que cette idée n'est pas applicable aux sociétés telles que nous les connaissons à notre époque.

Nos idées sur le rôle du temps dans les sciences *exactes* ont radicalement changé au cours des dernières décennies. La formulation du *paradigme d'Heisenberg*, exprimé dans les relations quantiques d'incertitude, a pratiqué une première brèche. Elle a marqué une étape décisive dans le sens où la mécanique quantique fut essentiellement la première science à ne plus être décrite en termes déterministes. Bien entendu ce changement n'a pas manqué de susciter des conflits idéologiques. Einstein, par exemple, niait le caractère statistique de la mécanique des quanta; dans l'une de ses dernières communications, il écrivait que, de toutes manières, le caractère statistique de la mécanique quantique ne pouvait s'appliquer qu'aux problèmes microscopiques, tandis que le déterminisme continuait d'être de rigueur dans une perspective macroscopique. C'est à partir de ce point précis que les recherches de ces dernières décennies ont abandonné Einstein.

Nous savons maintenant que le comportement de systèmes soumis à des conditions de non-équilibre ne peuvent être décrits qu'en des termes où il est remarquable que se croisent déterminisme et probabilités, et ce même à l'échelle macroscopique. Un exemple bien connu est l'instabilité dite de Bénard, qui appararaît lorsque l'on soumet une mince couche de liquide à un gradient vertical de température. Pour une valeur-seuil de ce gradient, l'état de repos du liquide devient instable, et la propagation de la chaleur commence à se faire par l'intermédiaire de rouleaux de convections. Cette convection crée un phénomène de rupture de symétrie, c'est-à-dire que deux points qui étaient *équivalents*, ou pratiquement à la même place avant l'instauration de la contrainte de chaleur, sont maintenant impliqués dans des rouleaux de convection distincts. Nous pouvons même dire que, pour une région donnée de l'espace, le choix entre ces diverses possibilités dépend de fluctuations statistiques décrites par les lois de la probabilité.

Ceci est une caractéristique générale des systèmes dynamiques instables. Selon notre point de vue actuel, quelles que soient les précisions (limitées) dont nous disposions sur les conditions initiales de tels systèmes, nous ne pouvons prédire qu'en termes de probabilités de réalisation de l'un des nombreux états possibles. Ce n'est en aucun cas le résultat d'une défaillance de l'esprit humain. Loin de là. Giarini et Stahel écrivent que «le rêve positiviste de parvenir à l'omni-science dans un monde statique abstrait tient essentiellement du fantasme intellectuel». En effet, ce rêve a des racines métaphysiques; on le comprend à la lecture de la correspondance échangée entre Clarke (qui parle pour Newton) et Leibniz. Comme on le sait, Leibniz entame la polémique en accusant Newton de ne pas avoir une très haute opinion de Dieu: à l'instar d'un piètre horloger, le Créateur serait, en effet, obligé de régler son œuvre de temps à autre. Pour Leibniz, il était en effet inconcevable que Dieu restât ignorant de ce qui se produirait dans un futur lointain et arbitraire, quel que fût le moment pris en considération. Dans cette tradition, un large courant de la physique moderne a tenté de nier l'importance, voire même l'existence du temps. Dans une telle perspective, il apparaissait donc que la preuve même de la validité d'un savoir tenait à sa capacité d'éliminer le temps. C'est ce préjugé d'ordre métaphysique qui est actuellement en train de disparaître.

La science moderne est maintenant en situation de reconnaître l'importance du temps car elle a abandonné le mythe de l'omniscience. Ceci est le préalable qui nous permet d'aborder l'*événement* – en soi imprévisible de manière déterministe. La position de la terre par rapport au soleil dans un nombre d'années donné passera difficilement pour un événement. En revanche, la naissance de Mozart aura profondément marqué l'histoire de la musique occidentale.

Il est clair qu'on ne pourra pas simplement se contenter d'appliquer ce qui a été obtenu en physique ou en chimie à ces problèmes délicats. Les hommes se souviennent et anticipent; ils possèdent des systèmes de valeur qui déterminent leurs comportements. Comme le disent Giarini et Stahel dans leur Déclaration à propos d'un *Centre de réflexion sur l'incertitude*: «Une civilisation est une certaine manière de vivre et d'engendrer des faits: c'est une *attitude spécifique* par rapport à la vie et à l'acceptation de l'incertitude». De toute évidence, une responsabilité d'ordre éthique est liée à un monde d'incertitude. Là réside, j'en suis persuadé, l'un des principaux sujets d'intérêt de l'ouvrage de Giarini et Stahel. Il nous permet de mieux comprendre la valeur de l'incertitude et de situer notre action et nos décisions dans le monde réel et non dans un monde irréel, déterministe, très éloigné de l'univers dans lequel nous vivons. Je suis certain que ce livre intéressera les lecteurs bien au-delà des seuls domaines de l'économie et de la sociologie, car il suggère de nombreuses réflexions sur des décisions que nous aurons à prendre demain.

Bruxelles, mai 1990

Ilya Prigogine
Prix Nobel de Chimie

Avant-propos

Les rapports publiés sous l'imprimatur du Club de Rome sont des études habituellement commandées dant le but d'explorer, d'analyser et de délimiter des complexes problématiques particuliers, dans l'espoir d'aider les décideurs à mieux comprendre les données qu'ils traitent. Le fécond travail d'Orio Giarini, *Dialogue sur la Richesse et le Bien-être* réalisé en 1980, appartient à cette catégorie. Il avait pour but de présenter des concepts neufs sur la façon dont les facteurs écologiques pouvaient être intégrés dans la pensée économique. L'évolution d'un certain nombre de grandes tendances an cours de la présente décennie apporte la preuve qu'une telle approche est indispensable. Par exemple, la reconnaissance de l'existence d'un grand nombre de phénomènes de macropollution rendra d'autant plus manifeste le fait que les considérations écologiques ne concernent plus seulement les amoureux de la nature, mais touchent aussi d'important facteurs économiques, politiques, industriels ou agricoles.

Outre ces rapports destiné au Club de Rome, nous accueillons de temps à autre des études exceptionnelles, entreprises spontanément par nos membres, et qui entrent dans la série des *Informations du Club*. Le présent ouvrage fait partie de cette catégorie en tant qu'analyse du développement de la société post-industrielle, que les auteurs explicitent, très justement à mon avis, sous les termes d'*économie de service*.

La complexité, l'incertitude et les changements rapides, caractérisent le monde contemporain, tandis que d'un point de vue intellectuel, nous assistons à la disparition de la notion de déterminisme. Les politiques, les structures institutionnelles et la pensée traditionnelle contribuent de plus en plus difficilement à assurer la maîtrise de cette situation. Il est important que les dirigeants de la sociétés, qu'ils soient au pouvoir, dans l'industrie ou dans l'éducation, apprennent à mieux comprendre le concept de l'incertitude, inséparable à la notion de risque. Que ce soit au niveau de la vie de l'individu ou de celui des entreprises et des pays, la perception du risque est hautement subjectives et parfois tellement entachée d'irréel qu'elle suggère des actes parfois déroutants et irresponsables. Le présent ouvrage participe de manière importante et lucide à la compréhension, à la fois de la nature de l'économie de service, et de la notion de prise de risque consciente dans un contexte nébuleux d'incertitude. Il sera non seulement d'un grand intérêt pour les économistes et les sociologues, même si sa lecture doit sans doute en déranger plus d'un, mais aussi pour un public averti, soucieux de l'avenir de la société.

Alexander King
Président du Club de Rome

Remerciements

Cet ouvrage, publié sous les auspices du Club de Rome, fait en réalité suite à un rapport sorti en 1980, dans le cadre de cette même organisation et intitulé *Dialogue sur la richesse et le bien-être* (Orio Giarini, Economica, Paris). Dans ce dernier l'auteur avance l'idée que *les limites de la croissance* correspondent essentiellement aux limites que rencontre un type de croissance économique bien spécifique, tel qu'il a été développé avec succès par la Révolution Industrielle au cours d'une période de deux cents ans. Ce premier rapport enchaînait sur une proposition de nouvelles croissances économiques et écologiques, tant dans la pratique que dans la théorie, basées sur une révision de la notion de valeur économique.

Cette évolution s'est produite parallèlement à celle de la pensée philosophique fondamentale qui tend progressivement à privilégier l'indéterminisme par rapport au déterminisme. De plus en plus les notions de risque et d'incertitude sont prises en considération en tant que lieux de nouveaux challenges, s'opposant ainsi à une perception typique de l'ère déterministe: le risque et l'incertitude, vus comme le reflet d'un niveau de *connaissance imparfaite* auquel la science devrait nécessairement apporter remède. On s'efforcera, au contraire, de donner désormais une connotation positive à la notion de risque et d'incertitude.

Une rencontre, organisée par le *Risk Institute Project Group* qui s'est tenue à Paris en 1986, est à l'origine du projet de cet ouvrage. Parmi les participants, on remarquait la présence de Raymond Barre, André Danzin, Montague March, Fabio Padoa, Richard Piani, Ilya Prigogine, Jean-Pierre Ritter, Alvin Toffler et Orio Giarini.

L'étape suivante fut la fondation de PROGRES (programme de recherche sur l'économie de service), à Genève, en 1987 avec la collaboration de Jean Rémy Roulet, à qui l'on doit la version finale du texte présent. Les idées proposées dans le rapport du Club de Rome avaient mûri entre temps car il apparaissait clairement que la situation économique actuelle n'était plus simplement d'ordre *post-industrielle*, de même que la Révolution Industrielle n'avait pas non plus été un phénomène *post-agraire*. En gardant présent à l'esprit que le succès du progrès économique repose toujours sur une meilleure répartition des ressources et compte tenu que celles-ci ne restent accessibles que grâce aux activités de services, l'étape intellectuelle suivante fut d'admettre que leur mesure et leur exploitation nécessitaient un cadre de référence théorique nouveau. Ce cadre se base sur les notions de risques et d'incertitudes, plutôt que sur les valeurs déterministes d'un système économique traditionnel d'équilibre parfait ou du moins supposé tel. Les services représentent des performances en périodes de temps réel, et exigent donc, pour la détermination de leur valeur, de dépendre des probabilités. Ceci est comparable à la fixation de *prix* d'une police d'assurance, ou estimation de la probabilité et du coût d'événements dans le futur. Une situation d'équilibre n'est qu'une possibilité parmi d'autres, contingente des *bifurcations*, comme dirait Ilya Prigogine. C'est la raison pour laquelle *Les Limites du Certain* traitent également des fondements économiques de l'économie de service.

L'activité d'enseignement et de recherche de PROGRES, à l'Institut universitaire d'études européenne de Genève, ont permis aux auteurs de vérifier et de discuter en permanence des thèmes de ce livre.

Nous souhaitons, ici, remercier tous ceux qui, au fil des ans, nous ont prodigué leurs encouragements et nous ont aidés dans notre recherche en ce domaine. Toutefois, nous restons les seuls responsables des imperfections de cet essai que nous sommes très désireux de soumettre à une féroce controverse.

Genève, mai 1990

Orio Giarini
Walter Stahel

Chapitre 1

Introduction

A la recherche du progrès:
des «limites de la croissance» aux «limites du certain»

En 1972 paraissait le rapport au Club de Rome intitulé *Les limites de la croissance*. Au moment de sa publication (un an avant la crise pétrolière de 1973), la notion même de limite de la croissance qui avait été avancée fit l'effet d'un véritable coup de tonnerre en plein ciel bleu. Elle confirmait ce qui n'était alors qu'une intuition en prédisant qu'il ne serait plus possible d'extrapoler indéfiniment l'avenir à partir de ce quart de siècle doré: la polémique ouverte à cette époque nous aura aidés à mieux faire face aux difficultés des années 70.

A l'heure actuelle, même si au terme des années 80 nous retrouvons avec de plus en plus d'acuité certains des principaux problèmes posés par le Club de Rome (en particulier en ce qui concerne l'interdépendance mondiale et la limitation de la croissance démographique) dans la plupart, sinon la totalité, des pays du monde, il nous faut néanmoins reconsidérer la question des limites de la croissance.

Ce qui, dans les années 70, avait été interprété essentiellement comme un problème de limitation de la croissance économique générale, apparaît de plus en plus comme la fin du grand cycle de la Révolution Industrielle classique. C'est ce que les simulations de Jay Forrester et de Denis Meadows mettent en relief. Nous n'assistons pas au déclin de la croissance économique en tant que telle, mais à la fin d'une certaine forme de croissance économique, c'est-à-dire celle qui repose à la fois sur le développement d'outils de plus en plus puissants et de plus en plus rapides, sur des investissements productifs plus matériels qu'intellectuels, sur le développement de machines au détriment de l'organisation, sur les produits tangibles au détriment de la communication. Bien évidemment, une part importante de l'économie reposera toujours sur l'outil et le matériel (hardware), et nous ne pourrons jamais nous passer de l'agriculture. Mais de nos jours, ces éléments n'entrent plus que pour une modeste part dans la somme de travail vraiment générateur de richesses et de bien-être social. A l'intérieur même des industries les plus traditionnelles, tout comme à l'intérieur de l'agriculture, les fonctions de type *service* sont devenues prédominantes. Dans la plupart des secteurs d'activité matérielle, la technologie a manifesté, depuis presque vingt ans maintenant, des signes de rendements décroissants. En revanche on constate l'inverse, précisément dans les activités de types post-industriels qu'on appelle *fonctions de service.*

Le contraste entre la surproduction agricole de l'Europe et des Etats-Unis et la famine qui sévit en Afrique et en Asie illustre de manière tragique ce qui précède: cet état de fait n'est plus lié à l'importance du coût de production de denrées, mais à celui de leur stockage, transport et distribution. Ces services entrent pour 80% du coût total, car l'agriculture est devenue avant tout une activité de service. C'est donc aux technologies qui lui sont propres que revient la tâche de résoudre les problèmes capitaux de notre développement économique moderne. La manière dont elles s'intégreront dans les schémas des cultures et des organisations existantes sera déterminante.

A l'instar d'Adam Smith qui écrivit son ouvrage sur la «Richesse des nations» en 1776, seulement vingt ans *après* le début du premier grand cycle de la Révolution Industrielle, nous nous trouvons nous-mêmes au coeur de ce que nous pouvons appeler l'économie de service. Il est donc grand temps de réajuster notre interprétation économique des événements à la lumière de ce qui se passe actuellement.

Dans cette perspective, ce quart de siècle doré peut être envisagé comme l'ultime manifestation glorieuse de la Révolution Industrielle classique et les années 70 comme une période de conflit entre les nombreux aspects de la nouvelle réalité économique et nos modèles de pensée et de comportement déjà dépassés. Bien sûr, à ce stade, nous pourrions décréter que la réalité est irrationnelle et incompréhensible, ou que nous avons échoué dans notre effort de renouvellement de nos modèles d'analyse et d'interprétation. Nous sommes fermement convaincus du bien-fondé de la seconde hypothèse et, en conséquence, nous nous proposons d'examiner trois grands points, dans une volonté de participer à la «réédification» des années 80 et 90.

Un tel processus est étroitement lié à notre aptitude culturelle à déceler au sein de l'époque d'incertitude qui est la nôtre, le début d'une ère nouvelle, pleine de défis à relever et susceptible de faire évoluer la société humaine. Une ère dans laquelle une recherche utopique de la certitude cédera la place à une meilleure compréhension de ses limites.

Trois grands préalables à la reconstruction d'une image du futur

1. Les contours de l'économie de service: identifier les secteurs qui conditionnent le progrès.
2. L'importance de l'offre dans le processus économique: retrouver la confiance accordée au «producteur» et à ses initiatives fondées sur le risque.
3. Le risque en tant que facteur positif: fonder devant l'incertitude une philosophie de stimulation du progrès.

IDENTIFIER LES SECTEURS QUI CONDITIONNENT LE PROGRÈS

Pour la plupart des pays du monde, l'économie de service que nous vivons ne se borne pas à représenter une situation dans laquelle seules les industries de service telles que la finance, l'assurance, les télécommunications et le transport, la maintenance et l'ingénierie, se développent indéfiniment. Les activités de service – et les emplois qui leur sont liés – prolifèrent de façon aussi significative à l'intérieur de l'industrie et de l'agriculture.

En outre, nombre de chefs d'entreprise, tant dans les secteurs de l'électronique, des télécommunications, que de la finance, n'hésitent pas à dire que la valeur de leurs produits est purement immatérielle. En fait, alors que le plus gros de l'activité de la Révolution Industrielle classique concernait le développement d'outils matériels, ou «hardware», le raffinement croissant, la complexité et l'interdépendance du développement technologique a provoqué un déplacement du centre de gravité de l'activité vers le «software», c'est-à-dire les moyens, les conditions et les compétences à travers lesquels sont employés, rendus possibles, accessibles et utilisables des supports matériels. Tous les services reposent plus ou moins sur le «hardware», par contre une foule de services sont indispensables pour que le «hardware» soit d'une quelconque utilité.

L'une des conséquences à la fois séduisante et stimulante d'une telle situation, même si au départ elle implique une source de difficultés, est l'importance croissante qu'on attache à la qualité du produit, à la qualité humaine ainsi qu'à une meilleure intégration des ingrédients économiques dans un contexte social et naturel plus large. Le maintien et le fonctionnement satisfaisant de systèmes complexes ne dépendent pas d'un nombre restreint de compétences: les connotations «service» de systèmes technologiques de pointe et de leur emploi adéquat sont une incitation à une intégration plus achevée des valeurs, des qualités et motivations humaines.

L'économie de service et, dans un sens plus large, la société de service constituent le cadre de référence par excellence des actions spécifiques liées aux grandes aventures nouvelles de nature à la fois économique et sociale.

IMPORTANCE DE L'OFFRE DANS LE PROCESSUS ÉCONOMIQUE

La redécouverte du fait que la valeur de l'être humain repose avant tout sur sa capacité à produire – à des fins individuelles ou générales – constitue un élément important dans le cadre de l'environnement économique et social actuel, au sein de la nouvelle société de service.

«La culture elle-même est désormais envisagée comme étant d'abord un produit destiné à la consommation et non plus – en priorité – comme un effort de production ...crises économiques et culturelles vont de pair...» écrivait en substance Denis de Rougemont [1].

Jusqu'à la fin du siècle dernier, l'économie classique soulignait l'aspect déterminant de l'offre. Et d'Adam Smith à Karl Marx, tous les économistes se sont particulièrement intéressés à celle-ci. Quant à Alfred Marshall, il s'est attaché à définir le meilleur équilibre théorique entre l'offre et de la demande dans le processus économique. Mais, par la suite et jusqu'à nos jours, l'école de pensée dominante en matière d'économie est restée fidèle à la notion de demande. Certes, demande et consommation jouent-elles un rôle important dans l'économie: cependant une telle approche se révèle fautive dès lors qu'elle entreprend de saper le rôle des activités de production ou de l'offre. Pire même, lorsque nous commençons à accepter l'idée que nous sommes ce que nous consommons plutôt que ce que nous produisons. Le temps est probablement venu de revoir les valeurs fondamentales et les codes de notre développement économique et social, du point de vue de leur efficacité et leur acception culturelle.

On trouvera ici les nombreuses explications et raisons qui ont parlé en faveur de la demande dans la pensée économique contemporaine: jusque dans les années 30, toutes les crises économiques ont été des crises de surproduction, de déflation et de sous-emploi: l'offre était devenue si pléthorique que la demande ne fut bientôt plus en mesure de la suivre, dans cette époque prékeynésienne. Des signes d'une forte poussée technologique avaient profondément ancré l'idée que nous entrions définitivement dans une ère de grande (sinon infinie) élasticité de l'offre. Mais cette supposition, relativement discrète, en dépit de son caractère fondamental, s'est révélée injustifiée par bien des aspects dans les années 70. La technologie, l'un des principaux facteurs de l'élasticité de l'offre, présente des degrés de rendements variables (en diminution ou en augmentation) en fonction des différents secteurs d'application et des époques: elle ne rend compte que du niveau quantitatif de rigidité ou d'élasticité relatives de l'offre.

En outre, le passage d'une économie essentiellement industrielle à celle de service a modifié les caractéristiques qualitatives de l'élasticité de l'offre. *Comment produire (fournir) des services accessibles* de la manière la plus rentable est désormais la bonne question à poser. Comment procurer les meilleurs systèmes de livraison des denrées alimentaires (ceci impliquant de toute évidence des systèmes de production intégrés), de santé, de logement, d'accueil, d'éducation et de loisirs, etc., constitue presque certainement le principal problème auquel nous sommes confrontés actuellement. La demande sera toujours souveraine dans le choix des propositions émanant de l'offre. La demande doit de plus en plus disposer de cette liberté de choisir. Mais les choix originaux relèvent de la décision du producteur, lequel ne découvre qu'après-coup la sanction de la demande. C'est justement cette liberté de décision qu'Henry Ford a mise en pratique lorsqu'il s'est lancé dans la fabrication automobile, s'exposant ainsi au risque d'entrepreneur, tout comme l'ont fait Mozart et Beethoven lorsqu'ils ont composé leur superbe musique. Beaucoup d'autres, dans leurs domaines respectifs, ont essayé d'affronter la demande et ont échoué, selon un processus analogue à celui de la nature où coexiste en permanence une surabondance de possibilités soumises à la sélection. L'équilibre entre l'offre et la demande intervient expost, seulement après que l'ensemble du processus de prise de risque est achevé. Au début règne une situation de déséquilibre; au mieux, nous aurons effectué une estimation des risques que nous encourons dans notre tentative de produire ou de créer quelque chose. En d'autres termes, nous vivons une situation d'incertitude créatrice, la norme pour tout ce qui est vivant.

Pendant plus de la moitié d'un siècle, les sciences économiques se sont surtout intéressées à la fonction d'utilité de la demande. Il est temps maintenant de rétablir l'équilibre et, dans le contexte de la nouvelle économie de service, de revoir tout particulièrement la situation de l'offre. L'offre se détermine là où – et ceci constitue le nouveau défi à relever – les services font intégralement partie des systèmes de support des outils et des matériels.

UNE PHILOSOPHIE DE STIMULATION DU PROGRÈS

Une caractéristique importante, probablement la plus significative, de ces modifications de l'environnement socio-économique réside dans le rapport qu'elles ont avec les progrès de la pensée scientifique et avec les découvertes de ce siècle. Plus généralement, cette caractéristique est liée à la relation entre les sciences sociales et les sciences exactes («douces» et «dures») qui constituent le fondement culturel de nos connaissances, de nos vues, de nos attitudes et comportements propres à notre vie individuelle et communautaire.

Lorsque l'économie est devenue l'objet d'une science sociale reconnue (dans un processus engagé par la définition de la valeur par Adam Smith en 1776), sa principale source d'inspiration et sa référence dépendaient des hypothèses culturelles et scientifiques de l'époque. L'économie s'est imposée comme un précieux outil d'analyse, de compréhension et de systèmatisation du processus en cours de la Révolution Industrielle. Il nous suffira d'évoquer seulement quelques unes de ces hypothèses fondamentales. Newton avait imposé une notion d'équilibre, comme la référence de base pour comprendre l'univers. Cet équilibre était statique, et il a survécu jusqu'à ce qu'Einstein entame la révolution scientifique moderne en ajoutant le temps en tant que quatrième dimension de l'espace.

Heisenberg et la théorie des quanta ont introduit la notion de systèmes indéterminés, triomphant ainsi les objections d'Einstein encore plongé dans la recherche d'un modèle universel de connaissance scientifique qui éliminerait l'incertitude. En 1983, Ilya Prigogine écrivait ceci:

> «Nous sommes de plus en plus nombreux à penser que les lois fondamentales de la nature sont irréversibles et stochastiques: c'est-à-dire que les lois déterministes et réversibles ne sont applicables que dans des situations contraignantes.»

Plus loin il écrivait ceci:

> «Au cours de la dernière décennie, nous avons appris que dans des conditions de non-équilibre, le matériel le plus simple peut adopter un comportement complexe. De nos jours, notre attention se porte davantage sur les systèmes de non-équilibre qui interfèrent avec leur environnement par le flux d'entropie» [2].

Il n'y a plus désormais de justification *scientifique* à considérer un état d'équilibre (en référence au modèle newtonien) comme la prémisse d'une analyse économique. Dans certains cas, l'équilibre est souhaitable, mais le progrès économique peut tout aussi bien dépendre d'états de non-équilibre désirables et spécifiques, dans des cas où le système industriel débouche sur une multiplicité de fonctions et d'interactions nouvelles, typiques de l'économie de service. La principale question concernant l'économie du futur pourrait tout aussi bien cesser de se poser de la façon suivante: «comment réussirons-nous à parvenir à un équilibre parfait (certain)?» et devenir désormais: «comment allons-nous créer ou stimuler des situations de non-équilibre productif, dotées, à l'encontre de la philosophie newtonienne, d'une réelle dimension temporelle?» Toutefois, le modèle encore subsumé par le courant actuel de la pensée économique repose sur le paradigme fondamental qui est le sien, c'est-à-dire sur le principe d'équilibre parfait et de certitude conforme au modèle scientifique statique de Newton.

Malheureusement, cela veut dire que le modèle économique actuel se réfère à des prémisses scientifiques que la science a elle-même délaissées depuis longtemps.

L'incertitude: la situation nécessaire à la construction d'un futur

L'intuition nous suggère que le développement social et économique moderne ne dépend pas tant de la détermination d'objectifs parfaits, déterministes et sûrs que du développement d'activités créatrices, dans un monde où l'incertitude, la probabilité et le risque sont un trait donné.

Ceci ne revient pas à faire un pas en arrière dans la direction de l'irrationnel. Bien au contraire, davantage d'intelligence, de rationalité, davantage d'initiative sont nécessaires pour faire face à des situations d'incertitude, qui, après tout, font partie de l'expérience quotidienne de tout un chacun. La vision simplificatrice de robots mécanisés, programmés appartient davantage à un monde déterministe: la tentative de parvenir à une *certitude* dans l'abstrait et à une *parfaite information* ne peut qu'aboutir à un système pseudo-religieux, sectaire, d'un côté, ou de l'autre, à l'annihilation de toute intelligence, à la destruction de tout espoir de développement et de créativité. De là l'atmosphère de pessimisme qui règne sur le monde. Le mariage de la pensée scientifique contemporaine avec les sciences sociales, et en partie avec les sciences économiques, dans un monde de plus en plus complexe qui interagit même au-delà des limites de la planète Terre, nous incite, à la fois moralement et intellectuellement à reconstruire une image du futur. En apprenant à affronter l'incertain et à gérer les risques sous ces horizons nouveaux, la condition humaine pourrait bien à son tour franchir un véritable saut qualitatif.

En termes économiques, le processus de production – dans son sens le plus large – est toujours décidé *ex ante*: l'incertitude quant au résultat peut et doit être réduite le plus possible. Mais la récompense ou la sanction au-delà du processus de sélection, c'est-à-dire la convergence avec la demande, se produira toujours plus tard, après que l'initiative de produire (qui un ordinateur, qui un opéra) a été prise dans des conditions naturelles d'incertitude. Quelles que soient les garanties et les précautions prises, une marge de réajustement existera toujours: plus l'entreprise sera importante, plus cette marge d'incertitude ou d'imprévisible sera grande, parce que le temps réel, celui des êtres vivants, est à prendre en considération.

Même en termes d'équité ou de justice sociale, le problème n'est pas de produire, de vendre ou de distribuer la sécurité, selon un système qui est de toutes façons un leurre aussi bien en politique (voir les dictatures de notre siècle) qu'en économie (l'état souverain ou la protection communautaire a limité la capacité des institutions sociales à donner de la sécurité, et les a rendues progressivement vulnérables, inefficaces; en dernier ressort, elles sont devenues les instruments d'une plus grande insécurité dans l'ensemble). L'équité repose de plus en plus sur une plus grande capacité physique et culturelle des individus et des communautés à identifier, maîtriser, réduire et exploiter les risques et les incertitudes grâce à leur aptitude à leur faire face: les risques mêmes qu'affrontent toute espèce vivante et qui la rend créative.

La pauvreté radicale est une situation dans laquelle on ne peut faire face à aucun risque, on ne peut faire aucun choix.

En définitive, en termes culturels, aucune entreprise ne se bâtit sur les rêves seuls et aucune ne se bâtit en dehors d'eux. L'action, celle qui réussit, est par nécessité le résultat de considérations pratiques. Mais le but de toute action est défini implicitement ou explicitement par la nature profonde de l'être humain, ses rêves, sa vision de la vie, sa culture. La dynamique de la vie, le défi du risque et de l'incertitude, nous demandent aujourd'hui un nouvel effort de créativité qui nous mènera à la reconstruction et à la reconquête de la notion de progrès, celle que les philosophies et les idéologies de la certitude ont mise à mal et presque détruite. Il n'y a de vraie culture humaine que celle qui progresse avec le processus de création de la vie réelle, dans la production et l'évaluation continue de chacune de nos entreprises, avec une image du futur que nous façonnerons pour nous-mêmes.

Chapitre 2

Le risque et son nouveau champ d'action: l'économie de service

L'héritage de la Révolution Industrielle

L'ABANDON DU PARADIS POUR UN MONDE DE RARETÉ

Un beau jour, dit la Bible, Adam et Eve furent chassés du Jardin d'Eden et contraints, afin de survivre, de se lancer dans une existence de labeur et de peine. Ils venaient de quitter le paradis pour un nouvel univers: celui de l'économie. Un univers qui, en dépit d'un vaste patrimoine [3], n'offrait pas directement ses ressources rares. Bien sûr, il y avait de l'air à respirer, de même qu'il y avait de l'eau – pour se désaltérer, se laver – mais on ne la trouvait pas partout et sa qualité n'était pas toujours parfaite. Les bords des rivières et les lacs devinrent alors les lieux de prédilection des colonies humaines. Le problème de la recherche de nourriture fut résolu, en un premier temps, par la pratique de la chasse et de la cueillette. Mais tout ceci se révéla insuffisant dès lors que la densité de la population se mit à croître. La première révolution économique naquit avec le début de l'agriculture. Les descendants d'Adam et d'Eve avaient déjà compris, à l'époque, que la plupart des ressources existent non seulement à l'état brut, mais qu'elles sont aussi le résultat du savoir humain, de son intelligence de l'environnement ainsi que des technologies mises au point par eux.

Le savoir permit aussi à l'homme de trouver de nouvelles sources d'énergie quand les développements de la chimie et des services rendus par la technologie furent devenus suffisants pour maîtriser des produits de substitution du bois. Le charbon et le pétrole existaient sous la surface de la terre depuis des millénaires, mais il a fallu que la chimie et la technologie progressent pour pouvoir exploiter ces ressources [4] et les applications qui en dérivent. De ce fait, le lecteur qui parcourt ces lignes, est très probablement vêtu grâce aux fibres dérivées du pétrole.

Les découvertes ont donné des prolongements à ce savoir; l'exploration du continent américain a permis d'introduire la tomate et la pomme de terre en Europe. Difficile donc d'imaginer les Romains en train de se régaler d'un plat de spaghettis à la sauce tomate! Les découvertes géographiques, la technologie et le développement culturel qui ont transformé ces denrées en *ressources*, ne datent que de quelques siècles. On trouvera chez Robert Malthus un exemple typique du caractère incertain d'une prévision relative à une nouvelle technologie. En 1798 [5], il prévoyait que les ressources seraient insuffisantes à nourrir la population grandissante de l'Europe. Cette prédiction raisonnable fut contredite par un événement inattendu: l'arrivée de la pomme de terre. Il fallut tout de même 150 ans à partir de l'introduction de ce tubercule en Europe pour vaincre l'indifférence et la méfiance qu'il suscitait au départ [6]. Néanmoins, aux environs du début du XIXe siècle, la pomme de terre était largement acceptée et répandue, tout spécialement dans les climats du nord où les cultures plus traditionnelles ne poussent pas aisément.

Cela n'a toutefois pas empêché la Grande Famine d'Irlande de sévir au cours de la première partie du siècle dernier, provoquée justement par de mauvaises récoltes de pommes de terre.

ACCROÎTRE LA RICHESSE DES NATIONS

Si Adam, flanqué de sa compagne Eve, fut le premier homme à découvrir le monde économique, un autre Adam – Adam Smith – devait être le premier à jeter les bases de cet ensemble de théories et d'analyses visant à comprendre et à gérer les systèmes économiques: l'Economie en tant que science.

Il est certain que l'économie faisait déjà l'objet d'analyses et même de théories bien avant la venue d'Adam Smith. On trouvera dans la Bible, par exemple, une esquisse de la première théorie des cycles, dans l'épisode des *sept années de vaches grasses* auxquelles succèdent *sept années de vaches maigres*. On trouve nombre d'indications d'ordre économique dans le monde de la littérature, en tous lieux et à toutes les époques. Mais seul Adam Smith, après l'avoir définie en 1776 comme discipline scientifique spécifique, devait détacher l'économie d'analyses plus générales, sociales ou historiques.

Adam Smith? Pourquoi lui? Il n'a certes pas agi sous l'effet d'une brusque illumination intellectuelle. La nouvelle révolution économique qui touchait les descendants d'Adam et Eve dans leur lutte contre la pénurie devait en effet lui fournir la matière de sa recherche. Adam Smith a vécu la naissance de la Révolution Industrielle et le grand virage qu'a pris la société en passant d'un système économique agraire à une économie industrielle [7]. Son refus des idées de Quesnay, le célèbre médecin de Madame de Pompadour et non moins célèbre Physiocrate (l'école française du «laisser-faire, laisser-aller») témoigne très bien de cette période de transition.

Le désaccord entre Adam Smith et François Quesnay portait sur l'origine de la richesse des nations [8]. Tous deux avaient leur idée sur la question. Pour Quesnay, qui avait l'oeil fixé sur la principale source de richesse en France, il était évident que la richesse des nations résultait d'un système agraire forcené. Pour Adam Smith qui, de son côté, voyait surgir de nouvelles manufactures partout autour de lui en Ecosse, le processus d'industrialisation apparaissait comme un moyen neuf de combattre la pénurie et d'ouvrir la voie au progrès, c'est-à-dire, d'une certaine façon, de contribuer à la redécouverte du Jardin d'Eden. N'oublions pas que Smith était avant tout un moraliste, comme bien d'autres grands théoriciens – comme Malthus et Marshall – le seront après lui.

La Révolution Industrielle est caractérisée par l'apparition de processus de fabrication distincts [9], dans lesquels une source d'énergie (la machine à vapeur) est capable d'alimenter une multitude d'autres machines (par exemple les métiers à tisser) et de leur donner l'impulsion mécanique suffisante pour leur faire faire les mouvements nécessaires (par exemple, actionner la navette qui contient les fils de la trame, entre les fils de la chaîne). C'est à ce moment que l'invention de la navette volante devint possible, accroissant la rapidité et la précision du mouvement de la navette qui n'avait plus besoin du geste de l'homme pour se déplacer. La combinaison d'une machine à vapeur centrale, fixe, équipée de plusieurs métiers à tisser à navettes volantes, demandait l'organisation d'un espace particulier pour la production: l'usine moderne était née! Dans une société agraire, les activités de tissage, entre autres, pouvaient se pratiquer au domicile du paysan qui organisait de son temps librement. Désormais, en raison du saut quantitatif franchi par la technologie, ces activités exigeaient, pour une meilleure efficacité, un déplacement de la main d'œuvre vers les lieux où se trouvaient les machines.

En outre, la concentration des moyens de fabrication signifiait également que la part de production/consommation réservée à l'usage personnel serait de plus en plus réduite: la spécialisation devenait plus pointue et avec elle s'imposait la nécessité du commerce et de l'échange de produits.

C'est ce phénomène de spécialisation des activités de fabrication et leur structuration de plus en plus indépendante (d'un marché) pour les rendre disponibles, qui devait procurer à Adam Smith la somme d'expérience nécessaire pour lui permettre d'affirmer que la véritable richesse des nations était fonction du développement des processus de fabrication, ou plus simplement, de l'industrialisation.

L'intérêt de l'industrialisation tenait à sa capacité d'augmenter la productivité, et plus précisément, d'exploiter des ressources rares de telle sorte qu'elles donnent davantage de produits. Une technologie de production spécialisée et de nouveaux outils aux performances toujours meilleures (de plus en plus rapides, de moins en moins coûteuses en main-d'œuvre et/ou en capital par unité) en étaient les traits dominants.

Dans une telle conjoncture, la technologie industrielle fut bientôt au cœur de la bataille engagée pour acquérir toujours plus de richesses et de bien-être social dans un environnement culturel propre à encourager son développement et sa mise en œuvre.

Il est important de noter ici que ce bond technologique du début de la Révolution Industrielle n'avait encore qu'un effet quantitatif et non qualitatif. La technologie a toujours existé sous forme d'outils depuis les premières activités de l'être humain. On peut aussi parler de performances technologiques lorsqu'il s'agit d'animaux (les nids de certains oiseaux, en sont un exemple). Intrinsèquement, il n'y a pas de très grande différence entre la technologie des «ingénieurs» préhistoriques spécialisés dans la taille de la pierre, destinée aux pointes de flèches ou aux outils tranchants, et celle des «ingénieurs» de la première Révolution Industrielle lorsqu'ils concevaient leurs outils. Ces derniers – si l'on en juge d'après des critères contemporains – sont encore extrêmement rudimentaires. En fait, la plupart des outils de cette première révolution sont tels que tout un chacun serait probablement à même de les reproduire, sans connaissances universitaires ou scientifiques particulières, à partir du matériel disponible dans la plupart des quincailleries. La «machine à vapeur» n'est ni plus ni moins qu'un système de contrôle sophistiqué de l'augmentation de pression produite par une volume d'eau transformée en vapeur au moyen de chaleur, dans un espace donné. Le principe de la classique cocotte-minute, que beaucoup d'entre nous utilisent dans leur cuisine, est exactement le même. Le véritable problème est de réussir à fabriquer des matériaux, casseroles et mécanismes annexes, capables de résister à une alternance de forte et de basse pression qui soit contrôlable. Il en est de même pour la navette volante qui repose sur une idée très simple: celle d'un marteau fixe, capable de frapper la navette avec suffisamment de force pour la propulser de l'autre côté du métier à tisser.

Ce n'est que beaucoup plus tard, vers la fin du XIXe siècle, que la fabrication des outils et des produits commença à dépendre des connaissances scientifiques, c'est-à-dire de l'investigation et de la compréhension de problèmes situés au-delà de notre perception sensorielle immédiate. Nous savons comment tailler un morceau de bois et nous comprenons comment l'eau bouillante se transforme en une vaste masse de vapeur. Par contre, nous avons besoin de la recherche scientifique pour découvrir que les molécules du type de celles qu'on trouve par exemple dans les fibres du coton peuvent être reproduites de manière similaire, sinon identique, à partir du pétrole, utilisé comme matière première. Ce n'est que pendant et après la Seconde Guerre mondiale que la recherche scientifique et l'exploitation de la technologie basée sur la science ont commencé à se généraliser de manière professionnelle.

Jusqu'au milieu des années 20, il n'existait pas d'investissement cohérent dans la création de laboratoires de recherche, que ce soit à des fins industrielles ou autres. A cette époque, on se contentait de calculer le coût de la production en termes de main-d'œuvre et de capital. Ce n'est que depuis les années 30 que la recherche et le développement ont fait l'objet d'investissements plus importants et que ces activités sont devenues professionnelles. De nos jours, la recherche et l'investissement précèdent la production des quelques dix ou vingt années à venir et peuvent représenter, dans certains cas, vingt-cinq à trente pour cent de la totalité du chiffre d'affaires d'une entreprise.

L'époque de la Révolution Industrielle a été le théâtre d'une fantastique évolution, marquée par d'innombrables découvertes et aventures technologiques. La rupture la plus importante s'est produite entre la longue période de développement de la technologie traditionnelle qui s'étend tout au long de l'histoire de l'homme, jusqu'à la fin du XIXe siècle, et l'ère nouvelle dans laquelle la principale impulsion, bien que non exclusive, est venue de l'association des applications technologiques et du développement des connaissances scientifiques. Cette combinaison originale a atteint sa pleine maturité au lendemain de la Seconde Guerre mondiale et elle est responsable de vingt-cinq ans de taux de croissance élevé et continu dans la plupart des pays industrialisés ou en voie d'industrialisation. Ceci constitue un phénomène unique dans toute l'histoire de l'humanité, tout particulièrement en ce qui concerne la croissance économique quantitative.

L'héritage global de la Révolution Industrielle est fait d'une série de victoires qui ont permis d'accroître la richesse des nations en privilégiant la multiplication de nouveaux outils et de nouveaux produits de manière de plus en plus économique, ou plus justement, d'obtenir toujours davantage de produits à partir de ressources de plus en plus rares.

LE PROCESSUS DE MONÉTARISATION DE L'ÉCONOMIE: DÉVELOPPEMENT DU CAPITALISME

C'est, de façon très significative, pendant la Révolution Industrielle, qu'on a pu assister à la monétarisation progressive de l'économie. Certes, la monnaie a toujours existé, sous une forme ou sous une autre, soit directement (pièces d'or, d'argent ou de cuivre), soit indirectement (troc de trois chèvres contre un cheval, ce qui implique un élément de valeur d'échange, connotation typique liée à l'argent). Mais jusqu'au début de la Révolution

Industrielle, très peu d'activités économiques entraient dans le cadre d'un système monétarisé.

Dans une société entièrement agraire, le plus gros de la production et de la consommation échappe au système d'échange. C'est le commerce, en fait, qui engendre le phénomène «monnaie». Si nous nous référons aux fabuleux récits de caravanes qui parcouraient la terre entière ainsi qu'aux nombreuses villes d'Europe qui étaient florissantes à l'époque de la Renaissance en tant que marchés internationaux pendant une partie de l'année, nous constaterons que seule une très faible partie de tous les produits fabriqués et consommés à ces époques entrait dans un échange de type monétaire.

On a calculé que jusqu'au XVIe siècle, moins de 1% de la vie moyenne d'un Européen était organisée en fonction d'un système monétarisé (le temps passé à vendre son temps contre de l'argent ou son temps passé dans l'activité commerciale) [10]. De nos jours, le pourcentage correspondant serait d'environ 16% ou plus.

Il est aussi très révélateur que, à l'époque où les rois et les aristocrates étaient les maîtres du jeu, ils n'eussent souvent que peu d'argent, car celui-ci n'était pas parmi les signes manifestes de leur réelle puissance. Le fait que les activités bancaires aient pu être développées par des groupes marginaux qui ne faisaient pas vraiment partie des classes supérieures indique que jusqu'au début de la Révolution Industrielle, la monnaie était encore un instrument accessoire dans l'organisation de la société, un instrument qu'on pouvait se permettre d'abandonner à ceux qui n'étaient pas vraiment intégrés dans cette même société.

Dans le passé, l'argent a toujours été lié à des activités commerciales limitées (du moins en regard des normes modernes) et la reconnaissance de l'argent en tant qu'instrument de stimulation de la production, en tout cas avant le début de la Révolution Industrielle, était minime, sinon nulle.

Ce n'est pas en raison du caractère particulièrement conservateur ou moraliste du Pape Grégoire XII que la notion d'argent porteur d'intérêt fut condamnée par l'Eglise Catholique, au XIIIe siècle. C'est parce qu'un prêt d'argent contre intérêts qui n'était pas associé à une fonction productive mais à une simple opération usurière, n'était tout simplement qu'un moyen de rendre le pauvre plus pauvre encore. Avoir des dettes était toujours mal vu avant la Révolution Industrielle; actuellement dans la majorité des cas, le prêt est le nerf de l'investissement.

Mettre de l'argent de côté ou, en d'autres termes, faire des économies a souvent été raillé dans la littérature classique. Pensons à *L'Avare* de Molière par exemple. Si, d'un côté, le spectateur moderne rit encore et condamne l'attitude avaricieuse du héros de cette tragi-comédie, de l'autre, il ne perçoit plus que l'épargne était, à cette époque pré-industrielle, une activité socialement improductive et donc condamnable d'un point de vue moral. A l'heure actuelle, la pièce de Molière a perdu une grande partie de sa signification sociale: en effet, si quelqu'un s'avise d'épargner une grosse somme d'argent, celle-ci est toujours recyclée dans des usages productifs par la banque qui en a la garde. Par ailleurs, si un trop grand nombre de personnes mettaient de la richesse et de l'argent de côté sans recourir à une banque, une sorte de système de déficit de la dépense rétablirait une situation d'équilibre social.

De nouveau, nous devons reconnaître l'importance de la pensée d'Adam Smith et la profonde influence que ses convictions morales ont exercé sur la société. Dans son ouvrage sur la richesse des nations, il renverse totalement les attitudes *morales* des siècles passés telles que les a montrées Molière. Il établit clairement que la personne qui épargne est également respectueuse de Dieu, soucieuse de vertu, d'attitudes morales et sociales les plus admissibles. L'épargne, virtuellement cause de péché avant la Révolution Industrielle, est devenue une occasion méritoire au début de l'ère nouvelle, spécialement dans les pays qui seront à l'origine des premières vagues du processus d'industrialisation.

L'épargne pure et dure, est donc devenue la vertu du capitaliste: au moyen de l'argent amassé, il peut acheter les machines ou les outils dont la Révolution Industrielle a besoin pour développer un environnement spécifique en dehors de la ferme ou du logis du paysan.

Une spécialisation plus poussée repose sur une activité commerciale accrue, laquelle exige à son tour toujours plus d'argent. Une disponibilité d'argent plus importante permet d'épargner davantage et donc de constituer un capital pour investir dans de nouvelles activités de production. C'est comme cela que le système fonctionne et qu'il a contribué à généraliser la monétarisation telle qu'elle existe dans le monde actuel.

Nous l'avons vu, de nouvelles attitudes morales et culturelles doivent se développer parallèlement à l'émergence de nouveaux processus de production et de technologies. Adam Smith a définitivement élevé l'épargne au niveau de la vertu. Pourtant, cent cinquante ans plus tard, avec John Maynard Keynes, la «désépargne» (l'endettement), sera considérée dans certaines circonstances (quand nous traverserons une période clairement déflationniste) davantage comme une vertu que comme un péché.

Les banques, qui jusqu'en 1800 se préoccupaient surtout de commerce, ne se mirent à contribuer aux fonctions d'épargne et d'investissement de la Révolution Industrielle qu'au cours de la deuxième partie du XIXe siècle. A l'époque d'Adam Smith, le montant de l'ensemble des ventes réservé à l'investissement ne dépassait guère 5%. Au XIXe siècle, ce pourcentage atteignit environ 10% (conséquence de la progression du phénomène de concentration et de productivité de la nouvelle technologie). Divers épargnants (capitalistes) s'unirent pour partager la propriété de nouvelles entreprises industrielles; c'est ainsi que naquit le concept de *société* (propriété en commun). Les sociétés se développèrent et répandirent bientôt leurs actions en dehors du cercle restreint des inventeurs de cette nouvelle forme d'entreprise. Les banques entrèrent alors en scène en tant que systèmes professionnels de collecte de l'épargne de toutes les couches de la population et jouèrent le rôle d'intermédiaires pour la canaliser vers des activités productives.

Il est important de distinguer les phénomènes de monétarisation pré- et post-Révolution Industrielle. Avant celle-ci, la monétarisation de l'économie était relativement marginale. Il est caractéristique de la Révolution Industrielle d'avoir fait accélérer le développement de la monétarisation comme élément essentiel du fonctionnement du processus industriel.

Parallèlement, il se produisit un déplacement du pouvoir dans la période de transition au cours de laquelle la société passa du stade pré-industriel au stade industriel. Le contrôle même et la disponibilité de l'argent devinrent des instruments de puissance, à la fois sur le plan social et sur le plan politique, là où, dans une société pré-industrielle aux rares activités sociales monétarisées, le pouvoir s'exerçait en dehors d'eux.

Dans ce sens, le capitalisme se résumerait à l'étude des faits sociologiques et économiques de ce phénomène fondamental qu'est la monétarisation de l'économie, élément essentiel de la Révolution Industrielle. Cette dernière ne peut donc être que capitaliste. La seule question importante, d'un point de vue politique, est de savoir dans quelle mesure le capitalisme (vu comme la monétarisation des activités économiques) est un phénomène compatible ou même dépendant d'un degré particulier de démocratie. Il va de soi qu'une société communiste qui applique les principes de la Révolution Industrielle devient nécessairement une société capitaliste.

Cette analyse du processus de monétarisation engendré par la Révolution Industrielle suggère également qu'il existe quelque part un équilibre entre les activités mieux développées et gérées au moyen de ce système monétarisé et celles qui ne le sont pas.

A l'évidence, le processus d'amélioration et de diffusion de la monétarisation à l'échelon planétaire a encore un long chemin à parcourir. Néanmoins, nous sommes désormais en mesure de nous poser de nouvelles questions: quels sont les types d'activités productives (dans un sens général) susceptibles de mieux fonctionner avec un système monétarisé et celles qui n'en ont pas besoin? Quelle est la combinaison de la part monétarisée et non monétarisée qui conviendrait le mieux à chaque type d'activité productive? Quelles sont les limites de chacun de ces systèmes?

Dans la Révolution Industrielle, la priorité était donnée à la fabrication des outils et des produits ainsi qu'à la monétarisation de l'économie. Il y a encore fort à faire, au niveau du globe, en ce qui concerne le processus d'industrialisation. Pourtant l'économie de service, comme nous le constaterons dans un autre chapitre, répond déjà à certaines de ces interrogations.

L'UTOPIE DU «CERTAIN»

L'histoire des idées, de l'utopie, de la philosophie, est profondément associée à celle des faits de toutes sortes et en particulier à l'histoire du développement économique. Un certain type d'idéologie mobilisatrice, une certaine attente de bonheur futur ou de réussite exprimés dans des termes qui appellent à une plus grande perfection spirituelle, au pouvoir ou à la richesse absolus, sont l'émotion sous-jacente, le nerf des grands mouvements de lutte historiques.

Suscité par la Révolution Industrielle, le combat incessant et de plus en plus efficace contre l'état de pénurie peut être assimilé à une recherche de paradis perdu, libérée de toute angoisse car débarrassée de tout besoin de lutte pour la survie. L'idée de progrès sera, dans la plupart des cas, définie comme une utopie dans laquelle l'incertitude inhérente à la réalité de la vie aura été supplantée par un rêve d'aboutissement à quelque forme d'éternité grâce à la vérité universelle fondée sur des certitudes définitives.

Avant la Renaissance européenne, ce type de progrès entrait essentiellement dans une vision religieuse, et les Eglises adoptèrent toute une gamme de positions intermédiaires entre la certitude ultime (la mort) et l'incertitude (la réalité de la vie).

Avec la diffusion de l'esprit cartésien – ou plus exactement, avec le développement de la connaissance scientifique vérifiée par l'expérience – avec l'avance du positivisme et l'apport bénéfique des grandes découvertes scientifiques des derniers siècles, la civilisation a vécu un genre de rêve bien particulier. Celui-ci consistait à croire que la maîtrise scientifique de la réalité, élément après élément, nous rapprocherait un jour très près de la vérité universelle. A l'époque de Descartes, certains théologiens d'Utrecht pensèrent qu'en réalité celui-ci jetait les bases d'une contre-religion: au lieu de choisir comme point de départ la vérité universelle directe, ou révélation divine, transmise par l'Eglise, Descartes, dans son *Discours sur la méthode*, commença par dire qu'il n'envisagerait que les faits réels, clairement vérifiables et distincts. Tout ce qui allait au-delà, écrivait-il, relevait de l'Eglise dont il était d'ailleurs parfaitement respectueux. Mais, au contraire de la plupart des théologiens de son temps, qui refusaient de croire à la menace représentée par un individu surtout préoccupé de vérifier que l'eau est liquide et «qu'un plus un égale deux», les théologiens d'Utrecht prirent très vite conscience que, par le biais de ce système, l'idée d'une réalité progressivement découverte par induction scientifique s'imposerait, et qu'elle mènerait un jour à l'idée métaphysique d'une construction englobant la réalité toute entière.

La méthode de pensée qu'exprimait le cartésianisme devait en fait provoquer un énorme bouleversement culturel et devenir le point de départ de la Révolution Industrielle: elle ne s'appliqua pas seulement, pour l'essentiel, à des expériences matérielles limitées, elle fut aussi lourde d'implications idéologiques ou métaphysiques beaucoup plus vastes.

Dans la langue de tous les jours, le mot *science* est très souvent utilisé pour définir le caractère *certain* de quelque chose. Lorsqu'on souhaite donner davantage de crédibilité à un rapport ou à une recherche, on s'empresse généralement de les qualifier de *scientifiques*. En réalité, ce mot se contente de faire référence à un consensus de méthode employée, *jamais* au fait que les résultats sont nécessairement sûrs et indubitables.

Particulièrement au cours du siècle dernier, la notion de science, de science positiviste et inductive surtout, était inséparable de l'ambition d'ouvrir une voie susceptible de mener à une vérité universelle vérifiable, en réunissant petit à petit des preuves limitées mais définitives.

Cependant Pascal devait dire, à peu près ces termes: «La Science est comme une balle dans un univers d'ignorance. Plus nous acquérons de connaissances, plus la balle rencontre d'ignorance.» En effet, nous mesurons l'avance de la science au nombre croissant d'interrogations qu'elle nous pose. L'objet de la science est bien davantage une aptitude et une capacité à questionner qu'à résoudre des énigmes.

En outre, les observations et les analyses soi-disant scientifiques atteignent infailliblement un point qui révèle leurs limites et elles cessent d'être applicables lorsque les conditions dans lesquelles elles ont été faites ne sont plus les mêmes. Lorsque les philosophes, qui sont après tout les pères de la physique, affirmaient que la terre était plate, ils énonçaient un principe parfaitement valable pour une humanité qui se déplaçait lentement, à pied, à travers une partie limitée de l'univers. Le fait que la terre soit ronde importait peu sous l'Empire romain. Savoir que la terre est presque ronde et qu'elle tourne d'une certaine manière, intéresse nécessairement et évidemment l'organisation du trafic aérien. Et, en poussant l'argument un peu plus loin, si savoir que la voûte céleste est incurvée ne représenté pas un intérêt immédiat pour le trafic aérien local sur la terre, en revanche cette connaissance est indispensable à l'organisation des voyages dans l'espace. Du point de vue de sa mise en pratique, aucune connaissance n'a besoin d'être la définition d'une vérité universelle: c'est son adéquation et son application dans des conditions spatiales et temporelles données qui lui confèrent sa validité et sa valeur.

On ne peut pas vraiment *savoir*, mais on peut toujours *savoir davantage*. C'est le rôle de la culture et de l'idéologie implicite ou explicite de la Révolution Industrielle (qu'elle soit marxiste, libérale ou conservatrice), de définir un futur du progrès qui vise à une certitude ultime grâce à une accumulation de bribes de savoir spécifiques, de valeur universelle, comme on construit une maison brique à brique. Mais l'hypothétique achèvement d'une telle construction se heurte à un problème de taille: en effet, toute nouvelle découverte ou progrès de l'intelligence, redéfinit et très souvent restreint le sens et l'application du savoir précédent. Certaines connaissances peuvent bien entendu être totalement rejetées, mais ce n'est pas nécessairement le cas puisque, après tout, nous continuons encore à faire beaucoup de choses comme si nous n'avions pas découvert que la terre était ronde.

Sur un plan politique, la Révolution Industrielle a véhiculé l'idée que toute nation devrait correspondre à un état indépendant. Il est encore trop tôt pour en juger, mais dans l'ensemble, ceci a probablement été une étape utile, si l'on se place d'un point de vue historique. Cependant la définition moderne de nation est probablement moins nette que lorsque celle-ci était encore assimilable à la notion de tribu. Dans un monde moderne, le terme nation recouvre un concept de plus en plus flou: le problème étant que le nationalisme s'exacerbe, tout particulièrement chez ceux qui ne se sentent pas intégrés à la masse des gens parmi lesquels ils vivent et qui compensent en en faisant trop. Ceci indique que l'on penche encore vers une recherche de certitude, au détriment d'une acceptation de l'incertitude.

Après tout, au cours de la Révolution Industrielle, le principe de certitude a été – dans ses formes politiques et idéologiques (en particulier dans de nombreux cas de nationalisme et de communisme) – la justification des mouvements les plus barbares de toute l'histoire de l'humanité. Les processus de production de masse liés à la Révolution Industrielle se sont mués en atroces mécanismes dès lors qu'ils ont servi une impulsion sauvage. Et ceci a pu également se produire, parallèlement à une quête systématique de la certitude et de la vérité universelle, utilisée trop facilement pour trier ceux qui sont *de l'autre côté de la barrière*, hors vérité.

L'enthousiasme et l'idéalisme à poursuivre de nouveaux objectifs sont indispensables à l'évolution de l'humanité, à condition que cette dynamique aille toujours dans le sens du mieux, avec une certaine latitude pour les changements qui permettront d'atteindre le *mieux encore* par la suite. La quête de la meilleure solution possible, qui écarte automatiquement toute modification ou alternative, exprime la tentative désespérée d'éliminer l'angoisse humaine par l'application du principe de certitude au-delà de ses limites temporelles et spatiales. Cette quête, qui a joué un rôle dans les utopies mobilisatrices de la Révolution Industrielle, est aussi à la source du nihilisme. Certitude et nihilisme sont jumeaux: tous deux rejettent la réalité, la possibilité de changement, de contradiction, l'évolution des théories scientifiques les plus avancées, y compris celles d'Einstein. L'utopie de la certitude apparaît actuellement, au couchant des idéologies traditionnelles occidentales, qui ont conditionné le monde de ces deux derniers siècles, comme un moyen de séculariser, en fin de compte, la religion ou la métaphysique.

Mais la vie est telle que lorsque le rêve devient réalité, c'est que le rêve lui-même a été tué, dans le meilleur des cas. Dans le pire, que c'est un rêve qui tue. L'intérêt de la vie est de chercher et de trouver ce qu'il y a à chercher, de manière plus efficace. L'incertitude constitue le matériau brut à partir duquel on cherche, on questionne, on développe, on crée, on agit. Lorsqu'elle devient insoutenable, il faut bien sûr essayer de l'atténuer. Mais le degré d'incertitude le plus intolérable dans la vie, c'est celui de la certitude définitive, car c'est la mort et le choix, ici, dépend des convictions individuelles de chacun d'entre nous.

Les limites de la Révolution Industrielle

LA PRODUCTION N'EST PAS INDÉPENDANTE D'UN MONDE NON MONÉTARISÉ

L'homme de bon sens, et même l'économiste, ont toujours admis et considéré le fait qu'une part substantielle des activités productives de la vie et de la société est indépendante d'une forme économique monétarisée. La plupart des grands économistes classiques, d'Adam Smith à Stuart Mill, ont consacré une somme considérable de leurs écrits à la notion de travail productif et à la notion de valeur incluant largement des activités non monétarisées.

Mais en réalité, la notion même de valeur sur laquelle Adam Smith devait fonder la première synthèse globale de la théorie économique a conduit à nier de fait la contribution de l'activité non monétarisée dans le processus de création de richesse des sociétés industrialisées. Si l'on tient compte des priorités et du fonctionnement de la Révolution Industrielle, cette attitude était, en définitive, à la fois légitime et justifiée d'un point de vue théorique, étant donné le genre d'idées scientifiques et philosophiques qui régnaient au début de ce siècle.

En premier lieu, il s'agissait de gérer une priorité évidente: à savoir que la richesse des nations pourrait se développer de manière extraordinaire, grâce à l'expansion du processus d'industrialisation. Le principal mécanisme social de diffusion du processus, synonyme de spécialisation, d'intensification du commerce et d'investissement, coïncidait avec le développement de la monétarisation de l'économie. L'argent devenait nettement, dans l'ingénierie sociale, l'instrument par lequel les problèmes complexes de logistique inhérents à l'industrialisation seraient résolus.

En second lieu, d'un point de vue plus théorique, la notion de valeur proposée par Adam Smith découlait d'un système de mesure dépendant du prix, lui-même lié par le jeu croisé de l'offre et de la demande. Le prix – valeur monétarisée des biens – devenait l'étalon facilement quantifiable au moyen duquel les sciences économiques pourraient mesurer leur propre performance sans aucune ambiguïté. Plus: le prix de référence d'un produit, défini en fonction de sa valeur monétarisée, serait un type de mesure qui présenterait un grand avantage par rapport à d'autres, utilisées dans les sciences sociales. Ce serait enfin une référence quantifiée, apparemment précise, excluant le flou des indices et les évaluations de performance utilisés dans les autres sciences sociales. De telle sorte que la science économique approcherait de très près le rêve de posséder un instrument de mesure de la valeur (le prix) qui la rapprocherait davantage des sciences de la nature dans lesquelles les phénomènes sont normalement définis avec clarté et qui, la plupart du temps, disposent de systèmes de mesure évidents. Dans ce sens, la valeur économique monétarisée issue du prix pouvait apparaître comme l'équivalent de la mesure de la vitesse du son, ou de la lumière, le poids d'un corps, le point d'ébullition de l'eau ou de l'inertie thermique d'un métal.

Pour résumer, afin d'allier commodité et esprit pratique, on recourut à la méthode scientifique analytique pour focaliser l'attention sur les activités monétarisées devenues les outils indispensables du développement de la richesse des nations pendant la Révolution Industrielle.

Et même si maintenant, dans la nouvelle économie de service, la priorité donnée aux activités monétarisées doit être replacée dans une perspective plus large, la maîtrise des phénomènes monétarisés et le bon fonctionnement du processus de monétarisation sont les conditions essentielles à respecter dans des situations où l'augmentation de la quantité d'outils et de produits représente une priorité absolue.

Il nous faut aussi tenir compte du fait que les critiques contre l'argent de la Révolution Industrielle découlaient très souvent d'attitudes pré-industrielles, de philosophies et de cultures de nature essentiellement conservatrices, même lorsqu'elles étaient présentées sous un jour progressiste. En conséquence, de nombreux mouvements socialistes et le jeune Karl Marx lui-même s'efforcèrent d'envisager une société *sans argent*: ces percées, plutôt qu'une projection vers l'avenir, étaient un signe d'inertie sociale, de nostalgie d'une époque révolue – celle d'avant la Révolution Industrielle – où la monétarisation se restreignait à une petite partie de la vie économique et où l'accumulation d'espèces sonnantes était improductive pour la société. Quoi qu'il en soit, c'est un Marx arrivé à une plus grande maturité qui, et en tant que l'un des derniers économistes de tradition classique, mit un terme au débat sur la valeur d'usage (comprenant à la fois les activités monétarisées et non monétarisées). Dans le *Capital*, il réduisit cette notion d'usage à celle de destination des produits et perdit, pour finir, tout intérêt pour les activités véritablement non monétarisées de la vie économique.

Plus tard, les économistes néo-classiques revinrent bien de temps en temps sur la notion d'activités économiques non monétarisées, mais en les expliquant toujours par analogie avec le système monétarisé (comme c'est le cas des transactions non monétarisées auxquelles on attribue un prix fantôme).

Le fait de basculer dans une économie de service entraîne aussi un changement de la notion de valeur: nous voyons resurgir la nécessité de considérer la valeur des activités non monétarisées dans un sens pleinement économique.

«Toute denrée rare possède son prix. Si elle n'avait pas de prix, cela voudrait dire qu'elle n'est pas rare et donc librement accessible». Cette assertion économique est vérifiable dans bien des cas: l'air est accessible à tous, alors qu'un morceau de pain coûte de l'argent. Mais elle occulte totalement le processus par lequel une denrée peut devenir accessible, ou, au contraire, rare. Un exemple: on peut supposer que la pollution de l'eau était beaucoup moins étendue au début de la Révolution Industrielle qu'elle ne l'est de nos jours. L'eau même qui nous sert à nous désaltérer, nous laver, nous baigner, et qui était gratuite la plupart du temps dans le passé, est devenue coûteuse dans l'intervalle, non nécessairement à cause d'une plus grande consommation, mais à cause de la pollution. Cette même eau, en outre, possède un grand rôle à jouer dans le système de production (pour beaucoup de pays monde, la consommation d'eau de l'industrie est plus importante que celle de la population). Puisqu'il faut aujourd'hui dépenser de l'argent pour dépolluer l'eau, pour construire des piscines au bord de la mer afin de permettre aux touristes de se baigner, c'est que ces derniers coûts sont devenus des indices de sa rareté – ou de la diminution des ressources naturelles accessibles – induite par le développement de l'industrialisation. Ces ressources, autrefois gratuites ou bon marché, entrent donc de plus en plus dans les éléments coûteux du système de production industrielle. Nous réalisons ainsi que le système économique monétarisé a exercé et exerce toujours un effet sur le non-monétarisé. Et que, dans notre enthousiasme à réduire la rareté au moyen d'une productivité accrue, nous la recréons quelquefois dans le secteur non monétarisé (où, dans la plupart des cas, nous l'internisons – si l'on peut dire – *après* le début du processus de raréfaction).

Les limites de la Révolution Industrielle – en tant que système efficace d'augmentation de la richesse globale des nations – apparaissent ainsi dès lors que l'augmentation de la rareté à l'intérieur du monde non monétarisé contrebalance ou surcompense la diminution de rareté dans le monde monétarisé. Ceci veut également dire que les deux univers sont interdépendants. En clair, il devrait exister un système de comptabilisation de l'accroissement des raretés dans le secteur non monétarisé qui seraient ainsi mieux intégrées qu'elles ne le sont actuellement (au moyen de taxes existantes sur la pollution par exemple).

LA PRODUCTION EST DE PLUS EN PLUS DÉPENDANTE DES ACTIVITÉS DE SERVICE

Dans le cadre de la Révolution Industrielle, il allait de soi qu'il fallait d'abord veiller à satisfaire les besoins de base – la nourriture, l'habitat – de manière suffisante, avant de chercher à combler d'autres besoins. Ce genre de préoccupation accompagne parfaitement le souci de privilégier la production de biens et d'outils de la Révolution Industrielle.

Mais ce souci restait surtout contemporain des balbutiements de la Révolution Industrielle, quand le problème essentiel à cette époque était de fabriquer un produit. On supposait que le reste serait toujours résolu d'une manière ou d'une autre.

Adam Smith, par exemple, et d'autres avec lui ont débattu à n'en plus finir des «activités non productives»: elles existaient sans doute, mais elles ne contribuaient pas vraiment à l'enrichissement, même si elles étaient le fait d'honorables professions, telles que celles de scientifiques, de juristes, de détaillants, de planificateurs, d'experts financiers, etc.

En fait, la réalité actuelle a totalement bouleversé cette manière de penser. La Révolution Industrielle, arrivée à maturité, a engendré un système économique dans lequel les coûts de production n'entrent que dans une proportion mineure des coûts engagés pour fabriquer un produit accessible pour le consommateur. Deux études de l'Institut de Recherche de Battelle, menées à Genève dans les années soixante, illustrent ce propos.

Le premier cas intéresse une machine capable de fabriquer cinq cent mille couvertures par an. Le coût de production annuel serait tombé très bas, si bien entendu toutes les couvertures avaient été de la même dimension, de la même couleur et du même type de laine. A cette époque, la totalité annuelle du marché de couvertures en Suisse représentait à peu près ce chiffre. Mais étant donné la façon dont ce genre de produit était fabriqué, il apparut vite qu'on ne pourrait le vendre que par l'intermédiaire d'un réseau de distribution international. On s'aperçut alors que, pour un tel volume de production, concentré sur un seul modèle de couverture, les coûts augmenteraient de manière considérable en raison du stockage des matières premières destinées à entrer dans sa fabrication, puis de celui des couvertures une fois terminées, puis de leur ventilation vers différents marchés, de l'organisation de leur distribution et ainsi de suite. L'ensemble des coûts de services à lui seul aurait dépassé 90% du prix d'achat des consommateurs. Les coûts liés à la seule fabrication d'une couverture n'auraient en définitive représenté que 10% du prix de vente. Le produit cessait donc d'être compétitif, car l'augmentation des services dépassait le gain de productivité que promettait cette machine hyper-spécialisée.

Cette étude de cas porta un coup à la théorie classique de l'économie telle qu'elle est toujours présentée à la plupart des étudiants. La technologie de pointe et la spécialisation poussée accroissent bien la productivité qui tend vers le haut de manière continue, même si l'on admet souvent qu'au-delà d'un certain point le profit retiré soit très bas. En réalité, si l'on prend en compte non seulement le coût de fabrication pur du produit, mais aussi de l'augmentation de toutes les fonctions nécessaires pour le rendre accessible aux clients, on n'obtient pas une courbe en *S*, mais une courbe en *U* renversé (fig. 1). Lorsque les coûts de l'ensemble des services nécessités par la distribution et l'utilisation du produit augmentent plus vite que la productivité de la fabrication seule, la courbe tend *vers le bas,* avant d'atteindre le sommet de la courbe en *S*, phénomène résultant de l'augmentation des coûts par unité de ce produit, tant du point de vue de sa fabrication que du point de vue des services qui le mettront à la disposition du consommateur.

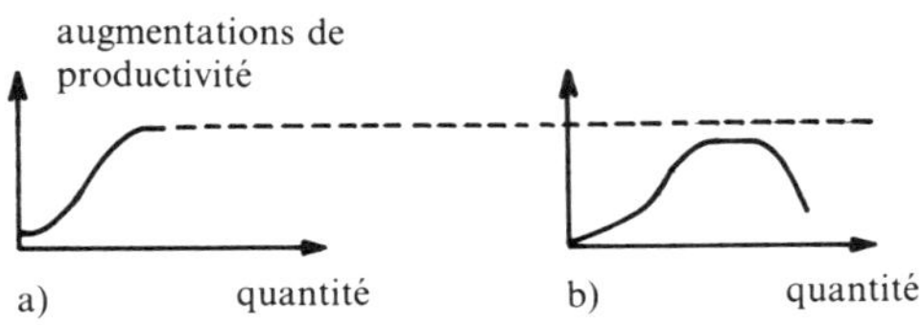

Fig. 1 Augmentations de productivité: a) en fonction des seuls effets des nouvelles technologies et de la spécialisation; b) avec la prise en compte de toutes les fonctions de service nécessaires pour mettre le produit à la disposition du client.

Dans la seconde étude, l'industrie chimique s'efforçait de trouver de nouveaux produits pour l'industrie textile, grâce auxquels on espérait relancer un marché qui s'essoufflait. Au cours des décennies précédentes, des matières nouvelles telles que le nylon, les fibres polyester ou acryliques, avaient connu un vif succès et avaient toujours été à l'origine d'une période d'essor. Cette fois-ci, on fit une enquête pour déterminer dans quelle mesure la consommation augmenterait dans le secteur textile si l'on réduisait la durée de vie des produits, éliminant du même coup les corvées de nettoyage pour les utilisateurs. Il faut rappeler que cette étude devait être menée quelques années seulement avant la prise de conscience des problèmes posés par l'écologie et l'environnement.

L'un des objectifs de cette étude était de vérifier l'intérêt que susciterait le drap de lit jetable. En moyenne, un drap de lit est lavé une cinquantaine de fois avant d'être mis au rebut. Pour la production, il aurait été formidable que le consommateur, appâté par le prix dérisoire et l'alléchante perspective d'éviter la corvée de lavage, fît l'achat de cinquante draps au lieu d'un seul. Mais pour cela, il aurait fallu qu'il dispose chez lui de beaucoup de place pour ranger un nombre faramineux de draps, et de la possibilité de les éliminer en quantité équivalente, soit à la maison (ce qui aurait coûté aussi cher que de les laver), soit en alourdissant la collecte des ordures ménagères (ce qui aurait entraîné des réticences de la part de l'administration urbaine et/ou une augmentation des taxes locales). La seule conclusion positive de l'étude fut d'identifier un marché très spécialisé du drap de lit jetable, à destination des hôpitaux, pour les grands blessés, accidentés de la route, ou pour des malades contagieux. Cerner le problème économique posé par la durée de vie du drap, en prenant en compte son coût de stockage, de nettoyage et de destruction, fut la leçon qu'on put tirer de tout ceci. *Le type d'utilisation* du produit était en réalité le véritable problème en cause.

Ces deux exemples illustrent la période de transition décisive qui permettra de passer de l'économie industrielle à l'économie de service. Ils montrent l'importance capitale de la distribution, du stockage et de la manutention; les produits sont inutiles d'un point de vue économique, tant qu'ils ne sont pas mis à la disposition du client. Et dans l'économie de service, toutes les fonctions destinées à rendre la marchandise disponible, absorbent, de loin, la plus grande partie des ressources lorsqu'on les compare à la somme d'efforts investis dans sa fabrication.

Il existe d'autres exemples macroscopiques: la recherche et le développement sont des activités de service qui peuvent absorber de 20 à 30% du revenu de la vente dans un secteur à technologie de pointe comme celui de l'électronique. Personne n'imaginerait aujourd'hui pouvoir développer un produit de cette nature sans le soutien substantiel d'un secteur financier complexe et extrêmement diversifié.

Il en va de même pour l'assurance: à l'époque de la Révolution Industrielle, la théorie économique était dominée par la loi d'Engel. Pour ce dernier, l'assurance comme la plupart des autres services, appartenait à un type secondaire de consommation, et qui n'était à envisager qu'après avoir satisfait les besoins de base. Ceci était vrai dans le cadre d'une société industrielle simplifiée. Mais depuis dix ou vingt ans, le marché international de l'assurance n'a cessé de s'étendre dans la plupart des pays, selon une moyenne qui dépasse le PNB, ce secteur a donc désormais cessé d'appartenir à un type de consommation secondaire. Il est devenu un outil essentiel de garantie du bon fonctionnement de la production et du système de distribution, devenu très complexe et dans bien des cas, très vulnérable. L'assurance garantit la disponibilité ou le remplacement des produits et des services, elle est par conséquent du même ordre d'importance – si on la compare à la plupart des autres services – que le système de production classique lui-même.

RENDEMENTS DÉCROISSANTS DES FACTEURS DE PRODUCTION: LES CYCLES LONGS

La Révolution Industrielle devait non seulement lutter contre la rareté pour accroître la production, mais aussi contre la loi des rendements décroissants des facteurs de production. Le développement technologique devint alors essentiel pour entretenir la possibilité d'un développement permanent.

La loi des rendements décroissants joue en effet un rôle dans toutes les activités et expériences humaines.

Prenons le cas de notre efficacité à couvrir des distances à pied. Nous sommes efficaces sur des distances de parcours d'environ cent mètres, un peu moins sur un kilomètre, moins encore sur cinquante kilomètres. Ainsi, au fur et à mesure que la distance s'allonge, notre performance de marcheur diminue par rapport à celles d'autres moyens de déplacement. Il est alors possible de l'améliorer par l'utilisation d'une bicyclette. Pour parcourir un kilomètre, celle-ci sera nettement plus efficace que la marche, excepté si le terrain est accidenté, et elle le sera encore pour quelques kilomètres supplémentaires. Pourtant, la bicyclette deviendra beaucoup moins pratique si nous avons à faire plus d'une douzaine de kilomètres tous les jours. En effet, pour de telles distances, nous pourrons surmonter la diminution des rendements décroissants de performance du système bicyclette en passant à un niveau supérieur de technologie: celui de l'automobile, qui sera parfaitement adaptée pour des distances de douzaines, voire de centaines de kilomètres. Mais si, de nouveau, nous sommes confrontés à des distances encore plus longues, le même phénomène se reproduira et alors l'avion remplacera la voiture.

On a pu observer ce type de séquence dans la grande majorité des systèmes de production inhérents à la Révolution Industrielle: il s'applique aux diverses générations de métiers à tisser, de machines-outils, de systèmes de transport, de distribution, d'information. Dans chacun des cas, lorsqu'une machine ou un type de performance avait atteint ses limites, un saut qualitatif intervenait (lorsque cela était possible) qui engendrait un développement ultérieur.

En outre, au cours de la Révolution Industrielle, certains sauts qualitatifs en technologie sont devenus possibles grâce aux progrès de la science.

En quelque sorte, chacun des progrès de la technologie nous a permis non seulement de repousser les limites de ce que nous étions en mesure de faire, c'est-à-dire: parcourir des distances, transmettre des signaux, fabriquer toute sortes de choses, mais elle nous a permis en outre de réaliser des performances de plus en plus spécialisées! Cependant, cette spécialisation atteinte en une série de sauts qualitatifs rencontre elle-même ses limites.

La spécialisation est en effet synonyme de perte de souplesse: nous sommes physiquement capables d'aller d'avant en arrière, de tourner à gauche ou à droite, de faire des petits sauts, d'escalader des montagnes, de nager et plonger. Si nous manquons de rapidité dans ces diverses actions, du moins sommes-nous capables de toutes les accomplir. Si par contre, nous nous servons d'une automobile, nous sommes dans l'impossibilité d'escalader une montagne ou de nager... Il nous faut donc un autre type de véhicule pour y parvenir. Pour marcher et courir sur la neige, nous avons inventé les skis. Dans le même ordre d'idée, nous disposons aujourd'hui d'au moins cinq sortes de skis pour nous déplacer sur la neige. Chacune d'entre elles se révélant parfaitement inadaptée dans un emploi autre que celui pour lequel elle a été prévue. Difficile de se servir d'une paire de skis de fond pour faire du slalom de compétition!

En chimie industrielle, lorsqu'on a cherché à relancer le marché au moyen de nouveaux produits, sont apparues des fibres capables de résister à des températures qui pouvaient atteindre jusqu'à cinq cents degrés centigrades. Mais ce genre de performance n'était exploitable que dans un nombre limité d'applications – pour le nez des avions volant à vitesse supersonique, par exemple. Il n'est pas réellement utile en termes économiques de faire des articles, des chemises par exemple, à partir de fibres qui résistent à une telle température, propriété qui est par ailleurs intéressante pour les combinaisons de pilotes de course. On retrouve la même situation que précédemment dans le cas des couvertures: l'absence de demande pour un tel produit.

C'est précisément au cours des années soixante que s'accumulèrent les preuves des limites d'un développement linéaire de la production orientée vers une trop grande spécialisation et un trop grand rendement. La technologie en soi n'a pas de limite, mais soit son exploitation économique dépasse les besoins du marché, soit elle entraîne des coûts de services ou d'environnement de plus en plus élevés.

Simultanément, la dépendance de plus en plus grande des technologies modernes vis-à-vis de la recherche fondamentale a mis en lumière un phénomène nouveau: à savoir que les découvertes de la recherche fondamentale sont plus ou moins le fruit du hasard. On a beau cerner les différentes voies susceptibles de mener à une découverte quelconque, celle-ci ne dépendra pas moins d'un haut degré d'incertitude. Les matériaux nouveaux reposent de plus en plus sur de telles découvertes qui, dans certains cas, peuvent mener à des impasses. C'est le cas, par exemple, des batteries d'accumulation d'énergie sous une forme concentrée qui n'ont que très peu évolué (actuellement à peine deux à trois fois plus efficaces qu'au début du siècle) depuis leur première apparition: c'est grâce à la batterie électrique, après tout, qu'a fonctionné la première automobile.

De la même manière, à la suite de la crise de 1973, beaucoup s'attendaient à ce que le coût d'extraction du pétrole en mer du Nord, par exemple, s'abaissât considérablement, en vertu de nos puissantes capacités de recherche et de nos investissements appropriés dans les nouvelles technologies.

Plus de douze ans après, les tensions du marché ne sont plus les mêmes, non tant à cause d'un approvisionnement globalement moins cher, qu'à cause d'une demande moins forte de pétrole et ceci en raison d'un phénomène d'adaptation à cette nouvelle situation à long terme. Il est important de souligner ici que les facteurs qui régissent l'économie moderne présentent des temps de réaction relativement longs et progressifs et qu'ils ne sont pas conformes à une conjecture (ou à un pieux espoir) d'adaptation immédiate ou à court terme.

En même temps que nous avons expérimenté la relative incompressibilité des coûts d'extraction et des technologies du pétrole, nous avons vécu une authentique révolution dans le domaine de l'électronique. Dans ce secteur, les coûts de fabrication de tous les produits, du poste de télévision aux machines à calculer ont baissé de façon spectaculaire.

Si les technologies liées aux secteurs traditionnels de l'extraction du pétrole ou de l'industrie automobile avaient fait un bond identique à celles des ordinateurs et des calculatrices, le prix du pétrole de la Mer du Nord devrait être inférieur à celui que pratiquait l'Arabie Saoudite, il y a quinze ans, et on pourrait s'offrir une voiture comme on s'offre un dîner de luxe.

Cette évolution s'est produite en dépit du fait que l'attitude du pouvoir politique et de la demande publique ait été davantage polarisée, dans les années 70 et 80, sur la nécessité de remédier à la situation de la production d'énergie plutôt que sur le développement du secteur électronique. Et cependant c'est dans ce secteur qu'on a constaté l'importance de l'avance technologique.

Tous ces exemples servent à souligner le fait que dans l'histoire économique, le progrès scientifique et le développement technologique représentent un facteur qui lui est largement exogène. En d'autres termes, même si de plus en plus la technologie moderne est dépendante du progrès scientifique, ce n'est que lorsque l'ensemble des connaissances est maîtrisé et disponible que le lancement d'un produit sur le marché et sa vente deviennent possibles. La période de maturation ou de développement font partie d'un processus dans lequel l'influence de la demande n'est qu'un des nombreux éléments qui entrent en jeu, et qui n'est certainement pas le plus déterminant.

Lorsqu'un cycle débute à partir d'un nouveau type de produit, la pression économique (coût de production, type de demande) se fait de plus en plus forte. Mais au démarrage de l'inévitable saut quantitatif, le processus est largement autonome et les innovations scientifiques et technologiques majeures sont largement exogènes au fonctionnement du système économique en soi. Dans bien des cas, ceci n'a pas été compris par les sciences économiques traditionnelles qui ont suivi d'autres voies de raisonnement et d'hypothèse dans le genre: «il n'y a jamais eu au cours de toute l'histoire autant d'argent investi dans la science et la technologie. Donc, lorsqu'il y a changement dans les forces qui régissent le marché et que les produits deviennent rares, des prix plus élevés stimulent les secteurs de la technologie et du développement. Les innovations relancent ainsi la production dans de meilleures conditions.» Tout ceci dans l'hypothèse d'une faible rigidité de la science et des technologies, elles-mêmes non assujetties à la loi des rendements décroissants.

Cependant il faut souligner un autre point. De nos jours, un investissement dans la technologie et même dans les découvertes scientifiques ne produit d'effets qu'après un certain laps de temps lequel est variable, suivant les cas et les secteurs. Ce délai peut dépasser dix ans, et même parfois vingt ou trente ans. Il n'existe donc aucune possibilité d'établir une corrélation entre l'argent dépensé aujourd'hui et les résultats économiques *obtenus à la même date*. Toutes les statistiques qui établissent des corrélations, pour les mêmes périodes de temps, entre les coûts de production et les dépenses affectées à la recherche n'ont strictement aucun sens. En conséquence, la recherche en matière d'économie devrait partir d'une solide base empirique, économistes et ingénieurs s'efforçant ensemble de mettre au point des modèles qui prendraient en compte des délais variés. C'est alors seulement que les économistes auraient une plus juste compréhension (ou moins inadéquate) de l'impact de la science et de la technologie sur le développement économique. Ils seraient ensuite à même de contrôler les périodes de rendements croissants et décroissants de la technologie, phénomènes qui sont étrangers et se comportent tout à fait différemment par rapport aux performances de la productivité d'une même période, concernant la production réelle.

La Révolution Industrielle classique s'est relativement bien développée pendant deux cents ans, à une époque où les foules d'inventions et, par la suite, de découvertes se sont produites avec un impact *prédominant* sur les activités de fabrication. Le graphique de la figure 2 donne une idée de ces séquences.

Ceci nous conduit à examiner la théorie de l'émergence des cycles longs dans la Révolution Industrielle, question qui a été abordée dans plusieurs ouvrages [11].

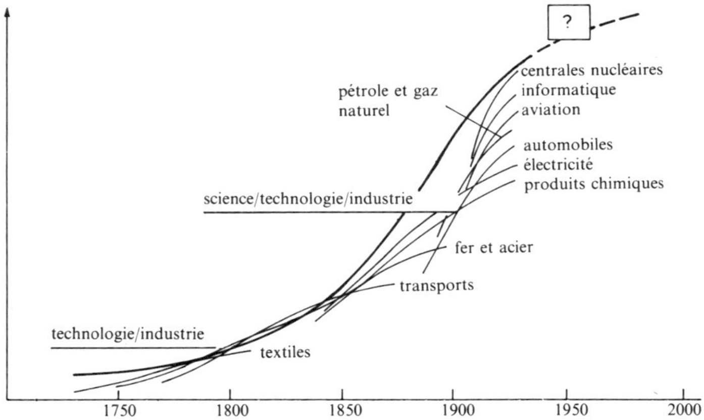

Fig. 2 Vue schématique de l'effet de la révolution technologique sur l'ensemble de la croissance économique à travers les progrès successifs par secteurs.

[Giarini, Orio et Louberge, Henri (1978), *Les rendements décroissants de la technologie*, Pergamon Press, Oxford.]

En fait, les vastes ensembles d'innovations qui se sont produites, d'abord dans l'industrie textile, puis dans le secteur des transports, dans l'industrie chimique et plus tard, dans l'électronique des ordinateurs secteurs, sont des événement majeurs à l'origine de grandes périodes de bouleversement, d'innovation et de développement économique. Certains auteurs se sont efforcés de tirer des lois de régularité parfaite dans la répétition des cycles, qu'on espérait applicables plus ou moins indéfiniment. Cette analyse déterministe a la vie dure. Elle ne prend pas en considération le fait que même les cycles économiques longs qui s'étendent sur trente à cinquante ans (comme les cycles Kondratieff) doivent s'inscrire à leur tour dans des cycles plus longs encore, l'histoire de l'Homme étant bien entendu le plus long de tous. Croire à l'existence de cycles économiques à long terme qui se reproduiraient avec la précision d'une pendule géante relève davantage de la foi que de l'analyse académique [12].

Il est compréhensible, d'un point de vue psychologique, que dans une période telle que celle des années 80, où l'origine des changements actuels de l'économie n'est pas encore bien perçue, on ait recours à des explications mécanistes garantes, par exemple, (si le cycle de quarante ans de Kondratieff existe réellement) d'une résurgence générale du processus de l'industrialisation aux environs de l'année 1990.

Aucune raison, aucune analyse ne justifient cette forme de rituel magique qui nous est offert à titre de substitut.

A titre d'alternative rationnelle, il est possible d'étudier dans le détail les deux cycles qui caractérisent fondamentalement la Révolution Industrielle: le premier correspondant à la période pendant laquelle une technologie traditionnelle, non scientifique, a permis un progrès notable dans le processus d'acquisition de richesse, le second correspondant à la période pendant laquelle les connaissances scientifiques ont donné, pour la première fois dans l'histoire, une impulsion neuve et radicale au développement technologique.

Néanmoins, ces deux cycles représentatifs des étapes majeures de la Révolution Industrielle sont eux-mêmes contenus dans un cycle plus vaste.

LA FIN DU MÉGACYCLE DE LA RÉVOLUTION INDUSTRIELLE

La plupart des points que nous venons de voir se révèlent être les indices ou les signes de la fin du mégacycle de la Révolution Industrielle classique. Mégacycle qui s'est essentiellement et exclusivement borné à accroître la richesse des nations, en donnant une priorité absolue au développement de systèmes de production de plus en plus efficaces. Nous assistons actuellement à la fin de ce mégacycle, lequel n'est pas dû à la fin du développement économique, mais à un changement de priorités dans la manière d'obtenir l'accroissement des richesses.

Le processus des rendements décroissants de la technologie n'est pas seulement l'un des éléments importants permettant d'apprécier la situation, mais aussi un moyen de rapprocher l'analyse économique des nécessités scientifiques et empiriques. Cela ne signifie pas que la technologie ait cessé de développer ou de produire des résultats utiles. Tout au contraire, cela signifie que le résultat essentiel des développements modernes de la science et de la technologie ne s'applique plus *en priorité* ou exclusivement aux seuls systèmes de fabrication. Il s'applique désormais à un système de production qui n'est plus aussi simple que celui de la Révolution Industrielle: un jour, par exemple, quelque découverte scientifique inattendue révolutionnera la production d'énergie, à une allure qui pourra surprendre autant que celle des secteurs informatiques ou de télécommunications. Mais dans le futur, toute innovation fondamentale, même au simple niveau de la fabrication, se produira dans le cadre de l'économie de service, dont l'objectif économique principal sera de rendre les produits disponibles pendant toute leur durée de vie.

Le progrès technologique des quinze dernières années a commencé à remodeler l'économie moderne de la fabrication et le monde de la haute technologie en fonction d'une économie de service comme nous pourrons le vérifier dans le détail dans les chapitres suivants.

La spécialisation, alliée à une intégration des activités dans une structure plus vaste (produits et environnement), les nouvelles complexités et les nouveaux réseaux (fonctionnement des systèmes) sont caractéristiques de ce nouveau défi que nous lance la réalité dans laquelle est entré le monde soi-disant industrialisé depuis une décennie déjà.

Ce changement intervenant dans un cycle extrêmement long ne tient pas bien sûr aux seuls outils économiques et scientifiques: il relève également d'une adaptation culturelle et représente ainsi un défi fascinant à relever.

Il n'y a pas si longtemps encore, au cours d'un débat télévisé français sur l'économie, un sociologue, de retour des Etats-Unis, affirmait avec vigueur que les nouveaux emplois créés dans ce pays, dans le domaine des services, au cours des dix dernières années, n'étaient pas de *vrais emplois*. «Les véritables emplois à créer», disait l'intervenant, «seraient, en particulier, ceux de l'industrie métallurgique». De toute évidence, cet exemple représente un cas typique d'inadaptation culturelle: la vision de l'accroissement de la richesse des nations n'a pas évolué et reste comme autrefois fonction de la consommation de tonnes de fer et d'acier. De la même façon, beaucoup de journalistes expriment leurs craintes concernant le processus de *désindustrialisation*. Ces craintes sont comparables à celles qu'ont éprouvées les constructeurs de véhicules hippomobiles, au cours du siècle dernier, et pour lesquels le déclin de leur industrie était assimilable à celui de l'économie tout entière. A la seule différence que, là où dans le passé on remplaçait un système de production par un autre – par exemple, l'automobile à la place de la charrette –, on cherche en priorité aujourd'hui à améliorer la productivité et la performance des fonctions de service au détriment des activités de fabrication elles-mêmes.

Quel que soit l'article acheté, le coût de sa préparation ou de sa fabrication ne représente que vingt-cinq pour cent, au maximum, de son prix de vente. La plus grande partie du prix correspond à des services tels que le développement du produit (recherche, mise au point, planification), stockage et distribution, marketing et publicité, financement et assurance, gestion et élimination des déchets. C'est là que se situe le défi principal auquel l'économiste moderne est confronté: il doit inciter à une meilleure utilisation des ressources de façon à obtenir une performance de plus en plus grande grâce à un effort de moins en moins important. Ce type d'évolution concerne la grande majorité de la population active de tous les pays «industrialisés», et même de la plupart des pays en voie de développement et d'industrialisation. Il ne dépend que des changements de la demande, tout en restant dans la logique d'une Révolution Industrielle arrivée à maturité, dans laquelle l'extension des technologies de production ainsi que leur plus grande efficacité conduisent paradoxalement à une nette diminution de la part réservée aux processus de fabrication dans l'ensemble plus large des services dont dépend notre richesse. Bien entendu, une mutation similaire s'était déjà produite au moment du passage de l'agriculture à l'industrie au cours de la Révolution Industrielle.

En outre, un système fondé sur le service dont la préoccupation première reste la performance d'utilisation dans la durée se doit de prendre en compte toutes les autres activités productives non monétarisées.

LES NOUVELLES DIMENSIONS DU RISQUE ET DE L'INCERTITUDE

Dans une perspective globale, il est difficile de juger si les incertitudes de la vie moderne sont plus grandes que celles d'il y a 100, 1000 ou 10000 ans. Une recherche très approfondie à partir d'un ensemble de points de référence et de paramètres clairement définis permettrait sans doute de fournir une approximation de réponse sur ce point.

Il est en effet très difficile de peser le pour et le contre: notre risque de mortalité en fonction des grands fléaux qui frappaient encore l'Europe, il y a seulement une centaine d'années, diminue, tandis qu'augmente celui que nous fait courir une perspective de guerre nucléaire généralisée.

En fait, au cours des dernières décennies, un sentiment d'incertitude, accompagné d'angoisse s'est répandu partout, en particulier au sein des cultures occidentales. Un tel état d'esprit est probablement lié à la faillite définitive des principes philosophiques et culturels de fond qui régnaient pendant les deux cents ans de la Révolution Industrielle et qui nous donnaient l'impression de vivre dans une sorte de paradis sur terre, résultat de nos connaissances et de notre aptitude à maîtriser la nature grâce aux méthodes scientifiques, lesquelles éliminaient le doute au profit de la certitude.

Cependant le problème ne réside ni dans la persistance ni même dans la multiplication de situations d'incertitude qui demeurent malgré les progrès scientifiques. Bien au contraire, l'incertitude est synonyme de vie. Le problème tient plutôt à la difficulté d'habituer notre culture à l'idée que la quête de certitude est et sera toujours une utopie négative, participant du désir de bannir de l'existence toutes les angoisses matérielles et spirituelles qu'engendre le doute. Si la destruction de la vie peut être naturellement le fait d'incertitudes totalement incontrôlables, elle peut également être celui d'un espoir illusoire d'élimination totale des incertitudes. Mourir, ou refuser un éventuel développement de la découverte, de l'adaptation, ou de la participation à un monde en évolution, est encore le moyen le plus sûr d'éliminer l'incertitude. La vie est une source permanente d'incertitudes et de risques.

La vie, dans son essence même, est indissociable du risque, le simple fait de vivre en est un en soi. Que nous apprécions le risque ou non, nous ne disposons guère d'alternative; il vaut donc mieux assumer notre situation précaire en toute connaissance de cause. Seule une intelligence toujours plus approfondie de notre condition humaine peut-elle nous éviter de tomber dans le piège qu'Huxley (retournant la fameuse phrase de Karl Marx) décrivait comme «l'opium, la religion du peuple». Toute drogue qu'elle soit chimique, naturelle, idéologique ou culturelle offre une forme d'échappatoire, une sorte d'illusion protectrice contre l'incertitude et les choix dangereux. Et pourtant leur existence même est la preuve que nous sommes vivants. La véritable question est celle de savoir si nous sommes capables de les affronter, en tant qu'individu, et en tant que société.

A notre époque, les problèmes matériels et culturels que posent le risque et sa confrontation sont étroitement liés. Le débat passionné qui a suivi la publication du rapport du Club de Rome [13], en 1972, sur la *Notion de limites de la croissance* illustre bien ce fait.

Le succès de ce rapport – traduit en une vingtaine de langues et vendu à plus de trois millions d'exemplaires – tenait à l'affirmation «scandaleuse» que nous pourrions connaître un ralentissement de la croissance économique, devenue égale ou même inférieure à zéro, en dépit de tout notre potentiel industriel et scientifique. Comme si la maîtrise de la nature et l'organisation de la société industrielle pouvaient nous échapper! Il était alors évident – le niveau extrêmement passionné du débat en témoigna – que le véritable scandale, ressenti comme tel par la majorité des économistes, par exemple, ne résidait pas dans une quelconque prévision économique troublante. En effet dans ce domaine, de nombreuses prévisions allant dans toutes les directions possibles sont faites à longueur d'années sans provoquer la moindre réaction et, en général, on ne vérifie jamais leur degré d'erreur. Le rapport du Club de Rome, fondé davantage sur des intuitions que sur des démonstrations scientifiques, s'est révélé moins loin de la vérité que la plupart des prévisions établies par les experts des années 70. Certains membres du Club de Rome avaient déjà expliqué, bien avant 1973, qu'aurait lieu un ralentissement économique, non nécessairement en fonction d'une utopie écologique, mais de raisons empiriques parfaitement compréhensibles. Et pourtant, il n'est pas rare de lire aujourd'hui que personne n'avait prévu ce qui se produirait dans les années 70. Ceci montre qu'il existe des problèmes de culture, d'idéologie (souvent refusés comme tels) et de contrôle social en jeu: penser en 1972 que la croissance économique pourrait ralentir et même atteindre le degré zéro (ce qui devait se produire un peu plus tôt que ne l'avait prévu initialement le Club de Rome) ne fut pas perçu comme un acte de simple analyse économique à partir des tendances du produit national, mais immédiatement comme une remise en cause de la validité de l'idéologie sous-jacente de la

Révolution Industrielle, ou plus exactement de la science moderne, maîtresse toujours plus achevée de la nature et des besoins humains. Les doutes exprimés à propos de la croissance économique furent avant tout interprétés comme une méfiance vis-à-vis des convictions idéologiques et culturelles fondamentales du moment. En outre, ces doutes ébranlaient toute une politique qui s'appuyait sur l'idée que la richesse pouvait s'accroître indéfiniment, régulièrement et très rapidement, phénomème qui permettrait de résoudre de nombreux conflits sociaux. Si le gâteau était de plus en plus gros, il était moins urgent de le distribuer et le problème social devenait moins crucial.

Pour toutes ces raisons, le premier et désormais célèbre rapport du Club de Rome représenta beaucoup plus qu'une prévision économique, il s'imposa comme un événement culturel. Il est amusant aujourd'hui de voir que les attaques furieuses dont ce rapport a fait l'objet ont été menées comme si la réalité avait pu être modifiée par la destruction des données scientifiques sur lesquelles il se fondait. Mais la campagne de dénigrement organisée par tous les groupes politiques sans exception n'a servi qu'à rendre le rapport encore plus célèbre et n'a pas empêché l'économie mondiale d'entrer dans une période de ralentissement pour la raison que nous examinons dans le présent rapport. Aujourd'hui, nous pouvons également affirmer que le rapport du Club de Rome est devenu par hasard le point de référence qui signale la fin de la Révolution Industrielle classique. Il reste en soi, tout compte fait, un produit de cette même révolution, dont il a extrapolé les résultats à long terme.

Désormais, le développement économique, social et humain ne repose plus sur le principe directeur de la Révolution Industrielle. De la fin d'un cycle séculaire, nous passons progressivement à un autre: celui d'une perception plus mûre, d'un savoir plus scientifique (moins manipulé par les idéologies), d'une plus grande conscience de la dynamique de notre condition humaine et économique, d'une plus large ouverture au principe fondamental que représente la réalité des risques et des incertitudes.

La complexité croissante de la vie sociale et économique, la tendance de plus en plus marquée vers un monde d'interdépendance, la complication des schémas de comportement et des règles de coexistence, les premières tentatives timides d'extension de nos civilisations vers l'espace, contiennent une notion incertitude. Mais c'est précisément à cause de ce fait qu'elles représentent des processus de devenir, des aubaines d'exploration, des occasions de réhabilitation de la notion de progrès, par rapport à une époque où l'ambition de la certitude a prévalu, entraînant sa propre condamnation à la suite des nombreuses faillites et impasses qu'elle a engendrées.

L'économie de service

L'AUGMENTATION DES SERVICES DANS LA PRODUCTION DE RICHESSE

La progression des fonctions de services est la conséquence directe du développement de la technologie de la production au cours de la Révolution Industrielle. Nous allons la suivre étape par étape.

Jusqu'au début du XXe siècle, les nouvelles technologies et les modifications des systèmes de production étaient généralement le fruit d'améliorations et d'expériences faites sur le tas. Elles étaient très rarement le résultat d'un programme de travail organisé et d'un financement spécifique destiné à tel ou tel bureau de recherche, au sein d'une société ou d'un organisme extérieur spécialisé dans la recherche. Reflet de la complexité grandissante des nouvelles technologies, du besoin de prévoir soigneusement leur développement et de gérer leurs performances, la recherche n'a commencé à être professionnalisée que pendant les années 20. Cette fonction de service de la recherche qui s'est étendue pendant les soixante dernières années emploie actuellement des millions de personnes et absorbe des budgets considérables au niveau des sociétés et de l'Etat.

La maintenance et le stockage des matières premières et des produits finis ont toujours fait partie des processus de production les plus élémentaires. Mais la spécialisation toujours plus poussée des unités de production, la plus grande complexité et les progrès de la technologie, le besoin toujours plus grand de protéger les produits les plus sophistiqués contre les dégâts sur des distances de transport de plus en plus grandes, ont contribué, entre autres choses, à augmenter le coût de l'organisation de telles fonctions. Dans le même temps, les coûts réels de la production ont diminué.

La distribution des produits à un plus grand nombre de gens, dans de nombreux pays situés plus ou moins loin du point de fabrication, requiert une organisation et une mise en œuvre de fonctions de marketing complexes sans lesquelles le produit n'atteindrait tout simplement pas la plupart des consommateurs. Les activités financières, tout comme les fonctions d'assurance liées aux performances de la production et de la distribution deviennent, en dernier ressort, essentielles et indispensables. Lorsque que les investissements destinés à une «machine» telle qu'une centrale nucléaire ou à une plate-forme pétrolière dépassent couramment le milliard de dollars, le bon fonctionnement des institutions adéquates de financement et d'assurance devient essentiel.

Au début de la Révolution Industrielle, les ateliers de boulangerie ou de textiles ne nécessitaient guère de recherche pour déterminer si la qualité de leurs produits était bonne ou pas. De nos jours, la vente de magnétoscopes, par exemple, nécessite d'inévitables analyses du profil des consommateurs potentiels, en terme d'applications au marché régional, de politiques des prix, de classes d'âge etc. Une grande variété de professions libérales, des médecins aux juristes, des économistes aux consultants en ingénierie, fournissent une multitude de services professionnels, soit parce qu'ils sont intégrés au système de production, soit parce qu'ils y sont associés.

Il est évident que les ingénieurs électroniciens ou les physiciens qui travaillent en laboratoire ont une formation plus poussée que les techniciens qui faisaient fonctionner les métiers à tisser. Dans la société pré-industrielle, très peu de gens savaient ou voulaient lire, alors que dans notre société de service, la plupart des gens doivent posséder un savoir informatique minimum.

Afin de bien comprendre et évaluer l'économie de service moderne, il est primordial de reconnaître que l'expansion des services émane d'une évolution spécifique du processus productif lui-même. Le développements technologique qui a changé les processus de fabrication pour en accroître l'efficacité a provoqué la naissance d'une vaste profusion de fonctions de service à toutes les différentes phases des processus de transformation.

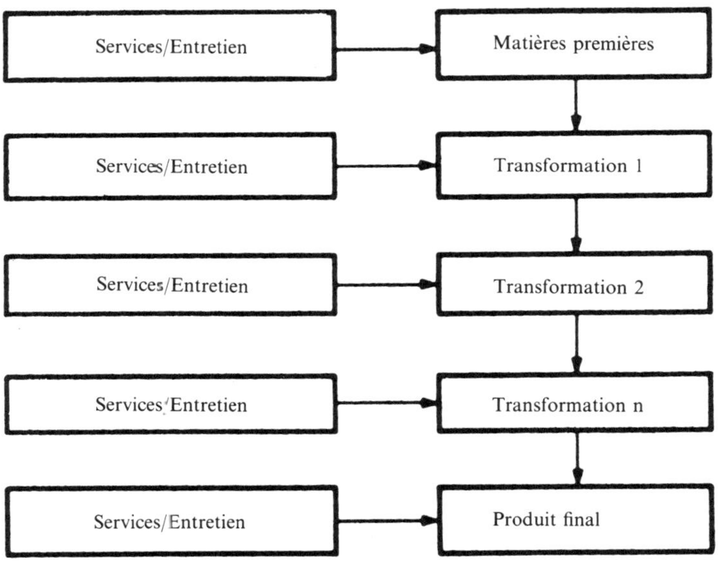

Fig. 3 Services et maintenance dans le secteur de la production.

[Giarini, Orio (Ed.) (1980), *Dialogue on Wealth and Welfare, An Alternative View of World Capital Formation*, rapport destiné au Club de Rome, Pergamon Press.]

Tous les services dont nous avons fait mention sont essentiels pour planifier, accompagner et soutenir la production jusqu'à son point de vente. Mais, par ailleurs, la Révolution Industrielle arrivée à maturité a révélé la nécessité d'une autre forme de service: celle de la gestion des déchets.

Les déchets ont toujours constitué un sous-produit de toute activité et de toute production humaine: nous produisons un déchet lorsque nous épluchons une banane, taillons une flèche dans un morceau de bois. Lorsque s'est dessiné un large mouvement de concentration de production et de spécialisation pendant la Révolution Industrielle, il y a eu inévitable concentration et accumulation de déchets. Ceci n'est pas nécessairement un point négatif. Au cours de l'histoire de la Révolution Industrielle, les déchets ont souvent été réutilisés comme sous-produits ou même comme produits; tel est le cas, par exemple, des engrais azotés, sous-produits de l'industrie des explosifs, ou du phosphore, constituant de base des détergents et des engrais, et qui proviennent des déchets de l'industrie du fer et de l'acier. Au stade le plus avancé de la Révolution Industrielle, lorsque la spécialisation a atteint un degré extrême, de plus en plus de problèmes sont apparus, liés à la nature de déchets qu'on ne pouvait plus transformer économiquement en produits utilisables. De plus, le fait que davantage de nouveaux produits étaient tirés d'une manipulation de matière bénéficiant d'une meilleure connaissance de la physique ou de la chimie a abouti à une complication croissante des déchets et à un plus haut niveau de dangers potentiels.

Concentration, spécialisation et niveaux accrus d'effets secondaires dangereux sont donc la contre-partie négative de l'emploi de technologies sophistiquées créées par la science dans divers domaines. Parallèlement à l'augmentation des déchets industriels, une recrudescence visible de la consommation par un nombre de gens toujours plus grand produit une énorme masse de déchets, à la fois qualitativement et quantitativement. On ne brûle pas une bouteille de plastique comme on brûle un morceau de bois ou de papier, car les vapeurs résultant de sa combustion peuvent être de nature corrosive ou même toxique. Il faut donc, en conséquence, prévoir un investissement supplémentaire pour installer un système d'élimination efficace qui lui soit approprié.

Tout produit finit toujours en déchet! La plupart des matériaux, y compris nos corps, se transforment en déchets à la fin de leur cycle de production et de fonctionnement, et certains se muent en nouvelle matière première. Dans certains cas, ce processus de transformation se produit naturellement (par exemple les déchets organiques), parfois seulement après un laps de temps impliquant une intervention de recyclage effectuée par l'homme. Le plus souvent, ce recyclage est limité, soit par entropie économique (si son coût devient trop prohibitif), soit par entropie physique (absolue).

Le traitement des déchets et leur élimination représentent donc des éléments économiques majeurs pour l'économie de service.

La figure 3 indique que, dans le contexte particulier de la Révolution Industrielle, le processus de production était considéré comme achevé dès lors que le produit ou l'outil était disponible et mis en vente sur le marché. Dans une économie de service, la vraie difficulté, en termes de valeur économique, est de parvenir à maximiser à la fois l'utilisation des produits et des services qui leur sont associés pendant leur durée de vie, tout en prenant en compte une série de coûts préalables, parallèles et postérieurs à leur production.

D'un côté, la notion traditionnelle de valeur économique est liée à l'existence et la possibilité de commercialisation d'un produit, de l'autre, cette même notion s'étend à la durée de l'utilisation, dans la nouvelle économie de service.

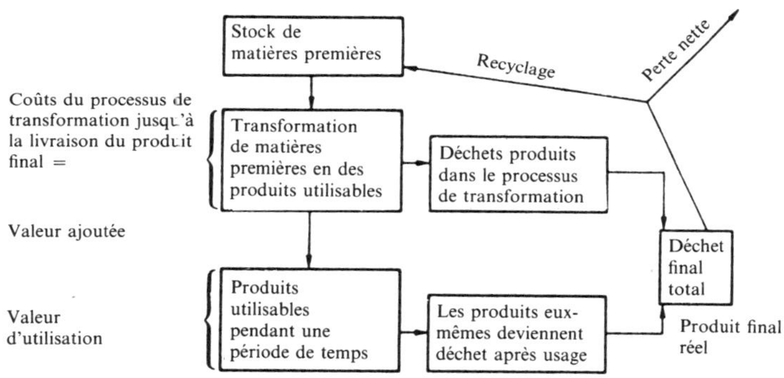

Fig. 4 La conséquence réelle du processus productif.
[Giarini Orio (Ed.) (1980) op cit.]

Comme nous le verrons en détail ultérieurement, la notion de valeur en économie de service est moins liée, en soi, aux fonctions de service désormais prédominantes dans la production d'un bien qu'à la valeur de celui-ci considéré du point de vue de sa performance et de son rendement dans le temps. C'est cette valeur pendant la période d'utilisation qui est en jeu: la performance efficace (en valeur) d'une voiture comme moyen de transport doit être interprétée en termes de durée et de fréquence d'utilisation, tout comme le bienfait efficace (en valeur) d'un médicament doit être interprété en termes de degré de santé atteint. Alors que dans l'économie industrielle, le problème majeur se posait ainsi: *quelle est la valeur monétarisée d'un produit?*, dans l'économie de service, il se pose désormais d'une autre manière: *quelle est la valeur d'utilisation d'un produit? à quelles fonctions répond-il, comment et pendant combien de temps?*

LA CROISSANCE DE L'INDUSTRIALISATION DANS LE SECTEUR TERTIAIRE

Le développement futur de l'économie de service doit être envisagé davantage comme un processus global consécutif à la Révolution Industrielle, plutôt que comme la simple conséquence d'une augmentation du secteur tertiaire traditionnel.

En fait, les fonctions de service sont intégrées dans toutes les activités productives des secteurs industriels et agricoles. Il est essentiel de noter que la technologie moderne a obligé le service traditionnel, ou secteur tertiaire, à modifier radicalement certains aspects de son fonctionnement par l'introduction de processus très proches de ceux de l'industrie contenant un haut degré en facteur *capital*. La distinction entre les fonctions accomplies dans un bureau moderne informatisé et celles d'un centre de contrôle d'une usine de fabrication est en train de disparaître rapidement. Ce fait a incité certains auteurs qui s'intéressent aux caractéristiques de l'économie contemporaine, à parler d'une économie *supra-industrielle* ou d'une *troisième Révolution Industrielle* plutôt que d'une *économie de service*. Considérant les secteurs dans lesquels existe une technologie de pointe, ces auteurs mettent en évidence que ce qui se passe en fait, n'est autre qu'un processus d'industrialisation des secteurs traditionnels de service [14].

Ceci est évidemment un phénomène important mais qui fait oublier l'accroissement spectaculaire des fonctions de service dans les secteurs productifs traditionnels. Il serait inopportun de croire que le développement des télécommunications, des services de banque, de finances, d'assurance, de maintenance ou d'ingénierie ne sont simplement qu'une nouvelle forme de production, un prolongement de ce qui s'est passé dans le domaine du textile, du fer, de l'acier et dans l'industrie chimique. La vente d'une chemise (acte unique et instantané) est autre chose qu'un contrat de maintenance sur une certaine durée qui engage le vendeur vis-à-vis du consommateur pendant toute l'utilisation du produit. Il convient de bien comprendre que la vente de chemises, dans le cadre d'une économie de service, signifie en réalité que nous basculons d'une mentalité Révolution Industrielle à une mentalité économie de service, lorsque nous ajoutons aux coûts de production celui de leur entretien (nettoyage, réparation éventuelle) pendant leur durée de vie, puis celui de leur élimination et de leur remplacement, et que nous apprécions leur valeur en fonction de leur véritable utilisation.

L'INTÉGRATION HORIZONTALE DE TOUTES LES ACTIVITÉS PRODUCTIVES

La théorie économique classique fait toujours une distinction entre les trois secteurs suivants: le secteur agricole, ou primaire, le secteur industriel, ou secondaire et le secteur tertiaire qui comprend l'ensemble des services (parfois subdivisés en un quatrième secteur) [15]. Cette répartition en secteurs est d'ordre *vertical* et a inspiré des théories du développement économique selon lesquelles il y aurait eu un passage historique des sociétés agraires aux sociétés industrielles, précédent qui laisserait actuellement entrevoir une possibilité de mutation vers une société à secteur prédominant de service. Une telle théorie est inspirée essentiellement par un processus d'industrialisation dans lequel certaines sociétés agraires ne seraient pas encore entrées dans l'ère industrielle et pour lesquelles le secteur tertiaire représente le plus souvent un *fourre-tout* où sont reléguées toutes les activités économiques autres qu'industrielles.

En réalité, pour les trois types de sociétés – agraire, industrielle et de service –, l'important est de déterminer la priorité qui stimulera le mieux la production de richesse et de bien-être. Dans une société industrialisée, l'agriculture ne disparaît pas, bien au contraire: en effet, la production agricole devient elle-même plus efficace grâce à son industrialisation. L'industrie ne se développe pas de manière autonome par rapport à l'agriculture, car elle pénètre également le réseau traditionnel de production et de distribution agricoles. De la même manière, l'économie de service n'est-elle pas non plus une excroissance qui serait totalement détachée de la structure productive industrielle puisqu'elle pénètre cette même production: celle-ci dépend, en effet, pour une part très importante, des fonctions de l'activité de service à l'intérieur du processus de production. Le véritable phénomène ne réside donc pas dans le déclin ou la croissance de trois processus ou secteurs séparés verticalement, mais de leur interpénétration et intégration progressives sur un plan horizontal. En d'autres termes, la nouvelle économie de service ne correspond plus à l'économie du secteur tertiaire selon l'acception classique. Elle repose désormais sur le fait que les fonctions de service sont aujourd'hui dominantes dans tous les types d'activités économiques.

Cette idée a été avancée par Pentti Malaska, économiste finlandais, comme nous pouvons le voir sur la figure 5.

A chaque passage d'un moyen de produire de la richesse et du bien-être à un autre se produit une modification de la perception des besoins ou de la demande. La définition de ce qu'est un besoin de base change donc aussi.

Dans une société agraire, le système de production (pré-industriel) était manifestement perçu comme un système destiné à satisfaire les besoins de base. Après le début de l'industrialisation, et dans le droit fil de l'histoire de la théorie économique qui, jusque-là, avait coïncidé essentiellement avec son développement, les besoins primaires avaient été définis comme étant ceux que le système de fabrication pouvait satisfaire. La loi d'Engel établit que les services sont secondaires dans la plupart des cas, parce qu'ils répondent à des besoins non essentiels. Dans la même optique, on supposait que la Révolution Industrielle était une méthode efficace pour fournir le vivre, le couvert et la santé au peuple. Ce n'est que

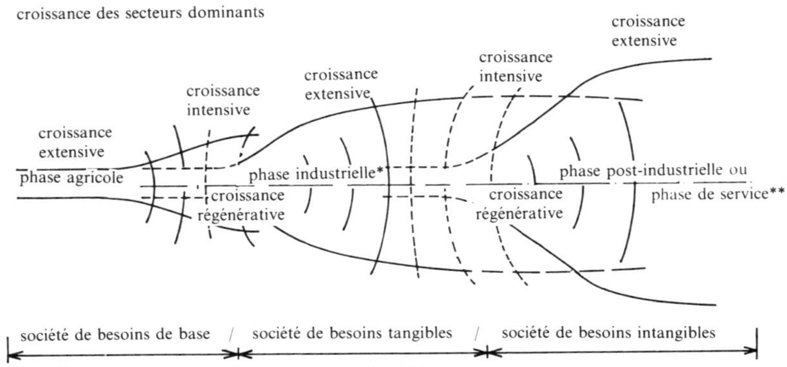

* **rechutes:**

la nouvelle industrie manufacturière amène une industrialisation de l'agriculture, c'est-à-dire une substitution de la main d'œuvre par les machines.

** **rechutes:**

la nouvelle économie des services amène une servicialisation de l'industrie de production, c'est-à-dire une substitution de la fabrication par les services, telle que l'optimisation de la durée de vie des biens.

Fig. 5 Le changement de société, expansion du secteur dominant.

[Malaska, Pentti (1985) "The Outline of a Policy for the Future", *The Science of Complexity*, Université des Nations Unies, Tokyo, p. 343.]

lorsque ces besoins de base sont assurés qu'on consomme un certain nombre de *services*.

Mais la véritable nouveauté, dans le cadre d'une évolution vers une société d'économie de service, vient précisément du fait que les services deviennent indispensables à la production et à la distribution des denrées de base. Les services ne constituent plus désormais un secteur secondaire, ils deviennent de fait le point de focalisation de toute action, partout où ils sont devenus les instrument indispensables de production destinés à satisfaire les besoins de première nécessité et à développer les outils essentiels de l'accroissement de la richesse des nations.

L'industrie de l'assurance en est un exemple typique: tout le monde, jusqu'à ces dernières années, y compris les assureurs eux-mêmes, tenait pour acquit que les polices d'assurances-vie, contre les sinistres, par exemple, appartenaient à une catégorie de produit secondaire, au sens économique traditionnel, qui ne pouvait s'étendre qu'une fois satisfaits les besoins fondamentaux en biens matériels. Et pourtant, lors des dix années qui ont suivi 1973, le PNB mondial a chuté d'une moyenne de 6% à moins de 3% par an, l'ensemble des ventes de contrats d'assurance a continué de croître d'environ 6% par an. Si la consommation d'assurance avait été d'une importance secondaire, le ralentissement des autres activités, en particulier dans l'industrie de transformation, aurait dû résulter, selon la loi d'Engel, en une réduction proportionnelle plus grande encore dans la vente de ce produit.

Cette progression régulière des activités d'assurance, en dépit de périodes de récession, repose précisément sur la nature des systèmes de production modernes, qui dépendent d'autres services, l'assurance entre autres, pour garantir leur propre fonctionnement. A un très haut niveau de technologie de production, représentant une formidable concentration de risques, de fragilités et un défi constant pour les entrepreneurs, l'assurance est devenue un préalable fondamental à l'investissement. De même, sur un plan plus général, la sécurité sociale, l'assurance-vie et la santé ont désormais atteint des statuts de produits essentiels dans la plupart des pays industrialisés.

DE LA VALEUR DU PRODUIT À LA VALEUR DES SYSTÈMES

Une autre différence importante entre l'économie industrielle et celle de service, c'est que la première accorde essentiellement de la valeur aux produits matériels, échangeables, alors que celle des services est davantage liée à la performance et à la réelle utilisation (dans une période donnée) des produits (matériels ou non) intégrés dans un système. Là où, à l'intérieur de la révolution économique classique, la valeur des produits était surtout identifiable aux coûts impliqués dans leur fabrication, dans l'économie de service, la notion de valeur se déplace dans le sens d'une évaluation de coûts liés au bon fonctionnement des produits pendant leur période d'utilisation.

Dans la première approche, on considère la valeur d'une machine à laver *en soi*, dans la seconde, on évalue la performance réelle de cette machine, en prenant en compte non seulement son coût à la production, mais aussi toutes sortes d'autres coûts (temps d'apprentissage du maniement de la machine par le client, maintenance, réparation etc.). Ces deux points de vue sont applicables à la plupart des cas de produits technologiquement complexes: dans le cas de produits et d'outils simples, l'appréciation peut être limitée à l'outil ou au produit en soi (l'usage d'un marteau, par exemple, ne s'apprend pas). Mais dans le cas d'un ordinateur, il arrive que le prix des cours nécessaires pour apprendre son maniement dépasse le prix d'achat de l'appareil, tout spécialement si l'on y ajoute la dépense de tous les logiciels indispensables pour le faire fonctionner.

De même, lors d'achats d'articles tels que de la vaisselle, ou même une bicyclette, on n'envisagera pas de prendre un contrat de maintenance. Par contre, celui-ci devient de plus en plus courant – même chez le consommateur isolé – en ce qui concerne des achats de machines à écrire électroniques, de photocopieuses, ou même de téléviseurs. En économie de service, on n'achète pas un produit, on achète un système qui fonctionne.

On retrouve le même genre de concept dans le domaine de la santé, par exemple. Pour des raisons qui sont évidemment liées au développement de l'économie de service, des institutions appelées «Organisations de maintien de la Santé» (HMO – Health Maintenance Organizations) prennent de plus en plus d'importance aux Etats-Unis. Ces organisations combinent plusieurs actions: incitation des médecins à maintenir des patients sains, plutôt que de les rendre consommateurs de médicaments et de soins hospitaliers; collaboration des généralistes avec les spécialistes; utilisation des nouvelles technologies pour enregistrer toutes des données utiles de l'histoire médicale des patients; réduction des dépenses de santé sociales. Le bon fonctionnement de ces HMO aux Etats-Unis a permis de mieux traiter les malades, avec une réduction des coûts dans les secteurs de la santé. En effet le résultat recherché reposait sur la gestion optimale du système. La valeur de ces HMO n'est donc pas assimilable au montant des dépenses de médicaments ou d'hospitalisation [16].

L'argent est ainsi dépensé avec d'autant plus d'efficacité que la valeur économique a été reportée davantage sur les performances et les résultats (l'amélioration de la santé) que sur une vision purement industrielle.

L'économie de service exerce donc une influence sur un secteur tertiaire traditionnel pour fonctionner véritablement comme un service (en offrant la meilleure valeur d'utilisation possible), plutôt que comme machine de production industrielle (dans l'interprétation d'un accroissement des coûts et dépenses, synonymes d'augmentation de richesse).

Si désormais l'accent est davantage porté sur le degré d'efficacité de fonctionnement d'un système, des considérations qualitatives non monétarisées deviendront manifestement plus pertinentes. Les restaurants et les boutiques en self-service représentent des systèmes qui offrent des prix réduits en échange de la participation du client. Ce dernier, en se servant lui-même, remplit des tâches non monétarisées qui ne devront plus être payées à quelqu'un d'autre.

Le système économique du self-service comporte une astucieuse combinaison d'activités monétarisées et non monétarisées. On blâme souvent les HMO de ne pas intervenir dans les couches de population les moins saines (ces organisations ont un effet sélectif). Néanmoins, c'est ici que des programmes sociaux pourraient intervenir et jouer un rôle de complémentarité positive.

L'évaluation de l'efficacité des systèmes et de leurs résultats permet également d'identifier facilement la part des performances et des contributions non monétarisées.

L'estimation des systèmes, c'est-à-dire l'organisation des outils et des personnes, dans un environnement donné, pour obtenir des résultats économiques valables, doit prendre en considération les divers degrés de complexité ainsi que la vulnérabilité du fonctionnement du système.

FONCTIONNEMENT DES SYSTÈMES: COMPLEXITÉ ET VULNÉRABILITÉ

De la Révolution Industrielle à la société moderne de l'information, la complexité s'accroît [17]. Au cours de la phase initiale de la Révolution Industrielle, chacun s'est efforcé de concentrer ses efforts sur l'augmentation de production dans un environnement relativement spécialisé. Au fur et à mesure de ses différentes phases de développement, l'économie industrielle est devenue de plus en plus complexe, à la fois dans le sens vertical et le sens horizontal.

La complexité croissante verticale concerne la multiplicité des étapes de transformation des matières brutes en produits finis, tandis que la complexité croissante horizontale traite du développement de toutes les activités de service qui accompagnent et sous-tendent le processus de production.

Nous examinerons tout d'abord la complexité verticale: l'une des conséquence de la spécialisation est que chaque produit nouveau, ou chaque génération nouvelle de machines qui remplace la précédente, possède un champ d'applications plus restreint. Ainsi, l'on augmente le gain de productivité dans la plupart des cas en réduisant la marge d'action d'un produit. Par exemple, il était possible sur les premiers métiers à tisser, d'utiliser soit de la laine ou du coton pour fabriquer des vêtements, ou de la toile de drap. Actuellement les métiers les plus sophistiqués ne peuvent être alimentés que par un seul type de fibres et sont limités quant aux différentes largeurs et au tissu fabriqué. Chaque événement de la chaîne de production, de la matière première au produit fini, tend à devenir une opération distincte (liée à un outil ou à une machine particulière). Ainsi, la spécialisation ne va pas sans la multiplication des moyens et méthodes, tous devant s'adapter à des fins de plus en plus précises. A toute apparition de technologie, le nombre des étapes intermédiaires de transformation s'accroît.

A ce stade, nous pouvons conclure que le degré de spécialisation doit être conçu en termes d'optimisation et non en termes de développement linéaire croissant. La spécialisation est inévitablement liée à l'objectif poursuivi, mais il existe pourtant des spécialisations dont le but devient absurde ou même caduc.

Parallèlement aux processus de spécialisation et de complexité croissante verticale du système productif de la Révolution Industrielle, les activités de service de support, telles que l'assurance, la gestion du stockage, la recherche, la formation, la finance, les ventes et le marketing, la protection, le recyclage des déchets, prennent de plus en plus d'importance. Grand nombre de ces fonctions existaient déjà au commencement de la Révolution Industrielle, mais souvent de manière anonyme et non catégorisée. En effet, lorsque nous avons à faire à une petite production de type artisanale, les problèmes d'entreposage, de distribution et d'élimination des déchets existent bien entendu, mais ils apparaissent comme secondaires et ne constituent jamais *matière à emploi.* La transformation de dizaines, puis de centaines, et enfin de milliers de petites unités de textile, au XVIIIe siècle en Europe, en l'énorme concentration de production que nous connaissons aujourd'hui, a engendré le besoin, d'une gestion professionnelle du contrôle des stocks et de la distribution. En termes d'assurance, cette transformation pose des problèmes sur le caractère *d'assurabilité* de ces fonctions. Un risque est en fait plus facilement assuré lorsqu'il représente un coût moyen réduit pour une fréquence de perte plus importante [18]. Ceci représente un facteur fondamental dans la définition de l'optimisation d'économie d'échelle que la plupart des économistes sont impardonnables d'avoir oublié jusqu'ici.

Plus la spécialisation prend de l'envergure et de la portée, plus on se doit de prendre des mesures permettant d'assurer une harmonisation des entrées et des sorties de matériaux. Là où un petit boulanger pourra acheter le jour même, si besoin est, la quantité nécessaire de farine pour assurer quotidiennement sa fabrication de pain, une usine de fibres synthétiques devra s'assurer longtemps à l'avance de son approvisionnement en matières premières pour pouvoir fonctionner.

Cela est également vrai pour le financement: au début de la Révolution Industrielle, cette fonction était tenue par des particuliers détenteurs de fortune qui étaient, dans un sens, leurs propres banquiers. Plus tard, au cours du siècle dernier, des sociétés anonymes se sont développées pour répondre à la nécessité de mettre en commun les ressources financières d'un certains nombre de personnes isolées. Ce n'est que vers la fin du siècle dernier que les banques ont cherché à développer leur activité de collecte de l'épargne et c'est ainsi qu'elles se sont orientées vers l'investissement industriel. A l'heure actuelle, les projets d'investissement les plus importants ont atteint une échelle tellement gigantesque qu'ils nécessitent des consortiums internationaux de banques du monde entier.

Le flux et la qualité des produits nés des nouvelles technologies étaient tels qu'ils ont suscité le besoin de nouveaux experts professionnels, lesquels se sont vu attribuer la tâche de surveiller les taux de concentration des déchets et le caractère nocif de certains processus. Ce phénomène s'est particulièrement amplifié au cours des vingt dernières années, bien qu'en fait, la gestion des déchets ait toujours existé parallèlement aux systèmes de production, de manière indifférenciée toutefois, et avec des conséquences relativement limitées.

Ces activités de service peuvent prendre la forme de fonctions intégrées à l'entreprise industrielle, ou d'activités autonomes et extérieures à cette dernière.

On trouve une troisième dimension dans le processus de complexité croissante qui a pris encore davantage d'importance: en effet, en raison de la multiplicité des étapes observées dans les processus de production et de distribution, la coordination de toutes ces activités distinctes devient de plus en plus indispensable. Autrement dit, non seulement sommes-nous confrontés à un développement de la spécialisation dans un nombre croissant de domaines, mais aussi au corollaire de ce phénomène, sous la forme des problèmes que posent l'information, la coordination et l'organisation de tous les éléments du système. Ce degré de complexité horizontale ajouté à la complexité verticale indique nettement que l'économie est devenue un réseau de plus en plus difficile à gérer. Et dire que comparée à des systèmes biologiques, cette complexité peut apparaître comme rudimentaire ou embryonnaire.

Cette même perspective permet une meilleure appréciation des contributions de la technologie contemporaine: en effet, les dernières technologies de pointe exercent leur impact le plus important sur les systèmes relatifs à la communication, l'organisation et l'information, ce qui répond exactement au besoin de mieux gérer le développement des économies actuelles. Tout ceci diffère beaucoup de la direction que la technologie avait prise pendant la Révolution Industrielle classique dont le seul souci était l'investigation et l'amélioration des étapes de production qui transformaient la matière première en produit fini.

On peut donc définir l'économie contemporaine comme une économie de service qui répondrait à la description suivante: une situation dans laquelle les facteurs de production sont utilisés dans des fonctions de service. Certaines de ces fonctions – qui concernent la conservation, la transmission, et le traitement de l'information – représentent une part croissante du tout. C'est à ce stade que les notions de vulnérabilité et de gestion du risque deviennent économiquement extrêmement significatives.

LA NOTION DE SYSTÈME

La notion de systèmes est absolument essentielle dans une économie de service. Les systèmes produisent des résultats positifs ou de la valeur économique lorsqu'ils fonctionnent convenablement.

La notion de fonctionnement de système doit être fondée à la fois sur le temps réel et sur la dynamique de la vie réelle. Dès que l'on prend en compte le temps réel, le degré d'incertitude et de probabilité qui conditionne toute activité humaine pose un problème central.

Les sciences économiques de la Révolution Industrielle pouvaient, au contraire, reposer sur la fiction d'une théorie de l'équilibre parfait (hors du temps réel et de la durée), partant du principe de la certitude. Pendant la plus grande partie de l'histoire économique de la Révolution Industrielle, le risque et l'incertitude ont été traités par des historiens et des sociologues. On voit pour la première fois, le risque et l'incertitude abordés systématiquement dans une étude – et encore, avec une grande prudence – par Frank Knight, dans les années 20 [19].

Tout système qui fonctionne dans le but d'obtenir certains résultats dans le futur, connaît par définition une situation d'incertitude, même si différentes situations sont caractérisées par des degrés de risque, d'aléa ou même d'indétermination divers.

La rationalité ne consiste donc pas tant à savoir éviter qu'à contrôler les risques, à éliminer qu'à limiter les aléas et l'indétermination, en fonction d'un niveau acceptable pour des situations précises.

Par ailleurs, la nature systémique même des systèmes économiques modernes et le degré croissant de complexité des développements technologiques requièrent une plus grande compréhension des données de l'économie et une plus grande maîtrise de la vulnérabilité.

Malheureusement, la notion de vulnérabilité est généralement mal comprise. Dire que la vulnérabilité augmente avec la qualité et la performance du progrès de la technologie moderne peut sembler paradoxal. En fait, le très haut niveau de performance de la plupart des technologies de pointe repose sur une réduction des marges d'erreur tolérables par un système pour qu'il ne tombe pas en panne. Les accidents et les erreurs de décisions se produisent toujours, bien que moins fréquemment, mais leurs effets ont maintenant des conséquences de plus en plus coûteuses, d'un point de vue systémique. Si on ouvre une portière de voiture en marche, cela peut ne pas mener nécessairement à une catastrophe. Par contre, dans le cas d'un avion... le même incident sera dramatique. Ceci montre que les notions de fonctionnement des systèmes et de la maîtrise de la vulnérabilité correspondent à des fonctions économiques essentielles dans lesquelles l'apport des économistes et des ingénieurs doit être intégré. De la même manière, les instances chargées de la sécurité sociale et de l'épargne des personnes privées doivent également prendre en compte la gestion de la vulnérabilité.

Ainsi, la notion de risque, la maîtrise de la vulnérabilité et de l'incertitude deviennent des éléments prédominants de l'économie de service.

ALÉAS MORAUX ET INCITATIONS

La prise de risque n'avait pas été étudiée en détail par les premiers grands économistes, elle allait souvent de soi dans un environnement culturel donné, même si Schumpeter a fait explicitement référence à l'entrepreneur preneur de risque. C'est seulement en 1921 qu'on a abordé le sujet pour la première fois dans «Risk, Uncertainty and Profit», œuvre exhaustive de Frank Knight [20]. Mais encore une fois, les risques traités restaient plus ou moins limités dans le cadre d'une perspective de type *entrepreneur*. Le domaine du risque pur, lié à la vulnérabilité des systèmes, était encore considéré comme trop secondaire pour faire partie des soucis prioritaires d'une entreprise.

Ce n'est que récemment que des économistes tels que Kenneth Arrow [21] ont commencé d'observer la réalité en tenant compte de l'incertitude qui sous-tend toute décision de politique économique ou de gestion. Ricardo et Smith illustraient leurs théories d'exemples pratiques puisés dans le domaine de l'agriculture et des petites entreprises; la génération suivante d'économistes jusqu'à Samuelson utilisa des situations tirées des grosses industries. Aujourd'hui, la plupart des économistes modernes prennent comme référence la gestion du risque et de l'incertitude dans des institutions telles que l'assurance, la sécurité sociale ou la santé.

Ceci a mené à une reconsidération générale de certains concepts de base de l'activité économique, là où se situe la nécessité d'une meilleure compréhension de l'origine et des causes des risques et incertitudes de l'économie moderne. Le débat mondial sur la gestion du risque est donc un signe de cette démarche.

Les activités du secteur service – et de l'assurance en particulier – ont souvent été considérées comme secondaires ou marginales dans le cadre de l'économie nationale, en dépit de leur existence séculaire. Les théories et même les attitudes ne se sont pas encore adaptées aux faits nouveaux dans ce domaine. Certains types de risques extérieurs à l'entreprise n'en sont pas moins devenus plus importants du fait des changements de philosophie sociale: celle-ci s'est vue concernée par la couverture des risques et la protection des travailleurs dans les pays industrialisés au moyen d'un système de sécurité sociale. Pourtant, dès 1850, le gouvernement Prussien avait organisé les premiers programmes d'assurance obligatoire pour les mineurs. Mais à l'époque de la grande dépression de 1929, ce type de gestion du risque restait encore en enfance.

A la fin de la Deuxième Guerre mondiale, l'une des révolutions les plus silencieuses de l'histoire devait s'installer: de nos jours, le *chiffre d'affaires* de la sécurité sociale dépasse 20% du PNB, pour l'ensemble des pays de l'Europe occidentale. Alors que certains auteurs, dont Peter Drucker, intitulent ce type de développement aux Etats-Unis: *La Révolution invisible* ou *La voie d'un socialisme à l'américaine*, la pensée économique traditionnelle commence à peine à explorer à fond le phénomène [22]. On peut largement attribuer le développement de la sécurité sociale aux changements de philosophie sociale, laquelle à son tour est conditionnée par le changement de niveaux et de caractéristiques des risques et de la vulnérabilité engendrés par l'environnement moderne. En effet, l'augmentation des risques et des vulnérabilités étroitement mêlés au fonctionnement du système économique explique en grande partie pourquoi nous vivons désormais dans une dimension nouvelle du risque et pourquoi nous sommes confrontés à un bouleversement de fond dans les attentes et possibilités liées au principe de croissance traditionnelle.

Pour les trente dernières années, les statistiques concernant les déficits dans le domaine de l'assurance et de ses activités indiquent un rythme d'augmentation souvent deux fois plus élevé que celui de la croissance du PNB dans la plupart des pays industrialisés [23].

Les événements fortuits produisent de plus en plus de résultats inattendus. Les vues du Professeur Jay Forrester [24] sur le comportement des sciences et des activités sociales sont bien sûr applicables à celui des risques et des incertitudes actuels, les effets indirects d'un événement prenant plus d'importance que ses conséquences directes.

Quelle est l'origine de cette incertitude grandissante? Est-elle un phénomène purement psychologique et culturel?

L'époque que nous vivons, qui est caractérisée par une croissance de PNB ralentie, une vulnérabilité plus grandes et des risques accrus, est largement influencée par ce phénomène complexe que nous pouvons définir comme celui des rendements décroissants de la technologie.

RENDEMENTS DÉCROISSANTS DE LA TECHNOLOGIE

La technologie moderne est à la source des problèmes croissants de gestion du risque:

a) L'augmentation des économies d'échelle est principalement due aux progrès de la technologie. Les gains liés à la productivité de la période de Révolution Industrielle étaient énormes, mais la concentration progressive de la production a également augmenté sa fragilité vis-à-vis de perturbations mineures. C'est dans cette zone précise que les risques et la vulnérabilité sont du type pur.

b) La spécialisation a joué un rôle capital dans ce progrès, mais appliquée à l'excès elle aboutit à des systèmes qui sont de plus en plus interdépendants et fragiles, d'où une importante augmentation des pertes (pertes dues au non-fonctionnement ou au mauvais fonctionnement d'un système). De plus, la spécialisation diminue la souplesse d'une machine ou d'une installation vis-à-vis des fluctuations de la demande du marché et elle peut, en outre, imposer des besoins de maintenance et de réparations plus draconiens, souvent difficiles à mettre en œuvre dans certaines conditions de fonctionnement. Les bénéfices de la spécialisation sont donc quelquefois partiellement annulés ou mêmes absorbés en raison de son absence de malléabilité.

c) La fiabilité de fonctionnement a fait de grands progrès grâce à la technologie de pointe. Néanmoins, de légères différences, des petits incidents liés à l'un des composants, peuvent mener à des désastres dans un système complexe, même si ces accidents surviennent moins fréquemment en raison de la meilleure fiabilité de fonctionnement.

d) La qualité de nombreux produits a été améliorée par la technologie moderne. Et pourtant, cette même qualité dans une tâche particulière peut aggraver le problème du recyclage du produit lorsqu'il est mis au rebut. L'environnement humain et économique, comme le remarque Alfred Marshall, tient davantage du processus biologique que du processus mécanique. Une amélioration d'un côté peut entraîner un déséquilibre de l'autre. C'est la leçon que nous apprennent les problèmes de pollution et le contrôle de la gestion des déchets toxiques.

Dans ces exemples on constate un déplacement de la notion de risques classiques d'entrepreneur à celle de risques purs. Nous pouvons donc nous attendre à trouver le reflet de ces développements dans le domaine de l'assurance et dont on trouvera une illustration dans les exemples suivants:

– Le coût total des dégâts causés par les incendies en Europe atteint maintenant 1% du revenu national et augmente davantage proportionnellement (la part qui revient à l'assurance est d'environ un tiers du total).

– Le coût économique des crimes est plusieurs fois supérieur à celui des incendies. Ceci est dû non seulement à une augmentation des actes criminels, mais plus encore à la fragilité des systèmes exposés à l'activité délinquante. La même chose s'applique aux catastrophes naturelles: les pertes lors de tremblements de terre et d'inondations sont plus grandes aujourd'hui, non pas nécessairement parce que ces catastrophes sont plus violentes, mais parce qu'elles affectent des systèmes plus fragiles.

– Selon une étude [25] de l'Association de Genève en Europe et de Skandia, aux Etats-Unis, le total des coûts économiques des dégâts *indirects* causés par l'utilisation de systèmes informatisés est de l'ordre de 5 milliards de dollars par an. Cette somme doit bien entendu être mise en regard des bénéfices beaucoup plus importants qu'entraîne l'emploi d'ordinateurs, mais ceci montre bien que la gestion du risque est un vaste champ d'action potentielle.

– La plate-forme de Statfjord, en Mer du Nord, est un exemple qui illustre la tendance aux activités industrielles de plus en plus complexes et sophistiquées. En effet, dans les années 60, la construction de celle-ci est revenue à un milliard de dollars, sans compter l'infrastructure et le coût de la mise au rebut de la plateforme à la fin d'une existence très active. Des développements ultérieurs et de nouveaux projets dans ce domaine indiquent que les niveaux d'investissements, qu'ils soient de l'ordre du financement ou de la couverture d'assurance, sont très difficiles à réaliser [26].

Ceci indique une concentration du risque à des niveaux de vulnérabilité telle que l'on voit s'accroître une incertitude générale liée au processus économique. Nombreux sont les conseils de direction actuels qui aimeraient prendre le genre de décisions d'il y a vingt ans! Les consommateurs sont, eux aussi, réticents à devenir des consommateurs de *risque*. La situation unique que connaissaient jusqu'ici les Etats-Unis dans le domaine de la fiabilité du produit et de la malfaçon – situation exacerbée par un environnement juridique spécifique – commence à se répercuter dans d'autres parties du monde. Ceci est une tendance typique de l'économie de service; le consommateur – avec les experts eux-mêmes – est de plus en plus conscient que les outils et produits destinés à des buts précis n'ont de valeur que lorsque leur utilisation se révèle positive. Le fait que celle-ci se solde par des résultats négatifs est contesté et donne lieu à des demandes d'indemnisation. La fiabilité d'un produit pose un grand problème aux Etats-Unis où les litiges ont, dans certains cas, entraîné des dédommagements extrêmement élevés et parfois même excessifs. Les industries chimiques ou/et pharmaceutiques ont leurs problèmes spécifiques [27]. Les médecins, les juristes et autres experts sont poursuivis en justice pour incompétence et doivent indemniser leurs clients s'ils sont jugés coupables. Sur le plan européen, une directive récente [28], aboutissement de dix années de discussion et de préparation, est destinée à gérer le phénomène grandissant de la perception par le public du degré de responsabilité des fabricants, par rapport au produit qui donne des résultats négatifs. Une fois encore, dans le cadre de l'économie contemporaine, c'est la *performance* qui est représentative de la valeur économique et elle compte davantage que la simple *existence* d'un produit ou d'un service.

Le problème de risques pour l'environnement, très souvent lié aux questions de transport et de stockage de matières dangereuses, fait partie de la même catégorie de risque ou de vulnérabilité auxquels est confrontée notre société moderne [29].

RISQUE PUR ET RISQUE D'ENTREPRENEUR

La notion de risque dans l'économie de service est beaucoup plus largement connotée que celle qui est attachée à la Révolution Industrielle. Dans ce dernier cas, le risque majeur auquel on se réfère normalement correspond à ce qu'on appelle le risque *entrepreneur* ou risque commercial; dans l'économie de service, il s'étend à ce qu'on appelle le risque pur.

Le risque de type entrepreneur est celui que courent les personnes impliquées dans une action dont elles influencent le but et les moyens grâce à leur pouvoir de décision (de produire, vendre, financer, etc.). Le risque pur est hors d'atteinte pour ceux qui entreprennent une action. Il dépend de la vulnérabilité de l'environnement ou du système dans lequel ils évoluent, et se présente fortuitement, au hasard. Cette notion de risque pur est strictement rattachée à la notion de vulnérabilité des systèmes que nous avons développée dans les paragraphes précédents et elle relève de l'économie de service.

L'une des grandes différences entre l'économie néo-classique et la nouvelle économie de service ne réside pas seulement dans la prise en compte du risque de type entrepreneur (comme dans le cas de Frank Knight), mais aussi dans l'extension de la notion de risque économique appropriée à celle de risque pur. Globalement deux caractéristiques, fondamentalement différentes et pourtant complémentaires, sont attachées à la notion de risque.

De nos jours, pour toute entreprise économique importante, d'un point de vue stratégique, il faut considérer les deux notions de risque sur un plan égal.

Beaucoup de gens qui parlent et écrivent aujourd'hui de la gestion du risque [30] (sous-entendant celle du risque pur) n'établissent pas clairement les liens qu'elle entretient avec une stratégie globale du risque. Au lieu de montrer nettement la corrélation des deux formes de risques, ils tendent donc à les confondre ou à les amalgamer.

La ligne de démarcation entre les risques dits *purs* et *d'entrepreneur* est établie par la notion d'*aléa moral* [31]. Cette notion a été depuis longtemps prise en considération par les assureurs dès l'époque où ils ont été confrontés aux dégâts produits par ceux qui s'exposaient à un risque dans le but d'en tirer profit. On citera, comme exemple type, le cas d'une personne qui brûle sa maison pour toucher une assurance, cas qui concerne plus de 20% des incendies. Les économistes voient l'aspect opposé de cette notion, comme un corollaire à leurs études sur les incitations: l'aléa moral est dégagé de l'étude des résultats négatifs liés à l'usage d'incitations. On trouvera une bonne illustration de ceci dans la difficulté de fixer le niveau des indemnités de sécurité sociale pour les chômeurs, ceux-ci pouvant être tentés d'interrompre leur recherche d'emploi si celles-ci sont trop élevées [33]. Nombreux parmi les économistes qui traitent de stratégie nationale entrant dans le champ de l'aléa moral (ou des effets négatifs liés aux incitations) auraient intérêt à profiter de l'expérience des assureurs dans ce domaine [34].

Les chefs d'entreprise et les entrepreneurs de l'économie de service devraient être préparés à avoir une vue d'ensemble du risque sous ses deux formes (entrepreneur et pur). De nos jours, même les écoles de commerce d'avant-garde (y compris Harvard) sont souvent à la traîne sur ce plan, alors que la réalité impose de lourdes charges de risques purs aux dirigeants.

Les risques doivent être appréhendés à tous les niveaux et bien appréciés du point de vue de leur maîtrise. Les vulnérabilités peuvent et doivent être réduites. On peut alors développer une vision stratégique et découvrir de nouveaux défis à relever. Si cette nouvelle perception de la vie économique n'est pas ressentie ou vécue par l'entrepreneur comme par le large public, alors le sentiment d'impuissance face au risque et à la vulnérabilité croîtra et avec lui l'inaptitude culturelle à identifier et accepter la réalité présente.

Ainsi, tout revient à une question d'attitude. Une incapacité d'adaptation conduit au pessimisme et à des comportements fatalistes, un peu comme ceux d'un marin qui au lieu d'utiliser les vents pour ses manœuvres, les laisserait maîtres de la direction de son bateau.

Il est vital d'identifier les vents nouveaux qui soufflent sur l'économie de service, et de déceler de quelle manière les défis posés (par les nouveaux risques, par le souci croissant de qualité et de la valeur d'utilisation du produit vendu) offrent une occasion de définir de nouvelles orientations propres à stimuler une véritable croissance économique et sociale.

L'ÉCHANGE ET L'HOMOGÉNÉITÉ DES SERVICES

Beaucoup de travaux traitant de l'économie de service font état de deux problèmes spécifiques qui reflètent les difficultés actuelles à trouver une définition des caractéristiques de l'économie de service. Dans la plupart des cas, ces difficultés ne sont pas séparées d'une attitude mentale sous-jacente dans la façon de voir les services, ou plus précisément, l'économie de service, en tant que produit nouveau engendré par un nouveau type d'industrie.

La difficulté de percevoir clairement le problème lui-même tient, une fois encore, au cadre de référence culturel et théorique utilisé pour son analyse.

La question de l'échange et de l'homogénéité des services se pose. On dit souvent qu'une analyse d'économie de service est pratiquement impossible du fait qu'elle recouvre des rubriques très disparates – qui vont de la coupe de cheveux, des télécommunications, en passant par la maintenance et les prestations de santé. Pourtant on peut en dire autant des produits, car il existe aussi peu de ressemblance entre un pull-over, un avion, du jus d'orange et une montre. En fait, tous les produits industriels ne présentent d'homogénéité que s'ils sont considérés du point de vue de leur système de production, c'est-à-dire des méthodes de fabrication intensives, développées et améliorées par la Révolution Industrielle. Si l'on aborde les services avec une mentalité industrielle, on découvrira inévitablement que certains d'entre eux sont facilement assimilables à un produit industriel, à l'inverse d'autres services qui ne le sont pas. De toutes façons, il serait futile d'essayer de faire entrer un constat empirique dans un cadre de référence qui est dépassé.

La valeur économique constitue la véritable différence entre l'économie industrielle et l'économie de service à partir de laquelle il est possible de bâtir des références théoriques homogènes. En effet, lors de la Révolution Industrielle, la valeur économique était indissociable de l'existence d'un produit et des améliorations de productivité venant essentiellement des progrès des processus de fabrication. Par ailleurs, la valeur économique dans l'économie de service est tirée du fonctionnement d'un système dont la productivité n'est mesurable qu'en termes de performance améliorée et accrue, inséparable du résultat final. Ce n'est pas le produit qui sert de référence, mais son utilisation, son propre processus de fonctionnement et son utilité.

L'augmentation de productivité dans l'économie industrielle est mesurable en fonction des coûts engagés dans la production d'un outil ou d'un produit. Dans l'économie de service, l'évaluation des mêmes coûts engagés sans référence à une performance spécifique (non nécessairement attachée à des produits) frise l'absurdité. La productivité d'un système de santé est sa capacité *à produire* des gens sains. Dans les deux cas, la mesure du résultat doit inévitablement intégrer des paramètres qualitatifs quant au *stock*. Ceci peut être obtenu grâce à un effort raisonnable, avec un peu de bon sens et un minimum de consensus. La mesure de la performance de systèmes éducatifs est inévitablement liée à celle de la qualité des étudiants formés, par rapport à leur objectif d'apprentissage; aucun indice de salaires des enseignants ni aucun investissement dans des bâtiments scolaires ne suffiront à mesurer convenablement la productivité en matière d'éducation.

Faire partie d'une économie de service veut également dire voir les produits industriels du point de vue de leur service, c'est-à-dire examiner les fonctions des outils et déterminer si elles sont bien utilisées et avec quels résultats.

L'économie industrielle concerne l'estimation de production et de richesse en termes de valeur d'échange ajoutée, tandis que l'économie de service concerne l'estimation de la valeur d'utilisation.

Si donc on emploie les notions d'homogénéité et d'hétérogénéité dans l'analyse des économies industrielle et de service, cela trahit une inadaptation du cadre conceptuel. Il peut bien entendu être parfaitement légitime de choisir l'une ou l'autre de ces notions. Mais tout dépend du degré d'efficacité de l'un ou l'autre des systèmes d'évaluation et de la direction que trace la vérification empirique. Si l'on considère les services comme fonctions et comme systèmes performants, on constate une grande variété dans ces activités qui n'est pas obligatoirement incohérente. Dans l'économie de service, un restaurant a pour fonction de nourrir ses clients et cette fonction est différente de celle de l'enseignement ou de loisirs. Mais elle reste toujours une fonction visant à des résultats qui peuvent être assez facilement identifiés dans chacun des exemples choisis.

Il en est de même en ce qui regarde la question de l'échange. En effet bien des fonctions de service sont estimées ou considérées comme pouvant entrer dans la structure analytique développée pour analyser le commerce des produits industriels.

Comme l'économie de service concerne la production de résultats *là* où se trouvent les usagers, il va de soi que l'idée même de commerce subit un changement fondamental. On ne peut plus désormais distinguer le commerce de service et les mouvements des facteurs de production ou d'investissement comme on pouvait le faire dans le cadre de la théorie économique industrielle. Le commerce de l'économie de service mêle inévitablement les deux éléments dans bien des cas. Pour beaucoup de sociétés, et tout spécialement celles qui appartiennent traditionnellement aux secteurs de services, l'équivalent au commerce local ou international de produits correspond à l'organisation de systèmes de livraison là où se trouve le client.

Tandis qu'un industriel traditionnel fabricant d'une certaine machine exportera son produit partout à travers le monde, l'exportateur d'un service devra compter beaucoup plus sur un bureau établi ou sur un point de distribution proche de son utilisation. Il y a transition de la mentalité industrielle à celle d'économie de service dans ces deux cas lorsque l'exportation de la machine en question doit s'accompagner d'un tel environnement «software», que l'ancien et simple transfert de produit se transforme peu à peu en un véritable investissement sur les lieux. C'est ainsi le seul moyen de garantir le fonctionnement du produit là où il sera utilisé.

Il n'existe donc aucune raison en soi pour qu'un service soit plus ou moins commercialisable qu'un produit. Le prix d'une heure de cours concernant la façon d'utiliser un ordinateur peut parfaitement être équivalent, à la fois en termes de valeur et d'argent, à celui d'une petite calculatrice de poche.

Cette dernière se rapproche davantage du produit dans son acception ancienne, c'est-à-dire qu'elle nécessitera sans doute le minimum de maintenance sur place, tandis que l'heure de cours devra se dérouler intégralement à l'endroit où se trouvent le stagiaire et son professeur. Dans ce cas, nous constaterons également une interpénétration du produit et des services qui va plus loin, si l'on pense par exemple aux cassettes vidéo, qui, fabriquées et transportées comme un produit traditionnel, contribueront à transporter l'enseignement de la même manière que les livres.

La question du commerce des services et de leur aspect *commercialisable* indique un mouvement plus général qui a caractérisé le développement de la société et de l'économie au cours des quelques siècles précédents. Ce mouvement a favorisé le passage de productions, destinées à des petits marchés, à une interpénétration toujours plus grande d'un marché mondial. Dans la Révolution Industrielle, l'explosion commerciale concernait surtout les produits (matériels). Le progrès actuellement concerne l'extension des systèmes de performance de services, les échanges ne concernant plus seulement les outils ou produits matériels, mais s'étendant aux manières et aux moyens de les utiliser.

A première vue, l'extension d'une économie de service au monde entier implique un développement global plus équilibré.

VALEURS MATÉRIELLES ET IMMATÉRIELLES EN ÉCONOMIE DE SERVICE

De nombreux ouvrages et articles à propos de l'économie de service (aussi bien que sur l'économie «d'information») traitent de l'idée que dans notre système économique actuel, nous sommes de plus en plus confrontés à des valeurs et à des produits qualifiés d'*immatériels* [35].

Cette notion d'immatériel découle de l'observation des différences entre la production de la Révolution Industrielle, caractérisée par son aspect matériel (marchandises, outils) et celle que nous connaissons maintenant, dans notre société de service ou d'information. Aujourd'hui, les produits sont souvent immatériels (ou produits de la matière grise), comme c'est le cas, par exemple pour une information ou un logiciel.

Dans ce genre d'analyse, on se réfère également de façon implicite ou explicite à l'ambition de présenter l'économie de service comme moins matérialiste, plus ouverte aux valeurs immatérielles. De même, la notion de qualité équivaut-elle plus ou moins à la notion d'immatériel et est-elle très souvent liée à l'idée qu'une éducation plus poussée est le véritable facteur d'une bonne production.

Toutes ces analyses maintiennent en fait une dichotomie entre les outils et leur utilisation. Les marteaux, machines à écrire, les usines chimiques, les fusées, les radios sont des outils – des outils matériels – et ils nécessitent tous une forme ou une autre de mode d'emploi. Aucun outil n'a jamais été utilisé en l'absence d'un quelconque degré de savoir ou de culture.

On peut considérer plus correctement cette question d'immatérialité des services de la façon suivante:

– Il existe toujours une combinaison de ressources matérielles et immatérielles dans toute activité économique. Le fait est que, pendant la Révolution Industrielle, on a donné la priorité (ce qui est, à notre avis, justifié) au côté matériel du problème: produisons d'abord des marchandises et plus tard, nous trouverons un moyen de nous en servir, parce que le monde est dominé par la rareté.

– Dans la nouvelle économie de service, qui voit une intégration des instruments matériels et des conditions d'utilisation quantitatives, lesquelles ont d'ailleurs *toujours* existé, ces dernières sont devenues plus importantes simplement parce qu'elles coûtent désormais plus cher que la simple production d'outils. Il y a donc eu un déplacement vers la *fonction* des outils (qui est immatérielle lorsqu'elle concerne l'utilisation) par rapport à la notion d'existence matérielle qu'on leur donnait précédemment.

La priorité de l'économie de service insiste donc sur les fonctions qui font produire des résultats aux systèmes. Mais il est également évident que ces systèmes dépendent largement des équipements matériels même s'ils produisent des produits abstraits comme les communications.

On veillera donc à ne pas utiliser le mot immatériel dans un sens vague et idéaliste pour décrire le développement économique actuel.

Une fonction ou un système sont immatériels en soi, comme une machine-outil l'est en elle-même. L'intelligence qui est indispensable dans les deux cas peut se développer dans plusieurs directions. Davantage de connaissances entreront dans l'économie de service comme une continuation de la tendance normale au progrès à travers toutes les phases de l'histoire humaine. L'industrialisation représente un plus grand investissement intellectuel que l'agriculture traditionnelle. L'importance du savoir en soi n'est pas nouvelle: l'homme qui a inventé la flèche était lui aussi en quelque sorte un intellectuel.

Ce n'est qu'une fois ce point éclairci que nous serons mieux placés pour décrire les améliorations de l'éducation, non comme des innovations, mais comme quelque chose qui convient mieux au développement économique actuel.

La notion de valeurs immatérielles est fondamentalement liée au sentiment que les valeurs sont produites, ce qui va au-delà de ce qui est normalement mesuré par les sciences économiques industrielles actuelles. Si l'on peut parler dans certains cas de valeurs déduites [36] (le cas d'un système économique surestimant le véritable accroissement de richesses), il existe aussi de nombreux cas pour lesquels les résultats en termes de richesse réelle de technologie moderne sont sous-estimés.

Ceci nous ramène au problème de la mesure des résultats par rapport aux coûts de production et de la nécessité absolue de mesurer la valeur au moyen de certains indicateurs reconnus de richesse individuelle ou nationale.

Valeur et durée en économie de service: la notion d'utilisation

La «vie» d'un produit se divise en cinq périodes:

– le design ou conception du produit

– la production, avec transformation de ressources naturelles
– la distribution (transport, emballage, marketing et publicité)
– la vie utilitaire d'une durée variable (la période d'utilisation)
– l'élimination du bien abandonné (élimination des déchets).

L'intégralité de ce processus s'appelle *la durée de vie d'un produit* [37].

Le remplacement rapide des biens se révèle une constante de l'histoire économique. Ce phénomène s'est accentué dans notre société de consommation sous l'influence de la mode (syndrome du tout-nouveau plus-grand, plus-beau, plus-rapide), en même temps que les économistes se préoccupaient d'optimisation de production et d'économie d'échelle, ainsi que de l'accélération de la dépréciation et du remplacement. On a mesuré le succès de cette production industrielle grâce au flux au point de vente (exprimé par exemple dans le PNB), et ce en négligeant en grande partie la notion d'exploitation d'un produit dans le temps, ou de son utilisation.

Et pourtant, c'est précisément *la période d'utilisation* qui constitue la principale variable en matière de création de richesse! Qui détermine la durée de la période d'utilisation? Une entreprise peut parfaitement choisir de fabriquer un jouet en plastique qui se cassera avant d'avoir servi ou un jeu en bois qui fera le bonheur de plusieurs générations, tous deux avec la même étiquette de prix, et la même valeur à la production et au point de vente. Mais combien de ces jouets vendra-t-elle au fil des ans? Par ailleurs, le consommateur a autant d'influence que le fabricant sur la période d'utilisation: la durée de vie d'une automobile, par exemple, sera en moyenne de 5 à 10 ans dans un pays riche et de 35 ans dans un pays pauvre.

La Révolution Industrielle nous a permis de sortir des temps de rareté que ce vieux dicton anglais résume à peu près en ces termes: «Jusqu'à la fin, on s'en contente, jusqu'à la corde, ou l'on s'en passe.»

On a assisté à une spécialisation de plus en plus poussée d'abord dans les secteurs des matières premières comme le ciment et l'acier, puis cette évolution s'est poursuivie dans les secteurs de montage. Elle a abouti à ces systèmes productifs très efficaces, avec accroissement des volumes (économie d'échelle), remplacement de la main-d'œuvre par des machines (mécanisation) et spécialisation du processus de production. Cependant, ces efforts étaient uniquement concentrés sur la production. Ceci rendait souvent les interventions en aval du point de vente, c'est-à-dire pendant la période d'utilisation, moins efficaces ou plus coûteuses car dépendantes de techniques spéciales coûteuses ou de pièces détachées particulières. A l'époque de la conception du modèle T, Henry Ford avait privilégié le paramètre *souplesse d'utilisation*: n'importe quel maréchal-ferrant devait être capable de réparer les pièces principales, y compris les essieux. A l'opposé, les voitures actuelles dépendent, pour leur entretien et leur réparation, de pièces, d'outils et de connaissances uniquement disponibles au sein des réseaux du distributeur.

Cependant, même à l'intérieur du processus de production, l'évolution n'a pas été homogène. Observons quelques chiffres: en gros, les trois quarts de la consommation totale d'énergie industrielle sont affectés à l'extraction et à la production de matériaux de base comme l'acier et le ciment, alors qu'un quart seulement est dévolu à la transformation de matériaux en biens finis (machines, bâtiments, etc.). L'inverse est vrai pour la main-d'œuvre: on emploie environ trois fois plus d'ouvriers dans les activités de conversion que dans le domaine de la production des matériaux (fig. 6).

	fabrication des matériaux	industries manufacturières	produit final
main-d'œuvre	25%	75%	100%
énergie	75%	25%	100%

matières premières → matériaux de base → fabrication, assemblage → biens finis

Fig. 6 Intensité des apports de main-d'œuvre et d'énergie, au cours des principales phases de production.

[Stahel Walter R. et Reday-Mulvey Geneviève (1981), *Jobs for Tomorrow, the potential for substituting manpower for energy*, Vantage Press, New York, N.Y.]

Ici, la logique de l'économie d'échelle se traduit ainsi: plus l'entropie des ressources (uniformité et pureté des matériaux) est forte, plus la polarisation des compétences, la concentration de la production et sa vulnérabilité sont importantes. Il suffit de regarder l'industrie mondiale de l'acier et du ciment.

La polarisation des compétences signifie une spécialisation aux deux extrémités de l'échelle, c'est-à-dire au niveau du travail non qualifié et du travail hautement qualifié, tous deux étant vulnérables vis-à-vis des variations de la demande. Seule la langue française a pris en compte cet état en appelant les ouvriers non qualifiés *ouvriers spécialisés*. «La nation la plus industrialisée du monde risque de devenir une nation d'analphabètes industriels incapables d'arrêter une chasse d'eau qui fuit, ou de reconnaître dans une voiture autre chose que le bouchon du réservoir d'essence», observait il y a quelques années W.W. Winpisinger, Président du syndicat américain des mécaniciens.

L'augmentation de la taille des entreprises a entraîné une concentration, non seulement de la puissance et des outils de production, mais aussi des emplois: la Révolution Industrielle est basée sur la mobilité des travailleurs. En cas de diminution des postes disponibles, il y a apparition instantanée de poches de chômage importantes dans les zones urbaines!

L'aube de l'économie de service et la disparition progressive de la notion de *biens gratuits* (l'air, l'eau, l'énergie bon marché, etc.) ont ébranlé le principe fondamental en vertu duquel il fallait préférer les grandes unités de production qui pratiquaient largement le principe de l'économie d'échelle. En réalité, une multitude de petites unités de production décentralisées sont plus rentables aujourd'hui que les grosses unités dans des activités comme le brassage de la bière, par exemple. En effet, la structure des frais généraux est alors infiniment plus légère grâce, par exemple, à la réduction considérable des coûts de transport et de commercialisation.

La logique issue de la Révolution Industrielle, appliquée aux catastrophes courantes qui mettent en cause des produits tels que les avions ou les automobiles, a conduit à renforcer les normes de conception et de fabrication, au lieu d'améliorer les standards de performance des systèmes d'utilisation auxquels appartiennent ces produits. Beaucoup de ces standard sont devenus aujourd'hui les bastions de la Révolution Industrielle qui se défendent soit contre une optimisation du fonctionnement des systèmes (*pourquoi limiter la vitesse alors que nous construisons des voitures sûres quelle que soit la vitesse?*), soit contre l'innovation qui entraîne l'amélioration des biens pendant leur période d'utilisation (*les vieux appareils électriques sont dangereux*). Ainsi, beaucoup de normes techniques sont-elles devenues à la fois des obstacles à la prise de risque et à l'innovation, et des substituts de la formation professionnelle et de la créativité! La perfection technique, quelquefois, ne vise plus à trouver la meilleure solution possible en ces temps de changement perpétuel; la perfection est devenue un but en elle-même, axée sur la certitude, et évitant tout risque.

LA PÉRIODE D'UTILISATION

Le système linéaire production-consommation de la Révolution Industrielle ne se soucie pas de la détérioration parallèle de l'environnement à chaque extrémité de la chaîne. Celle-ci est due, d'un côté, à l'épuisement des ressources naturelles du fait de la production (y compris l'importante consommation d'eau et d'énergie qui va de pair) et, de l'autre, à l'accumulation et à l'élimination des déchets, en fin d'utilisation.

Les équipements et produits incompatibles, éphémères, ne peuvent se réparer de manière rentable. Cela signifie que, non seulement nous consacrons une part croissante de notre revenu à leur remplacement (notre richesse étant conservée et non accrue), mais qu'il nous faut aussi assumer la dépense destinée à éliminer une montagne toujours plus élevée de déchets de plus en plus complexes et dangereux: c'est le système de remplacement accéléré (fig. 7). En outre, avec un flux plus rapide de production, aboutissant à un volume de remplacement plus important, se développent des besoins de surfaces qui sont affectées à des centres de transport, de distribution et de traitement des déchets, ce qui ajoute de façon significative aux pertes de biens non monétaires concernant la faune, la flore, les espaces vierges ou même cultivés.

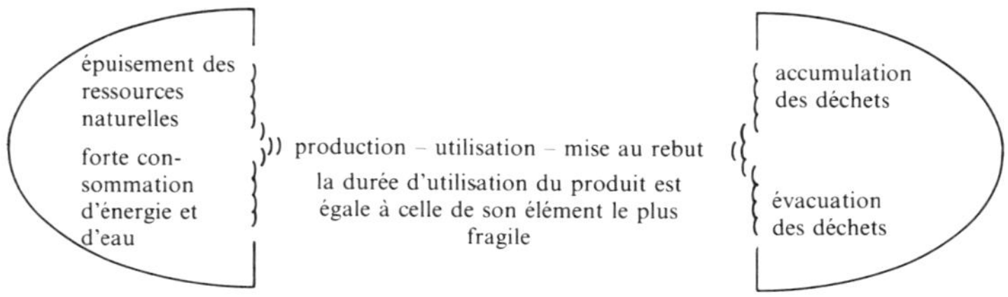

Fig. 7 Le système de remplacement accéléré.

[Stahel Walter R. (1986), *Product-life as a variable*, Science and Public Policy, London.]

Cependant, il existe des solutions pour remédier à ce système de remplacement accéléré! Des solutions qui pourraient diminuer de moitié les besoins en matières premières et en ressources de base, ainsi que la quantité de déchets produits!

Nous pouvons atteindre ce but:
– soit par des *biens à longue durée de vie,* par exemple en accroissant la période d'utilisation par des modifications des caractéristiques du produit: créer des automobiles qui dureront 20 ans au lieu de 10, grâce à l'utilisation de matériaux non corrosifs, à des méthodes de montage appropriées et à un entretien régulier (fig. 8),
– soit en doublant la période d'utilisation par une extension de la vie du produit (fig. 9).

Un système d'auto-approvisionnement soutenu basé sur le prolongement de la vie du produit repose sur un modèle économique en boucle-spirale. Celui-ci minimise la matière, les flux d'énergie et la détérioration de l'environnement, sans pour cela restreindre la croissance économique, ni le progrès technique ou social. Les quatre *R* du prolongement de la durée de vie des produits sont (fig. 9): *réutilisation* (spirale 1), *réparation* (spirale 2) et *remise en état* combinés avec mise à jour technique (spirale 3) utilisant des produits et composants usagés comme bases de nouveaux équipements. Le *recyclage* (spirale 4) utilise les déchets comme matières premières disponibles sur place. Une société qui applique ce mo-

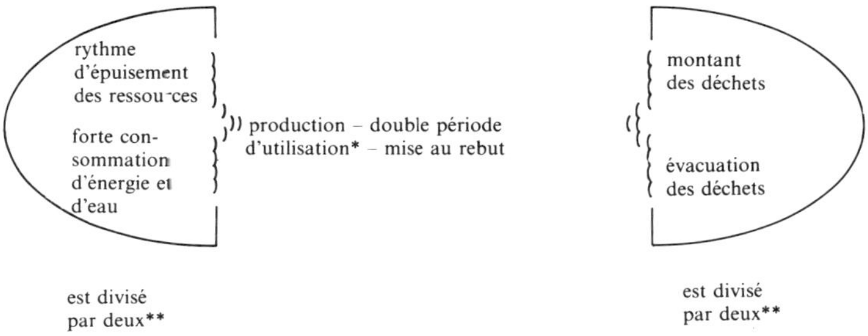

* en comparaison avec les systèmes de remplacement rapide des produits.
** comme *, mais par année d'utilisation.

Fig. 8 Le système de remplacement lent: produits à longue durée de vie.

[Stahel (1986), *Product-life as a variable, Science and Public Policy*, No 4, London.]

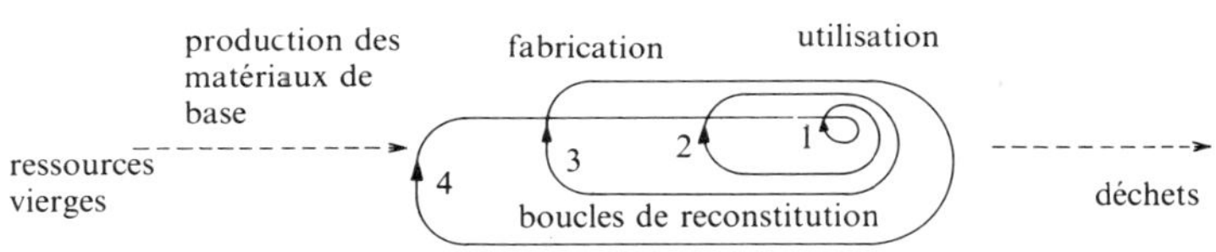

indépendance de la durée d'utilisation
de systèmes, produits et composants
compatibles entre eux

1 réutilisation du produit
2 réparation du produit
3 remise en état du produit
4 recyclage des matériaux

Fig. 9 Le système d'auto-approvisionnement par des services visant au prolongement de la durée de vie des produits

[Stahel (1981), *Jobs for Tomorrow*, op cit.]

dèle d'auto-approvisionnement se construit sur la richesse existante à travers la totalité de la période d'utilisation. La gestion financière et l'administration des ressources visent alors à réduire l'ensemble des coûts d'utilisation à long terme, à restreindre la dépendance du pays vis-à-vis des importations de matériaux stratégiques, et à limiter les déchets qui pourraient bien devenir des bombes à retardement.

Toutes les activités liées au prolongement de la durée de vie de produit n'impliquent pas la même proportion de main-d'œuvre et d'énergie. Cependant, elles sont toutes caractérisées par des économies de ressources, comme l'indique la figure 10.

L'activité la plus efficace sur le plan économique, dans le cadre du prolongement de la durée de vie du produit, est la remise en état, également appelée rénovation (bâtiments), reconstruction ou

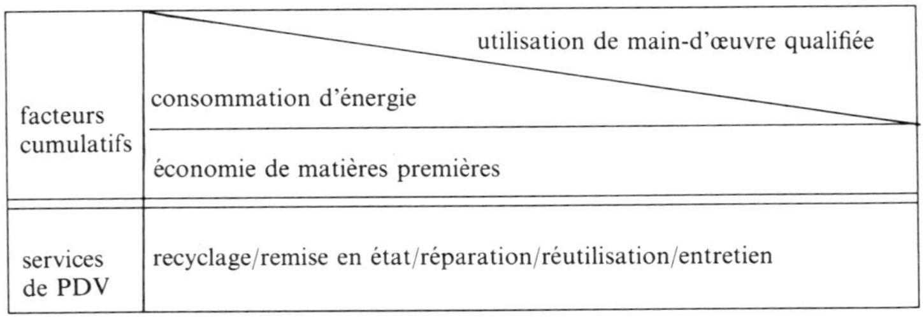

Fig. 10 Proportion d'énergie, de main-d'œuvre et de matériaux dans les différents services visant au prolongement de la vie des produits.

[Stahel Walter R. (1984), *The Product-Life Factor*, Susan Grinton Orr (ed.), *An Inquiry into the nature of sustainable societies: the role of the private sector*, HARC, The Woodlands, TX.]

réfection (machines). Celle-ci restitue à un système ou à un produit ses conditions de fonctionnement initiales; de plus, les améliorations technologique permettent d'adapter le système ou produit existant en fonction de l'état actuel de l'art en la matière.

L'efficacité du modèle à spirales est largement accrue si l'on veille à raccourcir les spirales le plus possible: ne pas réparer un appareil qui n'est pas cassé, ne pas remettre en état un bien qui peut être réparé, ne pas recycler un produit qui peut être remis en état. Ce cycle peut être appliqué tour à tour aux composants, aux produits et aux systèmes eux-mêmes. En résumé, il faut pratiquer des interventions minimum dans des zones minimum.

En termes de stratégie d'entreprise, le modèle à spirales se révèle bien moins vulnérable aux fluctuations de l'offre et de la demande. En effet, il est basé sur le stock existant de biens dont le volume est considérablement supérieur au volume des ventes des équipements nouveaux, quelle que soit la période, bonne ou mauvaise.

Malgré tous ces avantages, il ne faut pas penser que le milieu industriel actuel, celui des *enfants de la Révolution Industrielle*, va automatiquement profiter des nouvelles possibilités fournies par l'optimisation de l'utilisation des biens. Le besoin en main-d'œuvre qualifiée dans ce domaine peut, à lui seul, limiter le potentiel commercial, puisque ce personnel est difficile à trouver, même dans les pays à chômage élevé.

Pour le fabricant, choisir des biens durables signifie renverser complètement la vision étroite basée sur l'économie d'échelle et limitée aux paramètres de fabrication et, par conséquent, modifier les rapports de forces qu'elle engendre. En outre, cette idée remet sérieusement en cause la validité de la stratégie au point de vente au profit de nouvelles politiques telles que la location à long terme de l'utilisation d'un système. Cette solution donne au producteur le bénéfice financier d'une utilisation durable en échange de la responsabilité juridique d'un produit à longue durée de vie. La location de fonctionnement ou d'utilisation existe déjà pour de multiples produits: avions, appareils médicaux, ordinateurs, vêtements professionnels, œuvres d'art, usines...

Ces nouvelles solutions nécessitent une tertiarisation de l'industrie (fig. 5) ou, en termes d'économie de service, elles impliquent que le fabricant devienne en même temps propriétaire et gestionnaire.

Les activités liées au prolongement de la durée de vie du produit sont les enfants de l'économie de service. Elles fournissent principalement des emplois très qualifiés et satisfaisants. Leurs sites d'implantation correspondent à des ateliers relativement petits, répartis dans toute une région, selon les besoins en remise en état et en réparations, et de la demande des consommateurs. Elles nécessitent des équipements individuels de faible homogénéité, qui ne se prêtent pas aux processus centralisés et normalisés de production. Les coûts de transport et de commercialisation sont réduits aux marchés locaux. Enfin, la rentabilité de ces activités dépendra plus de la limitation des interventions que du volume de la production, la croissance étant efficacement assurée par la diffusion du savoir-faire sous forme de réseaux ou de franchises.

Comparées au système de remplacement accéléré, issu de la Révolution Industrielle et orienté vers la production, les activités de prolongement de la durée de vie du produit axées vers l'utilisation consistent à substituer un secteur de service et de transformation aux industries d'extraction et à la production de matériaux de base. Ainsi, les usines à grande échelle, nécessitant de gros investissements, seront remplacées par des unités de production plus petites intégrées localement, indépendantes et favorisant la main-d'œuvre et la spécialisation.

Les chômeurs actuels sont souvent pauvres, peu qualifiés et peu mobiles. Les activités liées à la prolongation de la durée de vie du produit s'appuient sur la main-d'œuvre et offrent la mobilité du travail. Elles s'installent de préférence sur les sites où la main-d'œuvre est bon marché, par exemple là où les individus ont été remplacés par les machines, ou encore à proximité des consommateurs et des équipements qu'ils utilisent. Elles peuvent s'implanter dans n'importe quelle zone urbaine ou rurale à forte concentration de chômage, rendant ainsi ce type d'activités doublement séduisant pour des créations d'emplois.

Le coût correspondant au prolongement de la durée de vie du produit varie selon la complexité technique et la taille des biens. Le moteur Diesel d'un tracteur revient, une fois remis en état, à 60% du prix d'un neuf. La récupération pour réutilisation du premier module d'une fusée économise plusieurs millions de dollars à chaque décollage. Dans un avion d'occasion, une fois modernisé, remis au point techniquement, équipé de nouveaux moteurs silencieux et moins gourmands en carburant, le prix du siège est diminué de 50 à 60% par rapport à celui d'un avion neuf. Ceci est la conséquence des coûts actuels de productions: la fabrication représente environ 25% du prix de vente, tandis que la main-d'œuvre n'entre que pour une part minime de ce coût. Mais le prolongement de la durée de vie du produit existe également sous une forme non monétarisée: certaines réparations, et même la remise en état de certains produits, peuvent être effectuées à moindre frais par le propriétaire ou l'utilisateur lui-même; il suffit qu'il ait accès aux outils, machines et compétences nécessaires. Le bricolage, par exemple dans la maison ou sur les véhicules, peut constituer la seule remise en état accessible aux pauvres; il représente alors une partie de la richesse non monétarisée créée.

Le lancement des activités de prolongement de la durée de vie du produit sur le marché est facilitée car le besoin en capitaux par poste de travail est faible et les produits remis en état sont plus avantageux que les neufs. Dans le cas des produits à la durée de vie longue, les coûts initiaux de production seront légèrement plus élevés que ceux des produits actuels à courte durée de vie, à cause de la qualité supérieure des matières premières. On ne doit cependant pas surestimer cette différence de prix car les matériaux ne représentent qu'une part minime du prix des produits (environ 1% dans le cas d'un moteur d'avion à réaction de haut niveau technologique). L'innovation commerciale, comme la vente de l'utilisation d'un bien par le leasing, à la place de la vente du bien lui-même, peut largement compenser la différence possible de coût des matériaux.

Dans une économie dirigée vers l'optimisation de l'utilisation des biens et des systèmes, la prévention des pannes devient une préoccupation majeure, afin de diminuer les coûts pendant leur durée de vie. Les services d'entretien de routine, périodiques et préventifs ne sont donc plus un luxe mais une politique économique. Il existe par exemple des villes où au moins 50% de l'eau qui est traitée et envoyée dans le réseau de distribution restent injustifiés: il existe des cas, ailleurs que dans les pays du tiers monde, ou une remise en état et un entretien appropriés garantiraient tout autant un apport supplémentaire en eau que ne le feraient des installations neuves ...et chères.

«L'entretien en lui-même doit être considéré comme une priorité du développement», dit Michael Cohen [38]. «La création de biens qu'on laisse se détériorer sape sérieusement le processus de développement» (avec une perte de richesse évidente).

Beaucoup d'ingénieurs ont déjà compris que produire un pont ou un réseau d'égouts est important s'il existe peu de ponts ou peu d'égouts. Dans la majorité des pays industrialisés, le marché des infrastructures ou des biens de consommation durables est proche de la saturation. La gestion des ressources devient alors le nouveau défi à relever, qui passe par les services d'entretien, la mise à jour technologique (visant à une exploitation plus facile et moins onéreuse) des systèmes existants et leur adaptation aux nouveaux besoins d'utilisation. Cependant, très peu d'universités à travers le monde forment des ingénieurs qualifiés en exploitation et entretien d'un niveau équivalent à celui des ingénieurs de production.

A ce point de vue, l'optimisation de l'utilisation des biens recèle un avantage: elle va, en soi, encourager l'innovation et le progrès technologique. Le propriétaire d'un équipement durable a intérêt à le mettre à jour techniquement, c'est-à-dire à remplacer les composants qui ont fait l'objet d'une innovation importante visant à améliorer son utilisation ou à en réduire le coût. Et puisqu'il suffit au consommateur de changer d'élément, et non de produit, comme dans une société de biens à jeter, il dispose de beaucoup plus d'argent pour acheter des composants modernes. Ceci conduira à une nouvelle optique de la recherche et du développement qui sera orientée vers le progrès et impliquera un nombre appréciable d'acteurs économiques: en effet, le développement de l'industrie des composants portables (compatibles avec des produits d'origines diverses) remplacera la mode et les produits à jeter, comme on peut déjà le constater aujourd'hui dans de nombreux secteurs, en particulier ceux de l'automobile de l'électroménager.

LA TECHNOLOGIE RÉGÉNÉRATIVE

Il est certain que l'optimisation de l'utilisation jouera en faveur de l'innovation et de nouvelles approches des postulats traditionnels.

Beaucoup de technologies de production surspécialisées souffrent encore des prémisses de la Révolution Industrielle:

– les processus de fabrication sont incapables d'absorber les légers décalages caractéristiques des matières premières recyclées ou des biens réutilisés (bouteilles en verre dans les usines de mise en bouteilles, papier recyclé dans les rotatives des journaux, billets usagés dans les caisses ou distributeurs automatiques, etc.),

– la séquence de montage des composants au cours de la production des biens peut constituer un obstacle fondamental au moment de leur démontage pour l'entretien.

Dans les deux cas, le savoir-faire de fabrication existant est peu propice à l'optimisation de l'utilisation du système. De nouveaux secteurs de la technologie, jusqu'ici largement négligés, doivent connaître un nouveau développement. Il s'agit de la conception et de l'étude des biens par modules fonctionnels, d'équipements de test mobiles non destructifs pour mesurer les variations de qualité au fil du temps, d'une technologie de remise en état des composants et des biens, d'éléments de contrôle qui protègent les biens d'une mauvaise utilisation, et de méthodes pour optimiser les activités de service et le prolongement de la durée de vie du produit. Si l'on parle d'optimisation de l'utilisation, la valeur ajoutée la plus forte peut être obtenue par les activités de service liées à deux méthodes: en premier lieu, celle qui consiste à améliorer ou à entretenir des composants qui font partie de systèmes complexes (chemins de fer, systèmes de télécommunication, etc.) et en second lieu, celle qui consiste à remettre en état des biens pour lesquels la valeur d'échange et celle de leur utilisation sont très différentes (par exemple, systèmes informatiques amortis, ou automobiles prises dans une inondation ou endommagées par la grêle).

A l'opposé, la valeur ajoutée la plus faible proviendra normalement du recyclage de matières premières, comme la ferraille ou le verre, ou encore des activités de prolongement de la durée de vie du produit faisant appel à des techniques de fabrication, telles que le rechapage des pneus qui s'effectue sous haute pression et à hautes températures.

Cependant, dans une économie axée sur l'utilisation, il faudra innover sur les plans commerciaux et financiers pour accompagner le progrès technologique. Cette innovation touchera bien des domaines qui iront du ramassage non destructif des biens rejetés, de la création de marchés libres pour les produits d'occasion et les pièces détachées, à l'égalité fiscale pour les activités de fabrication et les activités de service relatives à l'utilisation, en passant par la vente, non pas d'équipements, mais de leur utilisation dans le cadre, par exemple, d'une location à long terme sans transfert de propriété.

Il est intéressant de remarquer que les pionniers en matière de recherche d'optimisation de la durée de vie d'un produit, comme le Centre de *Motor Insurance Repair* de Thatcham, au Royaume-Uni, ont cherché à économiser sur les réparations de voiture, plutôt qu'à prolonger la durée d'utilisation des produits ou à les innover techniquement. Ils ont cependant abouti à des techniques très nouvelles du genre panneaux de carrosserie de remplacement qui, par rapport aux méthodes traditionnelles, diminuent considérablement les coûts de réparation et les pertes au moment du remplacement d'éléments. Jusqu'ici on utilisait des pièces fabriquées en série à la fois sur le neuf et sur l'ancien; l'industrie automobile britannique quant à elle s'est mise, depuis un certain temps déjà, à fabriquer des composants destinés uniquement aux réparations.

De la même manière, les processus qu'on utilise en fabrication peuvent ne pas convenir pour les opérations de remise en état. Prenons par exemple le rechapage des pneus: le processus normal, qui nécessite des pressions et des températures élevées, revient relativement cher et ne peut être renouvelé puisqu'il détruit partiellement les qualités du produit. Un processus original utilisant le vide d'air combiné avec des températures plus basses permettra des rechapages successifs et des économies considérables; on pourra retraiter un pneu de camion pour le tiers du prix d'un neuf!

Bien souvent, les leçons tirées de l'optimisation de l'utilisation peuvent servir à faire progresser la fabrication des équipements: on sait, par exemple, que les utilisateurs de logiciels sont les plus grands innovateurs en matière de programmes informatiques; grâce aux ménagères, certains fours de cuisine et certains brûleurs de systèmes de chauffage sont devenus autonettoyants, ce qui réduit ainsi le coût de leur entretien. De même, des systèmes plus complexes peuvent bénéficier d'un *dispositif de guérison automatique*, du type système réducteur de friction qui injecte du lubrifiant en fonction de la température dans une zone critique; ceci a conduit, par voie de conséquence, à un nouveau domaine scientifique qu'on appelle la *tribologie*, secteur interdisciplinaire intégrant des critères de friction, d'usure, de corrosion et de lubrification.

Mais dans l'avenir, une nouvelle technologie, à laquelle on ne donne pas beaucoup d'importance en fabrication, pourrait bien avoir une influence décisive sur l'optimisation de l'utilisation des composants et des biens. Il s'agit du contrôle *in situ* des variations de qualité sur de longues périodes, ainsi que de la mise à disposition d'informations critiques avant qu'il ne soit trop tard. Plus l'intervention d'entretien a lieu tôt, moins les dommages et les coûts supportés sont importants. Les moyens sont variés, et ils correspondent tous à un besoin évident de fonctionnement satisfaisant d'un système à utilisation longue: détecteurs de défauts sur les composants essentiels tels que pompes, treuils ou ventilateurs, qui transmettent des informations précises à un centre de contrôle et d'intervention avant que le système ne tombe en panne, ou encore méthodes de test de qualité non destructives destinées, par exemple, à la vérification des éléments des câbles de téléphériques, des ponts ou des avions, dont un défaut entraîne normalement une catastrophe (et par conséquent, à la fin de la période d'utilisation). Des instruments précis, capables de mesurer et d'enregistrer les défauts, les déformations et les vices cachés d'un élément (par exemple, un rail) avant qu'il ne soit trop usé pour être réparé sont indispensables pour permettre une remise en état sélective et éviter le maintien de pièces devenues dangereuses. De même, faudra-t-il éviter que l'utilisateur se comporte de façon destructive. On équipera alors le bien de manière à assurer à ce dernier une durée de vie suffisante. Par exemple, on fixera des régulateurs de vitesse de rotation sur les moteurs des voitures de location!

Actuellement, le prix des pièces détachées – tout à fait exagéré par rapport au prix du produit – est l'une des principales raisons pour lesquelles les réparations sont si coûteuses; il est dû aux frais de stockage, de manutention et à la marge prise par les distributeurs. L'industrie aéronautique américaine a développé une technique de soudure par diffusion active qui peut, par exemple, souder de nouvelles bordures sur les pales abîmées d'une turbine, ce qui évite ainsi de remplacer la pièce.

Par ailleurs, on peut améliorer les processus de remise en état existants, comme le décapage au jet de sable, de façon à éliminer les effets secondaires indésirables. Pour nettoyer les surfaces métalliques, Lockeed a créé un système perfectionné à base de granulés de dioxyde de carbone gelés (neige carbonique). Après avoir heurté la surface, les granulés volatiles s'évaporent rapidement sans danger. Le processus n'est pas onéreux et vient à bout, sans démontage préalable, du nettoyage des mécaniques complexes (contrairement au sablage). De plus, il est utilisable partout, que ce soit dans les navires ou dans les montages électroniques.

Les activités liées à l'optimisation de l'utilisation émanent directement de l'économie de service, si l'on considère qu'elles se soucient davantage de conditions d'utilisation plutôt que de production. Leur efficacité dépend de facteurs tels que la mobilité des composants. Des systèmes statiques, égouts ou voies ferrées, seront plus spécialement traités par des unités de remise en état mobiles fonctionnant *in situ*. Des biens mobiles (navires, voitures, avions, etc.), dont les composants sont facilement remplaçables, conviennent parfaitement pour des ateliers décentralisés, installés en fonction de la demande et des besoins. Les bâtiments et autres systèmes immobiles dont les composants sont échangeables nécessitent à la fois des interventions sur place et en ateliers. Cependant, l'optimisation de l'utilisation ne signifie pas obligatoirement prolongement de la durée de vie d'un produit. Il vaut mieux recycler les composants devenus obsolètes du fait des sauts technologiques, et récupérer les matériaux de base, plutôt que de les reconditionner. Les prototypes expérimentaux qui révèlent une maturité insuffisante concernant la technique ou la production ne justifient pas une période d'utilisation prolongée. De plus, les biens endommagés par le feu ou les accidents peuvent avoir dépassé le stade de la réparation.

Par ailleurs, les activités liées au prolongement de la durée de vie du produit peuvent avoir un avantage essentiel par rapport à la fabrication: celui de la rapidité. Qui se souvient aujourd'hui que tous les navires américains coulés par les avions japonais à Pearl Harbour ont été (sauf deux) renfloués, remis en état et réarmés en peu de temps? La construction de nouveaux vaisseaux aurait demandé un temps beaucoup plus considérable et requis des capacités de productions de chantier naval pratiquement inexistantes. De la même manière a-t-on plusieurs fois, au cours des cinquante dernières années, renfloué et reconstruit sur place un vieux bateau sur un lac suédois, le transport d'un nouveau bateau à partir du chantier maritime le plus proche étant impossible, du point de vue des coûts et des délais.

Cependant, une importante contribution à l'optimisation de l'utilisation peut être apportée par la création de systèmes compatibles, en modules fonctionnels distincts, séparant les éléments purement structurels (le châssis de la voiture), des éléments extérieurs (la carrosserie), des composants à entretenir (le moteur) et des composants de commande (électronique). La normalisation permettrait ensuite de monter les mêmes composants sur différents équipements comme, par exemple, le poste de pilotage standardisé des nouveaux avions de ligne Boeing 757, 767-200 et 767-200ER. La normalisation des composants, dès leur conception, entraîne une réduction de la complexité et des coûts d'entretien technique. De plus, elle permet d'importantes économies en ce qui regarde la formation des équipages et une flexibilité accrue dans leur exploitation!

Ainsi, associée à une constante mise à jour des systèmes au moyen d'une intégration de composants de nouvelles technologies, l'optimisation de l'utilisation jouerait considérablement en faveur de l'innovation technique, commerciale et économique.

GASPILLAGE, OBSOLESCENCE ET MODE

Bien souvent, le gaspillage n'est pas un phénomène technique, mais un phénomène de mentalité; il vient simplement de notre absence de volonté ou de notre impossibilité à créer des équipements durables en suivant, par exemple, les spirales d'autoréapprovisionnement (fig. 9), à concevoir les technologies et outils nécessaires, ou à exploiter des idées ou des technologies existantes.

Le phénomène de l'obsolescence représente un paramètre important pour comprendre la relation complexe existant entre le développement des technologies et leurs applications économiques. Un outil ou un processus de production peut être abandonné même s'il est encore capable de remplir sa fonction initiale. En effet ses frais de fonctionnement restent élevés comparés à ceux des nouveaux outils ou procédés.

Il est donc essentiel de savoir juger clairement du phénomène de l'obsolescence, présente et à venir, de façon à évaluer au mieux le cycle de vie des produits. De plus, la collaboration de l'ingénieur et de l'économiste est, une fois de plus, nécessaire (ce dernier devant considérer à la fois les résultats monétarisés et non monétarisés). La gestion de l'obsolescence est également liée au problème de l'amortissement, le point de vue fiscal et financier l'emportant bien souvent sur les considérations d'usure technique.

Quatre facteurs affectent la période d'utilisation (donc la durée de vie) des équipements de manière variable:

- les obstacles techniques, tels que l'indisponibilité de pièces détachées,
- les freins économiques, tels que les périodes d'amortissement courtes, par exemple,
- les obstacles psychologiques qui nous sont propres, comme la mode,
- la rareté causée par la pauvreté.

L'obsolescence qui vient des obstacles techniques se traduit sous plusieurs formes et s'explique de bien des façons. Au moment de la conception, on ignore la plupart du temps les nombreuses options qui faciliteraient l'entretien; par exemple, on oublie de définir des modules fonctionnels et un démontage non séquentiel. On aboutit alors au syndrome *pars pro toto* qui fait que les produits tout-d'une-pièce, comme les sèche-cheveux ou les radios, doivent être cassés pour changer la moindre pièce. On retrouve le même syndrome dans les systèmes complexes. En effet, il suffit qu'un interrupteur d'un demi-dollar commandant l'ouverture des panneaux solaires d'un satellite ne fonctionne pas, pour que ce dernier se transforme en perte sèche (pour l'assurance) de 50 millions de dollars...

On peut résoudre ce problème grâce à une normalisation et à une conception modulaire – déjà mises en pratique par les sociétés Motorola et JI Case –, et grâce à des possibilités de réparation incorporées dans le produit. On rencontre aussi une autre manifestation courante du syndrome *pars pro toto*: le fabricant supprime une pièce détachée essentielle lorsqu'il lance un nouveau produit. C'est le cas des joints en caoutchouc des machines à laver ou des sacs à aspirateurs; dans ce cas, le consommateur n'a plus qu'à faire ses sacs avec du papier-filtre, ou à remplacer son aspirateur – qui est en parfait état de marche.

Bien sûr, il y a aussi l'obsolescence technique due aux bonds de la technologie. Dans la plupart des cas, elle concerne les éléments essentiels d'un système (fabrication des câbles en fibre de verre au lieu de cuivre, ou télécommunication au moyen de satellite). Elle conduit progressivement à la substitution de l'ancienne technologie par la nouvelle. Lorsque les progrès touchent un produit isolé, comme l'apparition de la machine à écrire électronique, il se crée des marchés parallèles; les traitements de texte sont installés dans les bureaux, mais les machines à écrire manuelles et électriques sévíront longtemps encore dans les petites entreprises et à la maison.

Néanmoins, on rencontre un autre type d'obsolescence technique qui provient du cloisonnement existant entre la propriété, l'utilisation et la compétence technique qui ne sont pas entre les mains d'une seule personne ou d'une seule entreprise. Tant qu'il s'agit des moyens de production (outils de production ou équipements des chemins de fer, par exemple), cette combinaison permet une prolongation de la période d'utilisation d'un produit et s'effectue souvent dans les ateliers du propriétaire, aussi longtemps que subsiste un avantage économique. Dans le cas des biens de consommation (automobiles ou réfrigérateurs), l'utilisateur n'est pas un expert, et la période d'utilisation se termine normalement lorsqu'il ne trouve plus de réparateur! La créativité commerciale et technique est nécessaire pour combler ce vide, si l'optimisation de l'utilisation doit, dans l'avenir, s'appliquer aux biens de consommation.

L'obsolescence issue de problèmes économiques a plusieurs raisons: la *confiscation économique*, les structures de frais généraux et de profits, les règles de taxation en matière d'amortissement, ou encore le choix des matériaux de fabrication. Le prix des pièces détachées, pour les biens produits en quantités, sont prohibitifs comparés au prix du produit fini: une voiture vendue 6000 dollars revient environ à 26 000 dollars en pièces non montées. Cette politique de prix, alliée à la notion (fiscale) de valeur résiduelle basée sur le prix de vente d'origine diminué annuellement du montant des amortissements (selon les règles économiques de la Révolution Industrielle), signifie que, si une automobile, ancienne mais parfaitement bien entretenue, est impliquée dans un accident, la compagnie d'assurance peut (dans la plupart des pays) la racheter pour une somme symbolique (valeur résiduelle) qui n'a aucun rapport avec les dommages (coûts de réparation), ni avec la valeur d'utilisation de cette vieille voiture. Cette tendance est même accentuée par des actions *en faveur des consommateurs* entreprises par certains gouvernements, qui imposent un gel du prix des nouvelles automobiles afin de lutter contre l'inflation, sans contrôler parallèlement le prix des services de réparation; il se crée alors un marché noir pour certaines pièces, approvisionné par les voleurs de voitures.

Dans de nombreuses entreprises, l'organisation des frais généraux et des bénéfices encourage la vente de produits nouveaux plutôt que l'optimisation de l'utilisation. Un concessionnaire de voitures, par exemple, perçoit une marge d'environ 22% sur une vente de voiture neuve. Il lui serait difficile d'obtenir la même rentabilité sur des réparations ou sur une automobile remise à neuf. Pourquoi, dans ces circonstances, devrait-il se préoccuper de ces dernières prestations? Le client n'a plus qu'à acheter une voiture, un réfrigérateur ou un téléviseur neuf.

Le raccourcissement artificiel des périodes d'amortissement est une méthode courante d'incitation à la consommation et donc à la croissance économique, mais elle aboutit souvent à une durée d'utilisation moyenne bien inférieure aux prévisions. Comme la dépréciation correspond souvent à une subvention de l'Etat aux entreprises, l'utilisation d'équipements complètement amortis devient une charge économique pour une société à la recherche de bénéfices. La nature des résultats pousse alors à la consommation, sauf si la relation entre la durée d'utilisation d'un matériel et le moment de la mise au rebut peut être annulée.

Le choix des matériaux de fabrication dépend d'abord du prix des matières premières ou des critères de rapidité de fabrication, puisque la période de garantie des produits est bien plus courte que la période d'utilisation réelle. Cependant, afin d'optimiser l'utilisation des composants, les matières premières devraient également être choisies en fonction d'autres paramètres, tels que les divers niveaux d'usure selon l'intensité de l'emploi, ou les coûts d'entretien des composants faits à partir de matériaux différents. Par exemple, si l'on choisit d'utiliser pour des automobiles une tôle d'acier mince et de la peinture en microcouches, il faudra également prendre en compte l'impact des impuretés contenues dans la plaque d'acier recyclé ou les conséquences de la pollution de l'air pour la corrosion!

Les obstacles psychologiques sont peut-être les plus difficiles à éliminer. Dans les biens de consommation, la technologie d'un produit a souvent moins d'importance que l'apparence pour les acheteurs potentiels. Les valeurs personnelles ont changé depuis l'époque de la rareté: à l'exception des antiquités, les biens soigneusement entretenus et réparés ne sont plus les signes d'une bonne maison, mais de pauvreté et de classe sociale modeste. «Je ne veux pas te voir raccommoder des bas dans cette maison... Fiche-moi ça en l'air...», dit Willy à sa femme, dans la pièce intitulée *Mort d'un commis voyageur* publiée en 1949.

D'une manière générale, il n'y a aucune différence de valeur entre des produits négligés et des produits bien entretenus, même aux yeux d'un professionnel. «On peut s'inquiéter que plus du tiers des commandes de travaux du bâtiment concerne la restauration d'immeubles existants. Sans doute la réhabilitation a-t-elle gagné la faveur du public, mais la plupart des architectes en éprouvent de la frustration», disait, il y a quelques années, le Président du RIBA (Royal Institute of British Architects).

Les activités liées au prolongement de la durée de vie du produit nécessitent une main-d'œuvre qualifiée. Mais travail manuel et usine sont devenus péjoratifs et dévalorisants pour les jeunes. Même à une époque de fort chômage, les bons ingénieurs sont difficiles à trouver. La satisfaction tirée d'un emploi manuel qualifié est devenue tabou, bien que l'optimisation de l'utilisation passe par ce type de compétence... Comment faire passer le message «ce qui est vieux est encore utile»? Dans une économie industrialisée où on calcule la richesse par rapport à la consommation, il faudra beaucoup de patience et d'éducation pour démonétariser la beauté et la distinction. Il en sera de même pour persuader les gens qu'une nation saine qui favorise, dans sa politique économique, l'optimisation de l'utilisation n'est pas une nation pauvre.

On peut, bien sûr, redéfinir la mode en matière de composants. Ceci signifierait concilier la conformité des symboles de sa classe sociale et le dernier cri de la technologie: par exemple, on s'efforcera d'installer sur sa voiture un turbo-compresseur et des têtes de piston du type *May Fireball*, plutôt que d'acheter une automobile neuve équipée éventuellement d'un de ces nouveaux gadgets. La notion d'*entretien soigné* pourrait être transmise par des musées techniques qui présenteraient de vieux mécanismes conservés en état de marche, par l'enseignement scolaire d'une archéologie technique, ou par la création d'une initiation au bricolage, sous forme ludique, chez les «Scouts de l'ère industrielle».

L'obsolescence n'est pas perçue de la même manière par le quart monde, c'est-à-dire par les 30 millions d'Américains et 30 millions d'Européens qui représentent 16% de la population et qui sont classés officiellement parmi les pauvres. Les minorités sont très largement présentes dans ce groupe qui vit toujours une époque de misère – dont la société de consommation est sortie depuis longtemps. Une étude publiée en France à la fin du quart de siècle doré, période de croissance économique sans précédent située après la Seconde Guerre mondiale, a révélé que 51% des appartements les moins confortables sont occupés par des personnes de plus de 60 ans, que les personnes aux revenus les plus modestes vivent dans des conditions insalubres, et que la part du loyer net dans le revenu total est la plus forte pour le groupe qui a les revenus les plus bas.

Pour ces habitants du quart monde, le prolongement de la durée de vie du produit à moindre coût est une nécessité absolue, les normes de qualité et les notions de technique, obsolescence ou mode ne signifiant rien pour eux. Si les normes de qualité de vie sont basées non pas sur la valeur d'utilisation, mais sur les mêmes critères que ceux de la production, du genre «chaque appartement doit avoir un salle de bains carrelée», ou «les voitures trop rouillées ne doivent pas circuler», ces personnes seront effectivement privées des seuls biens vitaux encore à leur portée (hébergement, transport, etc.), et contraintes de se servir d'équipements dangereux, ou encore de recourir à des expédients malhonnêtes pour les acquérir. Par conséquent, le prolongement de la durée de vie d'un produit est une solution plus avantageuse que le neuf; elle étend souvent les marchés existants, et ne limite pas pour autant la production. Dans le cadre des plans d'assurance sociale, le prolongement de la durée de vie d'un produit permettra avec la même somme d'argent d'apporter une aide à un plus grand nombre de personnes, par exemple en fournissant à des handicapés des automobiles remises en état qui ont une importante valeur d'utilisation mais un prix faible.

ASSUMER LE FACTEUR «TEMPS» ET L'INCERTITUDE

La notion de valeur dans le temps est l'une des clés qui permet de comprendre l'économie de service. La figure 11 explique la différence fondamentale entre la valeur d'usage dans une société industrielle et la valeur d'utilisation en économie de service, et ceci à partir de l'exemple d'une automobile.

Les coûts réels associés à une valeur d'utilisation doivent, en effet, prendre en compte tous les coûts concernés. La figure 12

VALEUR D'USAGE

L'auto est *achetée* pour être *utilisée* dans un but précis (transport, vacances, trajets jusqu'au lieu de travail, etc.).

Elle peut aussi être *achetée* pour des raisons de satisfaction personnelle ou d'autres raisons (psychologiques, etc.).

mais

Quelle que soit l'utilité de la voiture, toutes ces motivations d'achat sont des éléments qui se résument à ceci: un prix est ou n'est pas considéré comme acceptable.

donc

La *valeur d'usage*, en termes économiques traditionnels, *est finalement comprise* et contenue *dans* le mécanisme qui détermine *la valeur d'échange (ajoutée).*

VALEUR D'UTILISATION

Utilité fournie par un stock de produits ou de services pendant *la période ou la durée de leur existence* quel que soit leur but et *indépendamment du fait qu'ils sont ou non payés.*

Exemples

- Une automobile qui peut parcourir 300 000 km au cours de son existence possède une *valeur d'utilisation deux fois plus grande* qu'une automobile qui peut en parcourir 150 000.
- Un drap de coton qui résiste à 50 lavages possède une *valeur d'utilisation 50 fois plus grande* qu'un drap en matière synthétique que l'on jette après une seule période d'utilisation. En fait, la valeur est même plus grande, car un vieux drap de coton dure encore fort longtemps sous forme de chiffons alors qu'un drap synthétique se prête moins bien à ce genre de transformation.
- Les travaux domestiques de la ménagère ont une *valeur d'utilisation*, même s'ils ne sont pas rémunérés.
- L'eau d'un lac pollué a une valeur d'utilisation négative si on veut la boire ou si l'on veut s'y baigner.
- Beaucoup de vieilles routes et de vieilles maisons ont une *valeur d'utilisation* évidente, même si elles sont complètement amorties.
- Les œuvres d'art et littéraires ont une grande valeur d'utilisation culturelle et éducative intrinsèque (outre la valeur du papier ou du support qui leur permet de transmettre leur message), même lorsque leur auteur ne touche plus de droits d'auteur.
- Une ville détruite n'a *pas de valeur d'utilisation* même si de par sa destruction (due à des causes naturelles ou provoquées par l'homme) elle offre la possibilité de produire – par le biais de la reconstruction, de l'équipement anti-pollution, etc. – beaucoup de «valeur ajoutée».

La valeur d'utilisation est la mesure de la vraie richesse et du bien-être

Fig. 11 Valeur d'usage (dans une société industrielle) par rapport à la valeur d'utilisation (dans une société post-industrielle): l'exemple d'une automobile.

[Orio Giarini, *Dialogue sur la Richesse et le Bien-être*, Economica (1981).]

montre de nouveau à combien revient le cycle de vie d'une automobile, en considérant uniquement les coûts monétaires. Bien entendu, pour être encore plus précis, il faudrait également inclure les coûts des accidents, de la pollution, de l'usure des routes, de la maladie, etc., ainsi que leurs variations au cours de la vie d'un stock de produits ou de services.

COÛTS* ENCOURUS PAR SUITE DE L'UTILISATION D'UN STOCK DE PRODUITS OU DE SERVICES *TOUT AU LONG DE LEUR EXISTENCE*

Pour une automobile utilisée pendant 10 ans, ils seraient

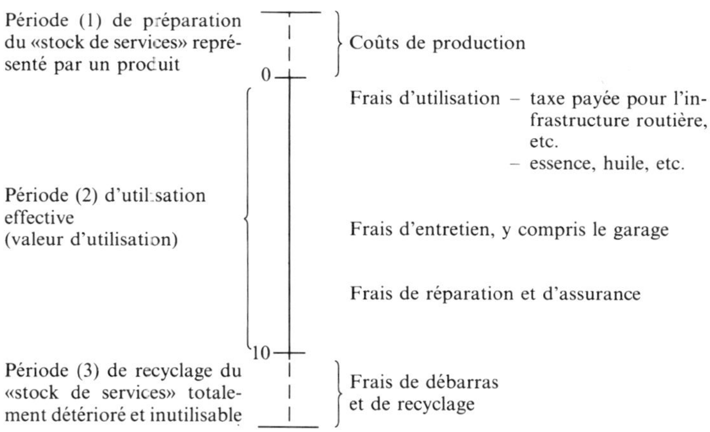

Alors que plus la période d'utilisation (2) est brève, plus les frais de préparation globaux (1) sont *élevés* pour faire face à un remplacement accéléré, et plus les frais de recyclage et de débarras (3) sont *élevés* en raison de la transformation accélérée en déchets.

En période d'absence de limitations dues à l'environnement et de rendements croissants de la technologie, les gains sur les coûts de production (1) peuvent plus que compenser la perte de valeur d'utilisation de la période (2) et les frais additionnels de la période (3). C'est une période d'accroissement de la valeur nette réelle dû à la révolution industrielle.

En période de limitation due à l'environnement et de rendements décroissants de la technologie, les gains sur les coûts de production (1) ne suffisent pas à empêcher une perte nette de valeur (d'utilisation) réelle.

Fig. 12 *Coûts réels de la valeur (d'utilisation)* (en ne tenant compte que des seuls coûts monétaires).

[Orio Giarini, *Dialogue sur la Richesse et le Bien-être*, Economica (1981).]

* Bien sûr, pour être encore plus précis, il faudrait également tenir compte du coût des accidents, de la pollution et de l'usure des routes; des conséquences sur la santé, etc.; ainsi que de leur variation selon la durée de vie d'un stock de produits ou de services.

L'approche d'une valeur d'utilisation, telle que la prône l'économie de service, va tout à fait à l'encontre de celle de la valeur de la production, type Révolution Industrielle, lorsque la durée de vie des biens est égales à zéro. On citera l'exemple des centrales nucléaires américaines et autrichiennes qui, une fois construites, n'ont jamais été mise en service, l'exemple des produits agricoles qu'on détruit afin de soutenir les prix, des équipements et pièces détachées militaires mis au pilon pour cause de surproduction, etc. Les publicités distribuées selon le principe de l'arrosage sont encore un autre exemple de durée de vie d'un produit (intrinsèquement) nulle, cette fois lié aux inconvénients d'une production centralisée. En effet, la plus grande partie de la publicité distribuée ainsi aboutit au panier, sans avoir été lue. Elle est malgré tout efficace d'un point de vue économique étant donnée que les tarifs d'expédition particuliers pénalisent une approche plus sophistiquée génératrice de moins de gaspillage.

Ce dernier exemple illustre la notion de *gaspillage gratuit* en économie de production, alors que l'ensemble de la communauté doit assumer les frais hors de proportion qu'entraîne l'élimination des déchets qui en résultent. Dans de nombreux cas, une vie de produit courte implique également une perte de richesse en terme de diminution de l'héritage national (bâtiments historiques, objets d'art) et en terme d'augmentation des pollutions.

On peut estimer le montant des dépenses qu'entraîne une durée éphémère des équipements fabriqués à partir de matières premières trop bon marché. Une étude demandée par le Congrès américain en 1977 a évalué à 4,2% du PNB les pertes annuelles dues à la corrosion, dans les pays industrialisés! Une étude plus récente sur le coût des catastrophes dues aux ruptures de matériaux a abouti à un résultat de même ordre.

La saturation du marché et son jumeau, le pouvoir d'achat, sont des facteurs qui ont une très grande influence sur la période d'utilisation (ou la *durabilité économique* pour reprendre les termes de l'OCDE): on ne peut réaliser de croissance économique qu'en augmentant les volumes produits. Dans les marchés saturés, on obtiendra ce résultat en raccourcissant la période d'utilisation des produits, donc en accélérant leur remplacement. Cette stratégie qui engendre une société d'abondance ou de consommation ostentatoire revient ni plus ni moins à produire délibérément des déchets. La figure 13 montre les niveaux de saturation, pour quelques biens d'équipement en France en 1985, répartis par classes sociales et niveaux de revenus (y compris la part non active de la population que constitue une grande partie du quart monde).

Pourtant, même sur des marchés qui sont saturés pour une clientèle moyenne, une innovation commerciale basée sur une remise en état sélective (où le prix passe avant l'esthétique) peut réussir. On peut citer un exemple parmi d'autres: celui de la société

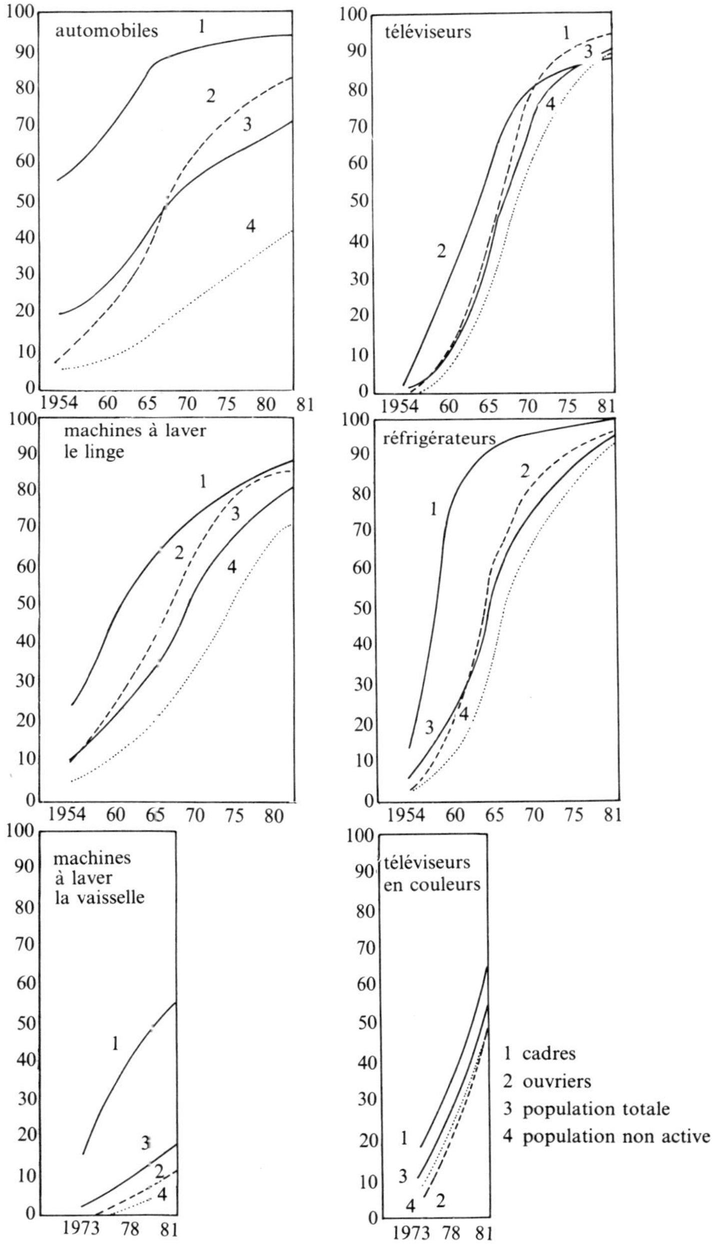

Fig. 13 Taux de pénétration du marché pour les biens d'équipement des ménages, France, 1985.

[*Consommation*, n° 1 (1985), «Enquêtes de conjoncture auprès des ménages», Paris.]

américaine *Rent-A-Wreck* (Service de location d'épaves), qui a mis sur pied un système de location de voitures vieilles de 10 ans (et qui font bien leur âge!) Ces voitures sont en excellent état de marche en dépit d'un ou deux «gnons» occasionnels. Le prix à la journée en 1981 allait de 21 à 15 dollars, alors que les beaux modèles tout neufs coûtaient jusqu'à 64 dollars par jour chez Avis. En 1982, la société *Rent-A-Wreck* s'est débarrassée, pour la première fois, des vieilles voitures dont l'entretien lui revenaient trop cher. Ceci lui a valu d'être confrontée à un énorme problème fiscal: les automobiles avaient pris de la valeur par rapport au prix d'achat payé par la société dix ans auparavant (alors que l'amortissement est généralement la principale source de frais pour un loueur de voitures neuves). Or cet amortissement (ou consommation) est déductible des impôts, alors que le gain de capital (ici, résultat d'une bonne gestion!) est sévèrement taxé: nous retrouvons intacte la logique de la Révolution Industrielle!

Dans le cadre d'une économie de service, nous pourrions revoir nos options fondamentales et choisir de devenir soit des «Parisiens» dans un environnement de changements rapides, dominé par la mode, avec des produits toujours nouveaux et chics (correspondant à la philosophie de *l'avoir* de Erich Fromm), soit des personnes qui privilégient la philosophie de *l'être* avec des produits intelligents, durables et constamment adaptables.

La flexibilité et l'adaptabilité des produits sont possibles si elles sont prises en compte dès leur conception (compatibilité des connexions entre les composants des appareils électroniques). On pourra aussi avoir une approche nouvelle de la manière de prolonger la durée de vie d'un produit (transformation d'un pétrolier géant pour le transport d'animaux vivants), ou bien de développer de nouvelles technologies (injection de résine plastique dans des éléments existants en bois ou béton afin d'améliorer leur performance initiale – de résistance, d'imperméabilité), ou encore d'innover par des produits fabriqués à partir de déchets de première qualité, (fabrication de sandales à partir de vieux pneus, ou recyclage d'anciennes traverses de chemin de fer en revêtements de chêne).

L'entretien régulier est l'un des moyens de maîtriser des incertitudes inhérentes à un système. La Marine américaine utilise le SLEP (*Service Life Extension Program*), une procédure complète de remise en état et de mise à jour technologique qui s'étend sur 2 ans. Cette procédure vise à prolonger de 10 à 15 ans la vie des principaux vaisseaux, y compris des porte-avions à propulsion nucléaire. Cependant, il faut absolument prendre conscience que l'entretien d'un système complexe doit être aussi sophistiqué et parfois même plus que sa fabrication! Le programme de la navette spatiale de la NASA a définitivement balayé l'idée fausse selon laquelle remise en état et équipements réutilisables étaient incompatibles avec une technologie de haut niveau ou des solutions optimales; il a montré que remise en état et réutilisation engendrent un nouvel élan technologique et un nouvel essor de la *recherche et du développement*! Pourtant, en matière d'entretien et de reconstruction de routine, le besoin en qualifications et compétences plus pointues a été largement sous-estimé, ce qui s'est traduit par de nombreux problèmes d'entretien: la tragique explosion de *Challenger* en est sans doute la conséquence.

Une autre manière de traiter l'incertitude sur de longues périodes d'utilisation consistera à utiliser le phénomène dit de *cascade* des équipements et matériaux. La cascade, en parallèle avec une remise en état périodique, est connue de la plupart des gestionnaires de parcs, y compris des compagnies de chemins de fer. La performance initiale, par exemple d'une locomotive, pourra être ainsi maintenue très longtemps.

Le risque théoriquement croissant d'une panne, et ses conséquences sur le réseau ferroviaire, est géré au moyen d'une réduction progressive de l'intensité de service de la locomotive, qui passera au fil des ans à des tâches de d'importance décroissante dans le fonctionnement du système: elle sera successivement employée, avec le train Express, le train de marchandises, puis avec le service de dépannage et pour finir dans les manœuvres en gare.

Dans une même optique, on pourrait accroître considérablement la valeur d'utilisation des matériaux polyvalents comme l'huile ou le bois, qui sont utilisables dans diverses applications en fonction de différents niveaux de performance: le même arbre pourrait successivement servir sous forme de poutres, de planches, de panneaux d'aggloméré ou de fibres, et de combustible. Ou bien, on pourrait le transformer en papier, en papier recyclé (même plusieurs fois), en carton, en panneaux d'isolation de maison et en combustible.

Néanmoins, on ignore généralement ces possibilités, soit pour faciliter le transport jusqu'au site de production (en copeaux de bois), soit par manque d'imagination (vieilles poutres brûlées pendant la démolition des maisons au lieu d'être remployées), ou parce qu'on a besoin de bois pour survivre (cuisson des aliments dans les pays pauvres).

Toutes ces considérations mettent une fois de plus en évidence le fait que l'économie de service traite d'une autre manière le problème de la production de richesse. Elles soulignent un changement de priorité: on passe en effet de la production de *matériel* à l'optimisation du fonctionnement (ou du mécanisme) des systèmes. De plus, la performance d'un système doit être mesurée en fonction de la durée de vie optimale des biens (produits et services).

Dans ce processus, il faut abandonner, du moins en partie, un rêve économique: celui d'une *certitude* de la valeur des biens qui serait mesurable strictement à leur point de vente. Evaluer des systèmes dans le temps, en fonction de nombreux facteurs, implique l'adoption de méthodes qui acceptent et intègrent la notion de *l'incertitude*. Mais comme, après tout, l'incertitude fait irrémédiablement partie de la vie, il est plus logique et plus réaliste de l'admettre et d'essayer de l'assumer, que de mettre au point des théories inspirées par un désir de certitude. Elles finissent toutes par être irrationnelles...

La stratégie sociale dans l'économie de service

EMPLOI ET TRAVAIL PRODUCTIF

Si nous nous reportons au *Domesday Book* publié en 1086 en Angleterre, nous constatons que le *service* ne constituait pas un *travail*: il n'était qu'une époque de la vie des gens. Un tiers des maisonnées anglaises semblent avoir disposé de domestiques qui, pour la plupart, avaient moins de 25 ans, âge moyen auquel on se mariait. Ainsi ces domestiques, placés dans une autre famille que la leur dès l'âge de dix ans, pouvaient avoir passé presque la moitié de leur existence à travailler, en échange d'une somme à peine plus élevée que celle qui était nécessaire à leur entretien, et ceci jusqu'à ce qu'ils se marient et fondent leur propre foyer [39].

Si bien qu'avant l'avènement de l'ère industrielle, chacun était attaché par les liens du service, le plus souvent sans rémunération, à ceux qui étaient ses supérieurs, et ensuite à ses pairs par les liens communautaires et la solidarité.

«La maisonnée était un lieu de production et de travail. Celui-ci n'était pas distinct du travail de la communauté locale du village. Les gens pourvoyaient à leurs besoins essentiels ainsi qu'à ceux de leur famille. L'argent jouait donc un rôle bien moindre dans leur existence qu'il ne le fait de nos jours. La plus grande partie du travail fourni ne recevait pas de gages» [40].

Les économistes de la Révolution Industrielle prirent à juste titre conscience que tout travail n'était pas productif en termes de développement de la richesse des nations. En conséquence, ils établirent une distinction entre le travail productif et celui qui ne l'était pas. Le travail devait donc répondre à «trois différentes sortes de fonctions utiles: les fonctions définies, liées à des objets extérieurs; les fonctions définies, liées aux êtres humains (par exemple l'éducation); les fonctions non définies et non représentées par un quelconque objet, par exemple un plaisir procuré, un mal détourné» [41]. Seules les premières étaient admises comme travail productif, reconnaissance essentiellement rattachée à l'idée de richesse accumulable: l'accumulation matérielle était donc susceptible d'être vendue sur un marché (c'est-à-dire monétarisée) et elle était indissociable d'objets tangibles.

«L'habilité d'un artisan n'est jugée richesse que parce qu'elle est un moyen d'acquérir de la richesse dans un sens matériel... Un pays ne pouvait se targuer d'être plus riche, s'il se contentait de se reférer au bien précieux, certes, que représentent le génie, les vertus ou les perfections de ses habitants, à moins qu'en effet, ceux-ci n'aient été considérés comme articles monnayables, au moyen desquels on pourrait attirer la richesse d'autres pays» [41].

Ceci révèle à quel point l'économie était loin d'être assimilée à l'étude des processus d'industrialisation et/ou de fabrication.

Toute les autres formes de travail, quelle qu'ait été leur utilité, étaient classées comme improductives! «Par travail improductif sera entendu tout travail qui n'aboutit pas à la création de richesse matérielle et qui n'enrichit pas la communauté et le monde en général par des produits matériels» [41].

De là s'ensuivait que plus le travail produisait de biens matériels, plus il avait de valeur: la spécialisation devenait la voie d'une plus grande richesse matérielle, en dépit des dangers évidents, mis en relief dès 1835, par Tocqueville dans le *Libéralisme*.

«Lorsqu'un homme se consacre progressivement et exclusivement à la fabrication d'une chose unique, il finit par accomplir son travail avec une étonnante dextérité; mais dans le même temps il perd la faculté plus large d'intéresser son esprit à la direction générale de son travail. Il devient de jour en jour plus adroit et moins industrieux; on peut par conséquent dire que, dans son cas, l'homme se dégrade au fur et à mesure que l'ouvrier se perfectionne.»

Cette dégradation ne constituait pas un problème capital au début de la Révolution Industrielle. Aujourd'hui, ses effets touchent beaucoup des spécialistes à forte rémunération travaillant aux «moteurs» de la Révolution Industrielle, tels que les industries du charbon et de l'acier, comme le montrent les chiffres de l'emploi de l'industrie de l'énergie en Grande-Bretagne (fig. 14).

Pour rendre la spécialisation valable, il fallut concentrer la main-d'œuvre, et c'est ainsi que la ville industrielle prit naissance. En 1800, les trois-quarts de la population anglaise vivaient dans des villages de 50 à 500 personnes, au milieu de verts paturages. Aujourd'hui un tiers de la population anglaise vit sur l'une des sept grandes étendues urbaines qui à elles toutes couvrent moins de 3% de la surface du pays.

Mais l'emploi rémunéré de la société industrielle est devenu pour beaucoup de gens bien davantage qu'une simple source de revenus. Le travail monétarisé destiné à participer à l'accumulation de biens matériels nous donne un sentiment d'identité, un rôle social, une nouvelle *appartenance*, une occasion de rencontrer des gens et, en dernier ressort, un sens à notre vie. Ceci veut également dire que le *travail improductif* des chirurgiens et des enseignants

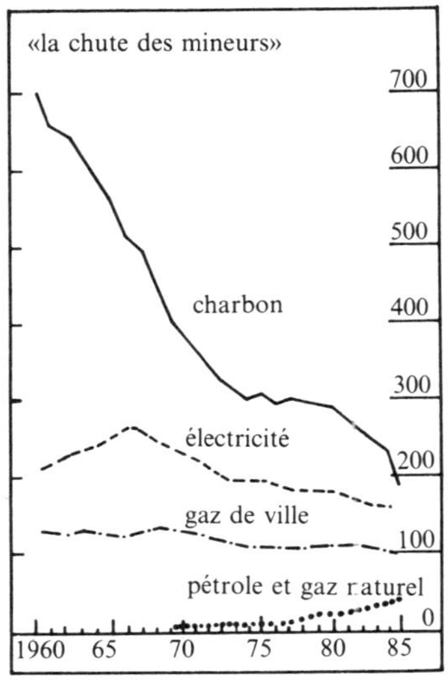

Fig. 14 L'emploi dans l'énergie en Grande-Bretagne 1960–1985.
[*The Economist* (1985), Londres, 9 novembre.]

n'est pas comptabilisé en fonction d'un résultat réel sur le développement de la santé ou de la culture: leur fonction utile dans le cadre de la Révolution Industrielle est quantifiée au moyen de leurs prescriptions médicales ou de la consommation en crayons et outils d'apprentissage (objets représentatifs de la richesse).

Toutefois, les entreprises doivent non seulement créer les objets de la richesse, mais aussi, dans le même temps, en réduire les coûts. La figure 15 montre que la rationalisation ou la mécanisation est l'alternative évidente qui produira une accumulation de biens matériels dans l'éventualité où la main-d'œuvre deviendrait plus coûteuse ou moins intéressante (en termes monétarisés et non monétarisés) que les machines. Les compétences n'ont aucune valeur *par elles-mêmes.*

La solution traditionnelle à laquelle la main-d'œuvre a eu recours lorsque la machine s'est substituée à elle a été celle de la mobilité, afin de trouver ailleurs preneur de sa spécialité. Mais plus la main-d'œuvre diminue, plus sophistiquées deviennent les machines, ce qui, en donnant moins de valeur à la notion de mobilité, aboutit à la résignation et forme des poches de chômage concentrées en milieu urbain.

Karl Popper a dit un jour qu'il n'avait guère d'opinion sur les sciences économiques en général car toute science et toute discipline devraient avoir, par essence, pour mission première d'identifier et de traiter les priorités. Mais, semble-t-il, les sciences économiques sont incapables de proposer des solutions appropriées à ce

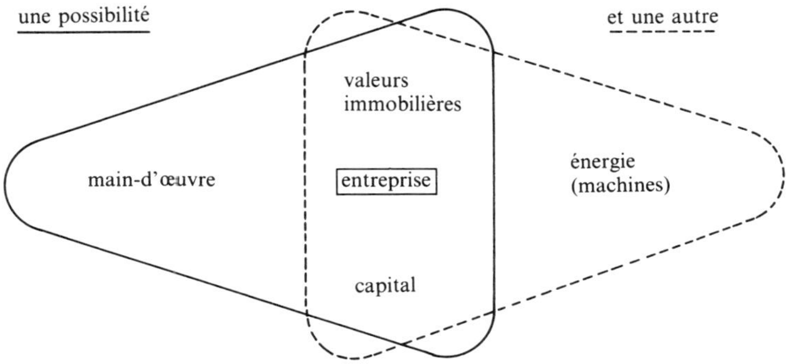

Fig. 15 L'entreprise, centre d'intérêt.

[Perutz Peter et Stahel Walter R. (1980) Arbeitslosigkeit-Beschaftigung – Beruf, Neue Berufe und Innovation, *Beitrage des Instituts fur Zukunftsforschung*, Nr. 11, Minerva Publikationen, München.]

qui devrait les intéresser au premier chef, c'est-à-dire le problème du chômage. En outre, la théorie économique n'arrive pas à concevoir une hypothèse sur la manière de mieux venir à bout du chômage.

Un économiste impertinent de la Révolution Industrielle aurait pu rétorquer à Sir Karl qu'il était mal placé pour faire cette critique puisqu'il faisait lui-même partie de cette population travailleuse improductive. Malgré tout, même s'il avait pu penser que les paroles de Sir Karl Popper recelaient une part de vérité, la théorie économique lui aurait rappelé bien vite qu'on doit produire de la richesse *matérielle* et non pas des emplois *improductifs*!

Les deux opinions se valent dans leurs contextes respectifs. La Révolution Industrielle a eu pour caractéristique essentielle de produire des outils et des produits dans un environnement monétarisé pour des clients qui en avaient besoin. Plus ce processus était efficace, plus les gens avaient la possibilité d'acheter ces denrées et plus il fallait de monde nécessaire pour les produire. L'industrie a ainsi absorbé une grande quantité de la main-d'œuvre venue du secteur agricole, et s'est mise à réserver une partie de celle-ci au secteur tertiaire qui se développait en raison de la complexification du système productif.

Et pourtant, une fois que les marchés de nombreux produits ont commencé à être conditionnés par des facteurs étroitement liés à l'environnement et au fonctionnement des services, la Révolution Industrielle s'est dépassée elle-même: la production de richesses matérielles, quoique essentielle, n'est désormais plus la priorité à long terme, quantitativement, qui guide la quête de richesses des nations. Il est devenu évident que le travail improductif constitue sans doute le moyen de redéfinir l'activité productive dans des conditions économiques générales nouvelles.

Pour en revenir à Sir Karl Popper, pourquoi cette obsession du chômage puisque nous nous enrichissons à travers une production efficace?

Le travail n'est pas une denrée, dit la Constitution de l'Office International de l'Emploi (ILO). Pire, même, la force de travail humaine est l'une des ressources les plus périssables, car les compétences inutilisées s'oublient facilement ou sont vite périmées par des techniques nouvelles. De plus, un élan intellectuel indispensable au travail peut, une fois disparu, ne jamais revenir totalement. Alors que la plupart des ressources, comme le pétrole et les minerais, restent intactes lorqu'on les abandonne cinquante ans de plus à leur état naturel, nous ne pouvons nous permettre de gaspiller le travail et de priver les gens (y compris les femmes, les handicapés et les personnes âgées qui désirent apporter leur contribution) d'un travail significatif pendant trop longtemps!

Les services concentrés sur l'optimisation d'un système et la conservation de nos richesses, tels que le travail et les compétences ont pris le pas, de nos jours, sur l'optimisation de la production, caractéristique de la Révolution Industrielle.

Dans une économie de service, la valeur de l'activité non rémunérée du petit scout qui ramasse les bouteilles vides pour protéger l'environnement et qui les rapporte au magasin pour réemploi est aussi productive que l'activité monétarisée du fabricant de verrerie d'emballage.

Les emplois de l'économie de service qui ne sont pas monétarisés ou rémunérés manqueraient-ils de séduction?

Les nombreux emplois dits de service reposent sur le principe sous-entendu de soin et de partage qui sont des mots révélateurs d'une certaine bienveillance dans des activités privées de résultats visibles. Lorsqu'un malade est guéri, sa maladie et les soins réparateurs (ou services) ne sont plus apparents.

Les soins impliquent également une attention et une motivation dans le temps: l'entretien et la réparation régulières de la même voiture, ou la préparation quotidienne des repas de la famille, sont des travaux périodiques qui ne laissent aucune trace (donc invisibles) et sont la plupart du temps jugés comme allant de soi. Le fait que la voiture fonctionne bien est davantage attribué à l'ingénieur qui l'a conçue, du moins dans les pays industrialisés, plutôt qu'au garagiste anonyme qui l'entretient amoureusement. A la longue, ceci tend à exercer une influence négative sur la qualité de la nourriture aussi bien que sur la qualité de l'entretien de la voiture et par conséquent de sa conduite.

A l'opposé, les gens impliqués dans la fabrication de nouveaux produits «plus-gros-plus-rapides-meilleurs», sont impliqués dans un processus linéaire dont la chaîne de montage est l'expression logique. Le produit final est nouveau, à la mode et autorise chaque travailleur à s'identifier à ce progrès qui transforme la matière brute en article fini. Quelle sera la durée du produit, ou quelle satisfaction l'utilisateur en tirera-t-il. Nous l'ignorons et ce ne sont pas des questions importantes dans ce monde de la linéarité.

Certains chercheurs qualifient le processus périodique (ou cyclique) de féminin, et le processus linéaire de masculin, adjectifs qui font de nouveau référence à l'époque de la Révolution Industrielle où l'on éloignait les hommes de leur foyer et de leurs familles. On pourrait naturellement dire de ces deux activités qu'elles sont davantage orientées sur le produit, en particulier dans le cas de la production linéaire, ou sur l'activité dans le cas des services cycliques. Ceci implique donc que, dans une économie de service, les clients ont appris à reconnaître, à apprécier le travail effectué, plutôt qu'à admirer le produit au point de vente! Ou en d'autres mots: que les services nécessitent la compétence des gens, et que les besoins de la fabrication requièrent des capacités technologiques.

LES NOUVEAUX PRENEURS DE RISQUE DANS LE TRAVAIL

Même à l'apogée de la Révolution Industrielle, seule une minorité de la population *gagne sa vie au moyen de travail productif*, ou a un emploi rémunéré à temps complet. Ainsi passe-t-elle à l'intérieur du *conduit de la réussite* (fig. 16). La plupart des autres gens ne sont pas pour autant des fainéants. Ils travaillent au contraire durement dans le secteur non monétarisé d'une manière utile et productive: tel est le cas des ménagères, écoliers, fermiers montagnards et religieuses, par exemple. D'autres n'ont pas l'occasion de se joindre à la chaîne de la réussite, en raison de handicaps mentaux ou physiques, dont ils ne sont pas responsables parce que souvent contractés en travaillant ou en défendant leur pays. Certains sont pourtant rejetés de la chaîne en raison de leur âge – bien qu'ils soient toujours valides intellectuellement et physiquement.

Le débat actuel concernant les femmes qui travaillent à la maison, par exemple, pourrait être résolu par une rémunération de leur activité, ou par une valeur accordée au travail – que celui-ci soit ou non monétarisé – qui soit identique. La théorie qui soustend l'économie de service contribuera à accorder une meilleure reconnaissance sociale aux activités non monétarisées utiles.

Une économie de service qui se concentre sur un accroissement de la globalité des actifs au moyen de l'optimisation de la période d'utilisation des produits et de la mise en œuvre des systèmes, dépendra de la fourniture de services rapides, peu coûteux et fiables. Cela paraît simple, mais l'absence de ceux-ci est à la base du mécontentement général des clients vis-à-vis de services tels que dépannage, santé, entretien et poste dans les régions mal desservies. En effet, au début de ce siècle, il n'était pas rare d'avoir parfois jusqu'à douze livraisons postales par jour, dans les grandes villes, contre une seule aujourd'hui. De même, les moyens de transport

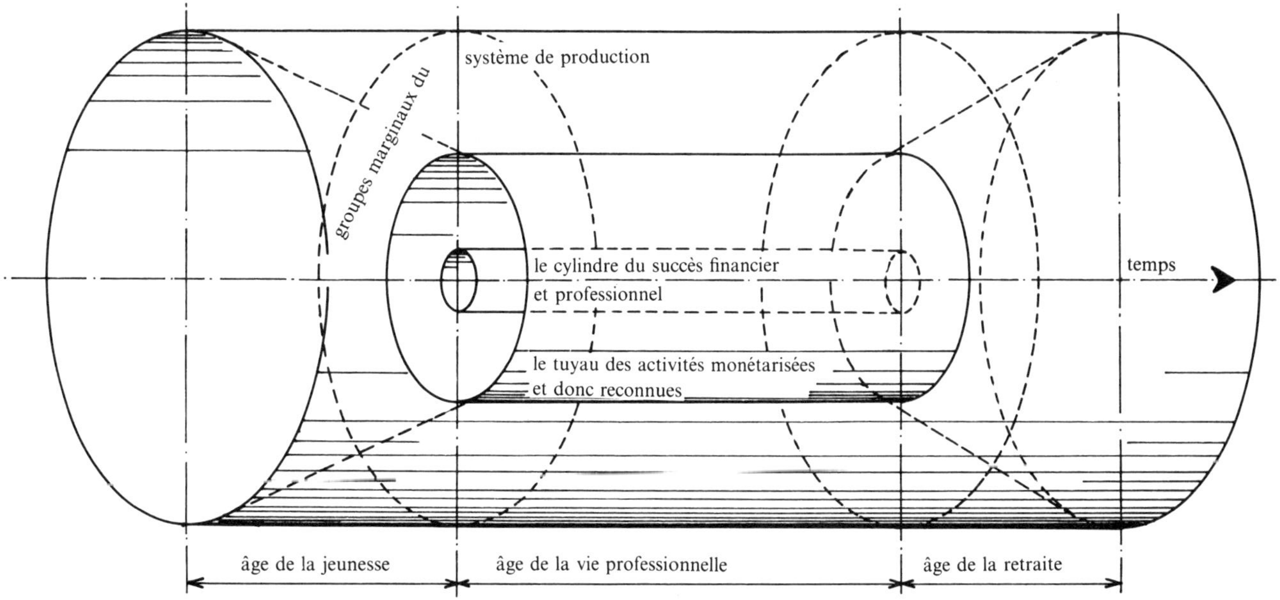

Fig. 16 Le tunnel de la vie, avec le conduit interne de la réussite.

[Perutz (1980) Arbeitslosigkeit – Beschäftigung – Beruf, op cit.]

publics mis à la disposition des populations rurales n'ont-ils pas cessé de diminuer depuis 40 ans. Dans bien des cas, l'absence de ce service est due à la notion exclusive de l'emploi industriel productif qui fait que tout employé de 40 ans se sent dans l'obligation de travailler à plein temps, dans un poste spécialisé pour un employeur unique, afin de pouvoir bénéficier au maximum de la sécurité sociale et de la pension, à l'âge légal de la retraite.

Les nouveaux preneurs de risque en matière de travail sont déjà en train d'explorer les nouveaux moyens d'augmenter leur richesse personnelle: emplois à mi-temps pour plusieurs employeurs ou auto-emploi, qui combinent à la fois les avantages de la sécurité sociale (qui repose après tout sur l'ensemble des biens produits par la communauté) avec une perspective d'activité éventuelle plus durable et plus enrichissante. Il ne faudrait pas assimiler le choix d'horaires flexibles et l'emploi à mi-temps avec la notion de réduction générale obligatoire d'emplois à temps complet ou de la semaine de travail; une organisation souple est indispensable à la réussite économique dans bien des activités de service.

La Poste anglaise par exemple a créé des postes à mi-temps pour les opérations de tri et de distribution du courrier afin d'accroître l'efficacité de ses services. La grande majorité de ces emplois ont été pris par des femmes. Peu d'hommes considèrent que trier des lettres pendant quatre ou cinq heures le soir soit un vrai travail, sans compter qu'ils ne le trouvent pas complémentaire de l'activité non monétarisée qu'est l'éducation des enfants.

EMPLOIS À MI-TEMPS

Les emplois à mi-temps de la Révolution Industrielle, liés à une protection insuffisante des travailleurs et à une instabilité du travail, sont donc mal vus par les syndicats. Cependant (même si elle reste à améliorer!), la protection des consommateurs aussi bien que celle des travailleurs est, de nos jours, normalement garantie par la loi, en partie grâce à l'action des syndicats dans le passé. Néanmoins la stabilité d'emploi requise pour l'ouvrier *bleu de travail* devra céder la place à la flexibilité de l'individu *service*. C'est un des problèmes de fond qui concerne la survie des syndicats dans le futur.

Le chômage élevé qui persiste depuis les années 60 dans les pays industrialisés, l'écart qui se creuse entre les bas et les hauts salaires – en Grande-Bretagne et en Allemagne fédérale par exemple –, la montée de l'illéttrisme, les renvois en masse dans les grandes compagnies comme l'industrie automobile, ont accru la population du quart monde – la pauvreté dans les pays industrialisés – qui inclut environ 15% de la population totale depuis les années 70.

La situation dans les pays en voie de développement n'est guère meilleure. Le tiers monde est en proie au cancer du chômage de masse, des problèmes de balance des paiements et de déficits de budget, au retard de croissance économique et à l'inflation élevée.

Selon un rapport de l'Office International du Travail, des légions entières d'inadaptés grandissent dans les pays en voie de développement: plus de 200 millions de jeunes de 12 à 17 ans ne sont pas scolarisés, parmi lesquels 137 millions appartiennent à l'Asie, 45 millions à l'Afrique et 19 millions à l'Amérique latine. Ces adolescents n'ont jamais reçu d'éducation, ou ont quitté l'école avant d'avoir atteint le niveau d'éducation minimum, pour devenir des illétrés fonctionnels. La majorité de cette vaste armée d'enfants défavorisés vit soit en zones rurales, soit en zones urbaines pauvres. Les filles sont d'ailleurs tragiquement plus handicapées par le manque d'éducation que les garçons.

La leçon évidente que nous devons tirer de tous ces développements est la suivante:

– les grosses compagnies de fabrication et de services ne donneront plus, dans l'avenir, de situations stables aux jeunes qui quittent l'école. Ces sociétés entreront dans la compétition sur un marché global dominé par la production hautement efficace de *denrée* ou de produits de base, tels que les voitures ou les services aériens internationaux, et dans lequel l'économie d'échelle continuera d'être un facteur dominant,

– le nombre des petites sociétés et des travailleurs indépendants augmentera sur un marché local et innovateur, à la fois dans les activités de fabrication et de service, là où l'adaptation aux conditions locales et où une réponse à des besoins spécifiques seront essentielles, comme dans le marché mondial de petits volumes pour les produits de haute technicité,

– l'individu deviendra le centre d'intérêt (fig. 17) alors qu'il n'était qu'un pion dans l'ère industrielle. Beaucoup choisiront activement leur situation entre le monde des grosses affaires à la richesse visible, et la petite entreprise locale dans laquelle la place ou le travail est fierté et crédibilité, et où les personnes sont l'actif principal.

L'ensemble de l'économie de service sera le théâtre dans lequel se jouera cette nouvelle stratégie du travail.

En termes de classes sociales et d'activités productives, les emplois à mi-temps sont vitaux pour réintégrer ceux qui ont été marginalisés par la Révolution Industrielle: les jeunes, les aînés et les femmes.

L'emploi à mi-temps laisse la liberté de pouvoir bénéficier de l'éducation permanente, indispensable à la souplesse de l'emploi, comme l'a mis en lumière de Tocqueville en 1835. Les jeunes qui poursuivent des études supérieures devraient aussi avoir parallèlement un emploi à mi-temps, ce qui leur permettrait d'ajouter une expérience de travail à leur acquis universitaire en rejoignant le monde du travail.

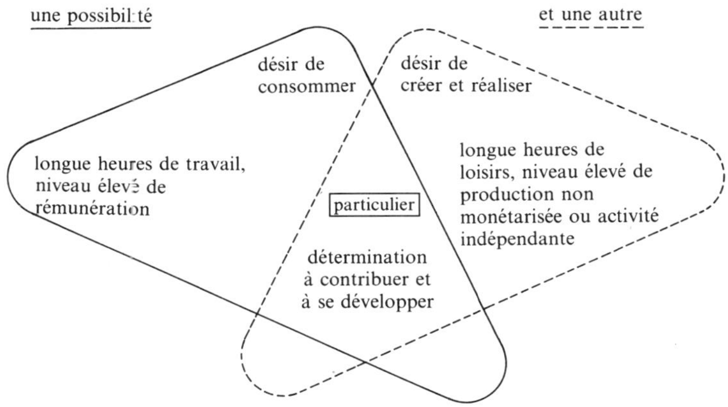

Fig. 17 L'individu devenu le centre d'intérêt.

[Perutz (1980) Arbeitslosigkeit – Beschäftigung – Beruf, op cit.]

En ce qui concerne les femmes, les emplois à mi-temps sont une occasion de combiner à la fois leurs rôles traditionnels de femmes au foyer et d'éducatrices avec un emploi. Les personnes qui ont atteint l'âge de la retraite ont été perçues comme une charge par la Révolution Industrielle, alors que l'économie de service les considère comme un actif, un trésor de richesse et d'expérience productive. Des emplois à mi-temps adaptés aux besoins des personnes âgées pourraient bien devenir une solution pour mettre en valeur cette richesse cachée.

Les nouveaux preneurs de risque de l'économie de service doivent surmonter un double handicap, car beaucoup de jeunes et de femmes n'ont pas d'expérience préalable et ils doivent d'abord créer eux-même l'infrastructure (à la fois du point de vue formation et social) qui soit appropriée à leurs activités.

NOUVELLES FORMES D'EMPLOIS

De nouvelles formes d'emplois et d'organisation du travail sont en train d'apparaître (fig. 18A, 18B et 18C):

- en Grande-Bretagne, le nombre de coopératives enregistrées est passé de 500 en 1980 à 1000 en 1985;
- le rachat de compagnies par la direction est d'une actualité quasi quotidienne;
- en Grande-Bretagne, le nombre de gens qui sont leurs propres employeurs a augmenté de presqu'un tiers entre 1979 et 1984, tandis que celui de gens employés par un tiers a chuté de 8%; une personne sur dix est à son compte, la proportion la plus élevée depuis 1921; et 40% de ces personnes étaient déjà elles-mêmes des employeurs en 1983;
- les sociétés emploient de plus en plus des personnes à mi-temps, des consultants et de la main-d'œuvre contractuelle

pour réduire leurs frais généraux, les harcèlements ouvriers et pour améliorer la productivité.

Les nouveaux entrepreneurs deviennent actifs dans l'économie de service: les villes de grande et moyenne importance sont de plus en plus impliquées dans le développement économique et dans la création d'emplois, à la fois en coordination avec les politiques nationales – qu'elles ajustent aux conditions et à la demande locale – et en coopération avec d'autres partenaires locaux, tels que des promoteurs indépendants aux stratégies autonomes. «Il n'y a pas si longtemps, les maires avaient un rôle de premiers magistrats et de premiers citoyens. Aujourd'hui, ils ont tendance à devenir des entrepreneurs», commentait récemment un intervenant à la conférence de l'OCDE sur les Initiatives d'Emploi Local (IEL).

De nouveaux outils sont indispensables aux Iniatives d'Emploi Local [42] tels que centres des affaires ou parcs technologiques, c'est-à-dire des bâtiments à occupation multiple réunissant une série de petites cellules communes de services incluant assistance technique et conseil commercial. Celles-ci ne sont qu'un outil de création d'emplois parmi bien d'autres, mais par leur action conjuguée elles représentent une force d'incitation et constituent des centres de rencontres et d'échanges fructeux en matière d'expérience. Elles sont une émanation permanente de la communauté et ceci à une échelle économique raisonnable, c'est-à-dire très réduite. Aux Etats-Unis, l'Administration des Petites Entreprises a constaté que 70 à 80% des sociétés créées dans ces *incubateurs* survivent les trois premières années, contre 30% de celles qui se sont créées en dehors d'eux.

Des outils commerciaux qui intègrent des actions innovatrices et sociales adaptées à un environnement de travail informel et coopérant avec le secteur «petites entreprises» commencent à faire leur apparition:

- la franchise existe déjà,
- les échanges de franchises entre les petites sociétés suggérée par ITDG, à Londres, Grande-Bretagne, représentent une autre solution,
- le partage du financement pour la recherche et le développement, ou R & D, sous licence aboutit à la création de petites affaires qui travaillent sur un marché local (partage des connaissances),
- le partage de clients par le biais de réseaux de marketing,
- le partage des connaissances à travers une aide à la gestion,
- des tranferts de connaissances: des grandes sociétés, qu'une innovation à la traîne inquiète, prennent des participations dans de petites entreprises, par l'intermédiaire d'une association de capitaux, par exemple.

Les entrepreneurs qui sont avant tout des explorateurs y sont favorables, parce qu'il est toujours utile d'avoir des partenaires aux poches profondes lorque la concurrence montre son nez. Le rôle des femmes dans la prise de risque devient plus important. Aux Etats-Unis, le Bureau des Statistiques de Travail indique qu'entre 1972 et 1984, le nombre des femmes qui ont monté une entreprise s'était accru de 87%, et que les femmes étaient responsables de pratiquement 50% des 2 420 000 nouvelles entreprises créées au cours de cette même période.

On constate des tendances similaires en Suède, avec une croissance annuelle de femmes à leur compte qui se situe en moyenne à 8,7% entre 1972 et 1982, et à 6,3% par an pour la Grande-Bretagne. Néanmoins, dans la plupart des pays, le potentiel du développement économique féminin semble plus important qu'il n'est réellement. La plupart des entreprises féminines s'intéressent surtout à des secteurs traditionnels tels que ceux de la nourriture, des services, de la mode et de l'enfant. Pourtant, il y a également pénétration des secteurs de la haute technologie et de la finance, de même que dans ceux de la collecte, du traitement et de la distribution de l'information [43]. En Allemagne fédérale, 95% des travailleurs à mi-temps sont des femmes.

Le rôle des personnes âgées, incluant un nombre accéléré de chefs d'entreprise d'âge moyen, envoyés prématurément à la retraite à l'âge de 50 ou 55 ans, surtout par les grosses compagnies, pourrait devenir très important dans l'expansion du mi-temps et de l'auto-emploi, puisque la plupart des nouveaux emplois sont créés par des petites sociétés (80% des nouvelles situations sont créées par des entreprises de moins de 100 employés). On constate le même phénomène dans les secteurs traditionnels de la technique: selon deux chercheurs de Stanford, aux Etats-Unis les emplois liés aux technologies nouvelles auront sans doute augmenté de 46% vers 1995, alors qu'ils ne représentent actuellement que 6% de emplois créés dans les dix prochaines années [44]. Par ailleurs, ces emplois seront de type «tertiaire». Aux Etats-Unis ils emploient 75% de travailleurs non agricoles, et ils ont donné 2,1 millions de nouveaux emplois au cours des neuf premiers mois de 1985, dont 40% dans le secteur des services du personnel, en particulieur des emplois relatifs aux affaires et à la santé. Dans le même temps le secteur des usines a supprimé 337 000 postes.

Comment l'économie de service va-t-elle s'y prendre pour traiter les dangers que courent ces nouveaux preneurs de risque?

Dans bien des cas, on peut s'inspirer de l'expérience du passé. Le fonctionnement des machines nuit et jour a toujours existé. Il était exigé pour des raisons techniques, par équipes tournantes dans l'industrie de l'acier. Les boutiques ouvertes 24 heures sur 24, grâce à la flexibilité des grilles horaires, sont répandues dans des régions comme New York, en particulier dans le cas de petites

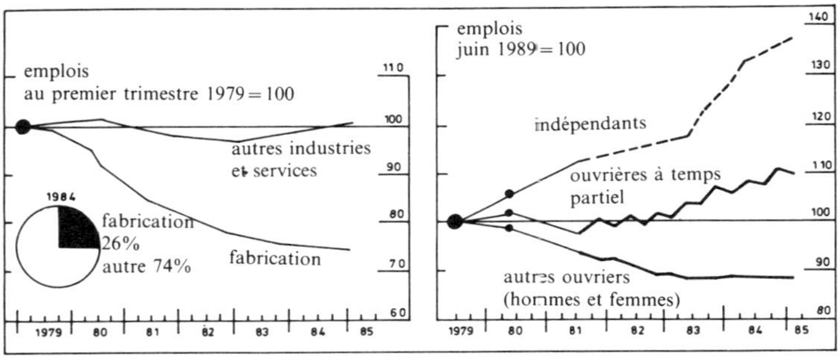

	juin 1978	mars 1985	changement en milliers	changement en %
agriculture, pêche et forêt	378	321	− 57	−15,1
énergies et eaux	708	608	−100	−14,1
autres industries extractives (minières)	1 156	780	−376	−32,5
biens en métal, machines et véhicules	3 314	2 553	−761	−23,0
autres industries manufacturières	2 711	2 034	−677	−25,0
construction	1 177	942	−235	−20,0
hôtels, restaurants, distribution, réparations	3 951	4 239	+288	+ 7,3
transports et communications	1 428	1 263	−165	−11,6
banques, services financiers et assurances	1 496	1 926	+430	+28,7
autres services	5 804	6 009	+205	+ 3,5
personnes avec activité indépendante	1 843	2 527	+684	+37,1
total	23 966	23 202	−764	− 3,2

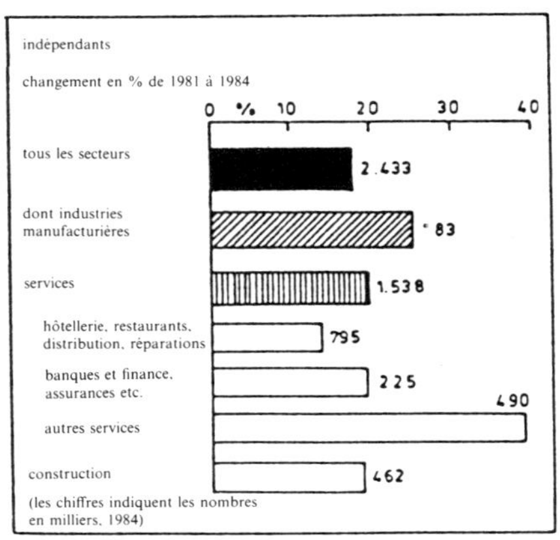

Fig. 18 Changement des profils d'emplois en Grande-Bretagne.

entreprises individuelles. Mais cela n'existe pas en Europe. Le partage des tâches dans les industries de service est très comparable au travail par équipe dans l'industrie de l'acier, où plusieurs personnes partagent le même poste de travail et les mêmes outils. Les employés bénéficient d'une liberté supplémentaire pour organiser leur propre temps de travail à l'intérieur des limites qu'ils s'imposent, tout en prenant en compte les contraintes de l'organisation générale.

Qui va organiser et assurer la protection des nouveaux employeurs à leur compte, ou des travailleurs employés à mi-temps, avec leurs horaires flexibles, ou utilisés comme main-d'œuvre contractuelle? Les Agences d'Intérim maintiennent habituellement un statut libéral à leur travailleurs potentiels, statut qui les prive du bénéfice de la sécurité sociale, laquelle est obligatoire, par contre, pour les travailleurs salariés. Arrêtons-nous un instant sur cette situation.

Des estimations faites en Grande-Bretagne en 1984 ont montré que le travail contractuel augmente de 40% dans son expression en heures de travail par personne et par an. Ce développement touche des industries qui vont du bâtiment, au transport routier en passant par le travail de bureau et les emplois paramédicaux.

Est-ce là un nouvel objectif pour les syndicats? Et les *auto-employés* accepteront-ils de marchander leur liberté de manœuvre contre davantage de contraintes et de sécurité? Des solutions pratiques acceptables devront être négociées cas par cas.

Certains exemples existent déjà, telle la Numast, l'association des Officiers de la marine marchande britannique, avec sa filiale qui fonctionne comme agence d'intérim, en fournissant une main-d'œuvre contractuelle aux propriétaires de bateaux. Certaines agences d'interim, comme Manpower, emploient des hommes et des femmes qui figurent sur leurs registres. De même, certaines organisations à la pointe du progrès social et certains bureaux gouvernementaux qui emploient des consultants ont établi leur propre répertoire de manière à transmettre directement leurs propositions de marché à des petites entreprises plutôt que de procéder à des appels d'offres publiques par le biais des journaux officiels exclusivement lus par les juristes de grandes compagnies.

L'IMPÔT NÉGATIF SUR LE REVENU ET LES ALLOCATIONS SOCIALES

En dépit des signaux d'alarmes qui s'agitent à l'horizon, les gouvernements s'entêtent à promouvoir les concepts dépassés de la Révolution Industrielle en continuant à favoriser l'investissement dans les capitaux peu rentables, plutôt que de fournir à la main-d'œuvre; ils pénalisent aussi les velléités de travail des chômeurs au lieu de promouvoir des activités créatives.

L'une des raisons de ce phénomène est liée à une évolution de centralisation et d'économie d'échelle que les gouvernements ont connue pendant la Révolution Industrielle. Ils se retrouvent aujourd'hui confrontés aux mêmes problèmes, comme beaucoup d'industries: le gouvernement est en général de grande taille, centralisé et prudent, tandis que les petites entreprises sont locales et de type *entrepreneur* dans leurs comportements. Les relations entre les deux partenaires ne sont donc jamais faciles. Néanmoins, les initiatives d'emploi, basées sur des activités qui donnent satisfaction aux besoins locaux tout en utilisant les ressources locales, seront mieux placées pour promouvoir le développement régional et la croissance économique par une démarche active sur le terrain. On trouve de tels exemples à l'OCDE et à la Commission des Communautés Européennes et dans les Programmes Spéciaux de Travaux Publics (PSTP) lancé par le BIT avec l'aide financière du PNUD (Programme des Nations Unies pour le Développement) de divers pays du tiers monde. Ces derniers, cependant, se traduisent souvent par une redistribution du pouvoir politique et soulèvent par conséquent une objection immédiate de la part du gouvernement central.

De la même façon, l'attitude *anti-emploi* actuelle des gouvernements lorsqu'ils traitent de l'assurance chômage repose sur des instruments centralisés de contrôle des chômeurs pour éviter les abus: absence d'allocation pour les gens qui travaillent, ou qui refusent des primes de déplacement allouées pour des tâches ennuyeuses. Une attitude d'encouragement à la création qui pousse les gens à utiliser leurs compétences et leurs dons est le fait d'une approche décentralisée, sur mesure, à laquelle les fonctionnaires n'ont pas été habitués.

En Grande-Bretagne, par exemple, seulement 10% des gens qui se sont mis à leur compte en 1984 l'ont fait dans le cadre du plan gouvernemental de l'aide à la création d'entreprise.

Le chômage élevé en est peut-être le moteur: les travailleurs manuels en particulier se sentent mieux s'ils disent qu'ils sont à leur compte plutôt qu'au chômage. Parmi les 273 000 nouveaux indépendants en Grande-Bretagne, la majorité avoue (au cours d'une enquête sur la main-d'œuvre) qu'ils étaient précédemment sans emploi ou sans activité économique (comme les femmes au foyer et les retraités). Les travailleurs manuels comptaient pour 31% de ceux qui étaient passés du chômage au travail indépendant. Seulement 16% avaient quitté une situation pour s'établir à leur compte! La France, exemple réussi d'une politique de fond applicable de manière décentralisée, encourage les initiatives «sur le terrain» et laisse toute latitude à l'individu. Ici, l'idée consiste à donner à la personne récemment débauchée une somme qui correspond au montant capitalisé d'une année d'allocation chômage, si elle décide de monter sa propre entreprise.

Le gouvernement s'est aussi intéressé au régime de la sécurité sociale comme moyen de protéger les salariés et les membres de leur foyer incapables de travailler pour cause de maladie, d'accidents ou de vieillesse. Ici encore, le même problème se repose quant à la façon de contrôler et de prévenir les abus.

Un autre problème préoccupant est celui de la contrepartie fiscale exercée à l'encontre de l'emploi à mi-temps et de la revalorisation du travail non monétarisé. Dans le premier cas le gouvernement peut être tenté de jouer progressivement un rôle, dans le second il est normal de s'attendre à une réaction typiquement conservatrice de sa part. C'est donc là que doivent être faites d'importantes recherches et des propositions d'adaptation des politiques fiscales à la réalité montante de l'emploi à mi-temps et des emplois non monétarisés. Une partie de cet important problème tient à la difficulté d'accepter le fait d'une économie souterraine, de ses aspects bénéfiques, et qui n'a rien à voir avec des activités de délinquance. Le problème étant, lorsqu'on s'attaque à l'économie souterraine, de préserver et même de stimuler ses aspects créatifs et productifs.

Toutes ces interventions étatiques conduisent à s'interroger sur l'importance de l'Etat en tant que pourvoyeur de revenus, et sur son efficacité dans ce rôle.

De nos jours, dans les cinq grands pays d'Europe occidentale, plus de la moitié de l'ensemble des adultes dépendent du gouvernement pour tout ou partie de leur revenu hebdomadaire: par exemple, le salaire des fonctionnaires, les retraites, l'allocation chômage pour les sans-emploi. Ceci suggère que dans presque les trois quarts des familles de Grande-Bretagne, de France, d'Italie, de Suède et d'Allemagne fédérale, un membre au moins reçoit son revenu principal du gouvernement local. Même dans l'Amérique de la libre entreprise, 42% de l'ensemble des adultes dépendent financièrement de l'argent public.

Pourtant, en 1951, l'armée était le plus grand employeur du pays. De nos jours, les soldats, marins et aviateurs sont surpassés en nombre par les armées d'infirmières et d'enseignants: 40 à 50% de tous les employés appartiennent au secteur de la santé, de l'éducation ou d'autres services sociaux [45].

Si la nation est devenue la source numéro un de revenus, alors, l'attitude qu'elle adopte dans la redistribution des revenus devient cruciale. Encourage-t-elle donc la prise de risque? Si oui, le fait-elle de la meilleure façon? Sa structure convient-elle aux besoins de la population? Existe-t-il une alternative au système très complexe actuel?

Le revenu universel de base inconditionnel [46] que donne l'Etat à chaque citoyen, est une solution simple à ces problèmes... Ce revenu de base devrait apporter à chacun une forme d'indépendance matérielle que n'a jamais connue la Révolution Industrielle, hormis les possesseurs de biens immobiliers. Les femmes ne dépendraient plus des hommes pour vivre, les travailleurs des employeurs pour leurs salaires, les chômeurs d'une agence d'Etat pour leurs allocations. Le choc qu'occasionne toute modification intervenant dans une famille, tel que le décès ou le chômage du chef de famille, et qui est assorti d'attentes interminables des indemnisations sociales, en serait amorti.

Un revenu de base universel uniformiserait et simplifierait le système extraordinairement complexe d'imposition fiscale. A l'heure actuelle, l'état distribue davantage d'allègement de taxes que d'indemnisations de sécurité sociale; mais peu de gens sont prêts à le comprendre et à l'admettre. Dans un projet de revenu de base, tous les revenus de toutes provenances seraient taxés, et tout le monde paierait en fonction de l'âge et de la santé. Cela permettrait à la fois de venir à bout du piège de la pauvreté qui fait que beaucoup de bas salaires perdent actuellement leurs avantages sociaux avec l'augmentation des gains et d'éviter que les gens fassent la fine bouche devant le travail par peur de perdre une allocation chômage, somme toute satisfaisante.

Par-dessus tout, ce revenu universel encouragerait les gens à prendre des risques et à innover. La pauvreté absolue est un frein à la prise de risque et à la création d'activité, occasions uniques pour les femmes, les jeunes et les personnes âgées d'avoir accès à la constitution de richesse au moyen d'activités productives ou non productives, en termes de richesse matérielle monétarisée ou d'activités non monétarisées. Education et formation pourraient être intégrées à l'emploi au choix de l'individu, et en fonction des besoins de l'employeur. La motivation au travail prendrait bien évidemment une nouvelle importance tandis que ceux qui ne l'auraient pas pourraient opter pour un travail à leur compte. L'évolution technologique serait facilitée du fait que les travailleurs auraient moins tendance à protéger l'emploi pour l'emploi, leurs revenus de base et leur dignité personnelle n'étant pas remis en cause par le projet de revenu de base.

Les arguments en défaveur d'un projet de revenu de base concernent surtout les coûts et les incitations au travail. Certains experts ont mis au point des projets de revenus neutres à l'aide de chiffres actuels, maintenant les revenus minimum proches des niveaux de bénéfices supplémentaires et prenant en considération les abattements sur le revenu et les allègements fiscaux [47]. Certains échangeraient bien une forme de travail traditionnel pour un travail à leur compte, ou pour des activités de service. Cette percée possible dans une économie informelle contribuerait malgré tout à augmenter la richesse globale telle qu'elle est mesurée sous forme d'actifs et de fonctionnements du système Des activités d'intérêt social non monétarisées seraient également encouragées par un revenu de base, comme par exemple dans le cas de soins prodigués à des parents plutôt que de les enfermer dans des maisons de retraite. Des formes variées de coopératives permettraient à des travailleurs de mettre leurs ressources en commun pendant le temps nécessaire pour que leurs affaires deviennent commercialement viables.

La discussion à propos du revenu de base est maintenant ouverte et revêt plusieurs formes, y compris celle de l'impôt sur le revenu négatif de Milton Friedman. En fait, la prolifération de toutes sortes d'avantages, de plans d'assurance et d'allocations rapproche cette perspective toujours plus près de la réalité et résultera, avec le temps, de deux soucis majeurs:

a) celui d'une coordination, qui existe déjà,

b) celui d'une perspective d'incitation pour une société tentée par le risque, qui veillerait à pourvoir aux besoins minimum (tout en évitant les incitations négatives ou les effets pervers du comportement spéculatif d'individus spécialisés dans l'accumulation de privilèges tirés d'un nombre de sources excessif).

LA STRATÉGIE DU «QUATRIÈME PILIER» POUR LES PERSONNES ÂGÉES

La notion de «quatrième pilier», ou pilier de la sécurité sociale s'inspire du système suisse:

– le premier pilier ou assurance nationale obligatoire qui garantit un revenu de base en cas de décès, invalidité et vieillesse,

– le second pilier ou assurance sociale, obligatoire pour toutes les personnes qui travaillent, volontaire pour les personnes à leur compte, couvre les mêmes risques que dans le cas du premier volet, mais repose sur le principe des primes acquises en fonction du travail,

– le troisième volet concerne l'épargne personnelle et les investissements,

– le quatrième volet correspond à un projet qui permettrait aux personnes âgées de poursuivre une activité productive, à mi-temps, et dans des conditions favorables en ce qui concerne la formation, la fiscalité et la qualité de travail.

De nos jours, le quatrième pilier est largement fonction de la répartition des âges dans les pays très développés où la proportion de la population active diminue par rapport à la population du troisième âge. Dans de semblables conditions, une concurrence de classes d'âge pourrait se substituer à la traditionnelle lutte des classes.

Le quatrième pilier peut-il aussi exister dans les pays du tiers monde, tout en sachant que leur immense réserve actuelle de très jeunes gens reproduira dans 30 ou 40 ans, dans ces pays, la situation qui existe en Europe aujourd'hui?

Les diagrammes de la figure 19 indiquent les différences en ressources humaines actuelles, radicales mais passagères, comme facteurs positifs du développement d'un pays. Si nous prenons par exemple le cas typique de l'Allemagne fédérale, pays industrialisé, et si nous examinons les perspectives de changement pour les cinquante années à venir, dans l'hypothèse d'une diminution de 50% de la mortalité due aux maladies de cœur et de la circulation du sang jusqu'en l'an 2000, la pyramide des âges apparaîtra comme le montre la figure 20.

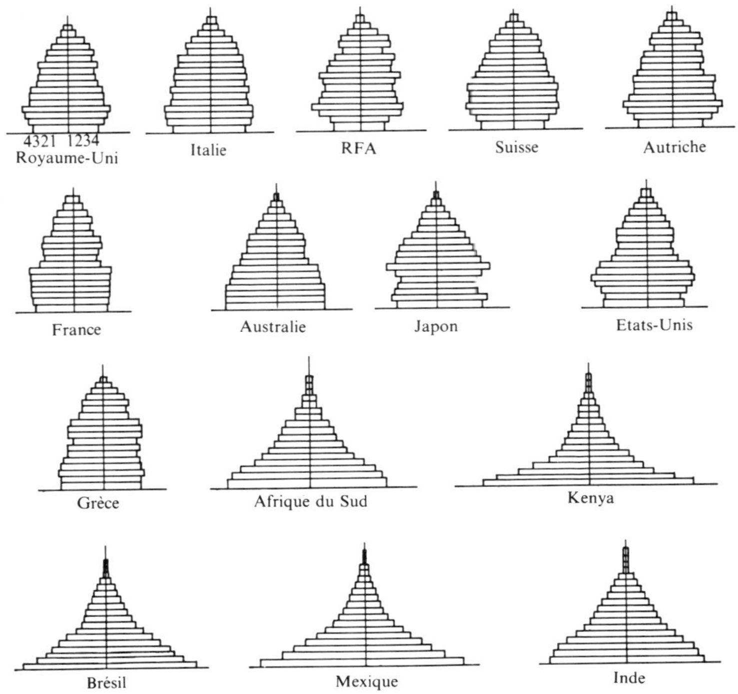

Fig. 19 Les pyramides d'âges de divers pays, 1985.
[Plan à long terme, 1985, London.]

L'Europe doit donc avoir pour souci principal de développer des attitudes de travail productives ainsi qu'une politique du troisième âge, en abolissant parallèlement le système de retraite liée au salariat, ceci afin de favoriser un système d'un revenu de base garanti. Le défi à relever par l'économie de service pour la résolution partielle de ce problème consisterait à promouvoir un travail qualitatif, des activités productives et des mi-temps qui puissent être acceptés par les plus âgés. De cette façon, on pourrait proposer un grand dessein de société qui encouragerait une intégration permanente de la totalité de la population dans le monde actif du travail. Ceci inverserait le mécanisme de la Révolution Industrielle, laquelle, en son temps, a encouragé de multiples formes de ségrégation. Comment réussir à stimuler le développement d'un système économique de telle sorte que les forces potentielles de toutes les

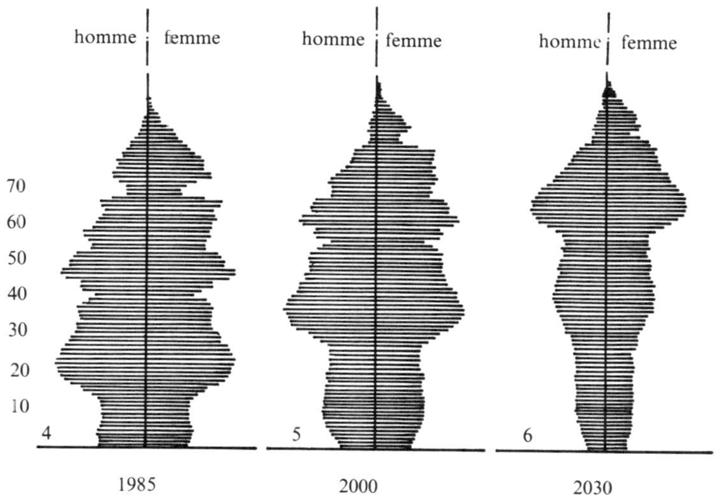

Fig. 20 Prévisions pour la pyramide d'âges de la population de la République fédérale allemande en 1985, 2000, 2030.

classes d'âge soient le plus largement possible impliquées dans des activités productives?

L'idée d'une sécurité sociale garantie par l'Etat est le corollaire d'une notion de valeur restrictive héritée de la Révolution Industrielle, qui sous-estime l'intérêt des atouts non matériels représentés par les compétences individuelles.

La plupart des gens qui partent actuellement en retraite passent du jour au lendemain d'un plein emploi à une inactivité totale, exactement comme les jeunes sont censés se lancer dans la vie active le lendemain même du jour où ils ont cessé d'aller à l'école. Et pourtant une occupation à mi-temps et des systèmes permettant de passer d'un plein emploi à un emploi privé peuvent être parfaitement mis sur pied pour les retraités d'aujourd'hui. Un exemple: le besoin qu'a l'économie de service de pouvoir intervenir de manière professionnelle à un niveau local, en matière d'enseignement d'un savoir et de transmission d'une expérience, pourrait fournir le support idéal d'une maintenance de systèmes impliquant des composants qui n'existent plus.

Ce sera une tâche importante quoique temporaire pour les années à venir, car la majorité des gens plus jeunes qui sont déjà dans l'économie actuelle ne passeront plus la plus grande partie de leur vie active dans l'illusion d'emplois stables dans de grosses sociétés, avec la retraite au bout. Les sociétés apprennent aussi à compter sur les sous-traitants pour les tâches manuelles et sur les consultants pour les besoins en organisation, activités dans lesquelles souplesse et culture générale associées à une formation permanente sont aussi importantes qu'une parfaite spécialisation. Dans une telle perspective, les programmes d'*éducation permanente* doivent être revus de façon à englober la totalité de la vie des gens.

FAIRE FACE AUX RISQUES ET AUX INCERTITUDES

La Révolution Industrielle a déterminé tout un jeu de priorités à partir de la production de richesse, de l'économie d'échelle et de la mobilité du travailleur. En échange, ce dernier se voyait offrir la sécurité matérielle pour ses vieux jours, une spécialisation dans son travail et un salaire indexé sur le marché.

Dans la période pendant laquelle l'économie est passée du stade industriel à celui de service, il se trouve que ces assurances n'ont plus été garanties. La sécurité matérielle à l'âge de la vieillesse est menacée par l'inflation et par une pyramide d'âges inversée. La spécialisation équivaudra à une impossibilité de trouver un nouvel emploi dans un environnement de travail en mutation permanente tandis qu'un salaire au taux du marché signifie souvent que quelqu'un quelque part, homme ou machine, vous coupera les vivres.

La stratégie sociale de l'économie de service pourrait consister, tout en comptant sur leurs compétences et leur savoir, à donner au maximum de gens les moyens et la capacité de faire face aux risques et aux incertitudes pour survivre. Les activités de service souffrent moins d'une concurrence internationale puisqu'elles s'exercent là où le besoin existe. Elles requièrent une grande mobilité: il est impossible à un ouvrier spécialisé dans l'industrie automobile de retrouver un travail identique dans la ville voisine, ou même de créer son affaire. Un auxiliaire de santé, un mécanicien pourront par contre parfaitement le faire. L'indépendance des outils et le rapport du savoir avec les besoins du marché et des produits facilitent la transmission du savoir d'une personne à une autre. Les activités concernant la compétence et l'information que la Révolution Industrielle qualifiait de travail improductif peuvent être partagées entre plusieurs personnes sans que quiconque y perde quoi que ce soit. Mais l'enseignement de ceux-ci suppose un long processus d'apprentissage. L'exemple de l'industrie de la montre suisse est révélateur: il y a une foule d'ouvriers horlogers actuellement sans travail qui étaient autrefois employés dans les usines de la région du Jura suisse. On rencontrera très peu parmi eux d'artisans, d'ailleurs très âgés, qui seront capables de fabriquer seuls, à partir d'un simple croquis, une montre qui fonctionne.

L'influence de ce développement ne se limite pas, toutefois, aux pays industrialisés. On retrouve une dépendance similaire dans les pays du tiers monde, même si les raisons en sont différentes. La Révolution verte a rendu le fermier, autrefois acteur d'un monde non monétarisé, dépendant de besoins nouveaux en produits chimiques, en combustibles fossiles et en coûteuses machines auparavant inutiles afin d'exploiter des méthodes d'intensification de récoltes destinées à l'exportation. Lorsque les prix des marchés étrangers s'effondrent, il ne parviendra pas à écouler sa production localement, car ses concitoyens sont trop pauvres pour acheter le bœuf ou les produits laitiers prévus à l'origine pour l'exportation. En introduisant une certaine souplesse, l'économie de service permet de regagner un certain terrain de manœuvre.

La société de service post-industrielle est donc en train de se développer dans la direction suivante:

– Les grosses sociétés centralisées qui reposent sur l'économie d'échelle, le marketing et la production *d'articles de consommation* de masse, comme la voiture, la puce standardisée, l'avion, ou *d'articles de service* comme le transport aérien long courrier, la banque internationale et la marine marchande, sont en train de tisser progressivement un réseau mondial. Elles basent leurs activités sur d'énormes volumes de produits de première nécessité standard à travers le monde; leur production robotisée correspond à une industrie dite de capitaux, les outils de production acquerront une souplesse suffisante pour garantir une longue vie au produit afin de déprécier des investissements à long terme, compatibles avec un vieillissement technologique. Parallèlement elles encourageront à une flexibilité maximum et iront aussi loin que la révolution électronique et robotique le leur permettra dans la production sur mesure et la réduction des contraintes de stockage (c'est-à-dire une production au coup par coup).

– Flexibilité et chevauchement de frontières caractériseront les petites et moyennes entreprises et les artisanats qui fabriquent des produits particuliers destinés aux besoins locaux, ou fabrication à la demande pour des marchés de petits volumes. Ces affaires offriront des services qui peuvent aller de l'adaptation de produits de masse aux nécessités locales, à la maintenance et à la modernisation de systèmes existants, en passant par les services d'une industrie «de main-d'œuvre» pour la communauté, comme la santé, l'éducation et la banque, menés à partir de solutions originales. Dans ce secteur, la gestion des effectifs reposera sur la participation des personnes qui y sont impliquées.

Les deux parties dans ce type d'économie sont partenaires. Elles englobent des activités de haute et de faible technicités, elles contribuent ensemble à la richesse des nations et elles sont complémentaires pour permettre un fonctionnement efficace des systèmes.

La complexité et la sophistication du travail qui peut s'effectuer de la meilleure façon sur un plan local dépendent étroitement de l'environnement. En effet, ce qui peut se faire dans un pays industrialisé sera impossible dans un pays moins développé et vice versa.

Selon les conclusions d'un rapport sur l'importation de véhicules commerciaux dans les pays du tiers monde, il est possible de recourir, dans une certaine mesure, aux compétences locales, dans les métiers de soudage, de tôlerie et de fabrication de circuits électriques, et ceci même dans les pays les moins développés. Il est utile de rappeler qu'à chaque fois qu'on utilise un potentiel local d'une valeur de 100$, on évite une dépense d'autant à l'extérieur, ce qui améliore de 200$ la balance commerciale nette.

Ce que le tissu de cette société de service globale possède en partage, c'est une dépendance vis-à-vis d'un personnel détenteur de savoir. En réalité, une certaine incapacité de s'adapter à ces nouveaux détenteurs du savoir est l'une des raisons pour lesquelles l'organisation des grandes entreprises doit changer. Etat de fait qui explique pourquoi les plus brillants sujets sont réticents à se rallier aux grosses compagnies. Ce phénomène a abouti à la vente de centaines de départements de ces dernières (comme c'est le cas pour la General Electric Co), une façon d'associer les travailleurs «en col doré» aux dirigeants. D'autres ont monté leur propre petite affaire, plutôt que d'avoir à subir une quelconque pression de la part de la société. Le cas de Steve Wozniak, ancien employé de Hewlett-Packard, est une excellente illustration de ce phénomène. A une époque, celui-ci avait soumis à la direction un projet de ce qui allait devenir l'ordinateur personnel que nous connaissons aujourd'hui, avec pour résultat de s'entendre dire qu'on le payait pas pour ça et qu'on le priait de retourner à ses moutons (c'est-à-dire les calculatrices). C'est ainsi qu'avec son associé Steve Jobs, Steve Wozniak partit monter sa petite affaire à Silicon Valley laquelle devait devenir plus tard la Société Apple Computers Co.

Mais est-ce vraiment un phénomène radicalement nouveau?

«En tant qu'inventeur-entrepreneur, Edison a participé au processus de l'évolution de la technologie, qui passait ainsi du stade de l'identification d'un problème à celui de l'innovation, puis au transfert de technologie. Son plaisir, toutefois, était surtout d'inventer, les autres phases de développement qui résultaient de l'invention l'intéressaient moins. Il comptait davantage ses brevets que son argent, du moins jusqu'à ce que, avec les ans, il prit modèle sur des industriels comme Henry Ford. Edison connut sa période florissante d'inventeur vers la fin des années 70 et au début des années 80, période où il présida aux destinées de son invention de l'éclairage électrique. Ses pairs et contemporains – Robert Fulton, Samuel Morse et Cyrus Hall McCormick – étaient des inventeurs-entrepreneurs qui, comme lui, ne trouvaient de repos que lorsque des entreprises (généralement celles qu'ils fondaient) fabriquaient leurs inventions. Edison créa un certain nombre d'entreprises pour orchestrer sa découverte et mettre en place les systèmes d'éclairage: parmi elles une société pour la recherche et le développement, d'autres pour la fabrication des composants et enfin une dernière pour gérer le fonctionnement du système. Dans chacun des cas, il s'adjoignait le concours d'hommes dont les intérêts et les capacités étaient complémentaires des siens. Des expert juridiques et financiers, par exemple, compensaient ses lacunes, son manque d'expérience et son inaptitude à s'occuper des complexités de l'organisation et de la finance. En dépit de leur présence, pourtant, c'est Edison, l'inventeur, qui tirait la plupart des ficelles d'un système complexe» [48].

Peut-être la différence la plus intéressante entre les fondateurs de Apple Computers et Edison est-elle la suivante: à l'époque d'Edison, l'invention restait surtout liée à l'optimisation de la production, ce qui permettait d'en garder la maîtrise; de nos jours, dans une société de service, les inventeurs d'Apple comprennent vite que l'invention n'est pas séparable du marketing et de la vente d'un produit.

A l'inverse d'Edison, Steve Jobs et Steve Wozniak ont tous deux abandonné leur bébé spirituel, la société Apple Computers, après une période initiale de réussite.

La séparation, dans une économie de service, entre production et services est plus ou moins floue. En fait, tout employé qui s'est mis à son compte est en général passé par un stade de despécialisation qui correspond à une remise à jour de ses connaissances. Les statistiques actuelles sont incapables, une fois de plus, de traduire ces changements subtils.

Nombre de ces nouvelles entreprises microscopiques sont ainsi classées dans la rubrique détail ou distribution.

Voici quelques bons exemples d'innovation dans la distribution sur une petite échelle:

– les pizzas livrées chez vous: un entrepreneur de nouveau type confectionnera des pizzas à la demande et les livrera à l'heure voulue au client, chez lui ou à son bureau,

– les buffets: un entrepreneur de nouveau type préparera des plats chauds ou froids «nouvelle cuisine» pour des réceptions à domicile ou au bureau, pour peu qu'il soit prévenu la semaine précédente, et les livrera avec la verrerie, la porcelaine et l'argenterie nécessaires qu'il remportera à la fin du repas après avoir servi vos invités.

Dans les deux cas, ceci se substituera au service traditionnel de la restauration, ou à l'activité classique de cuisine faite chez soi. Cependant, à l'inverse du restaurant, il se produit une rupture dans l'économie d'échelle (investissements fixes très faibles qui garantissent une très grande flexibilité, combinée avec une très grande mobilité), ce qui permet de traiter une vaste diversité de menus et de quantités sans gros risques pour l'entrepreneur.

Dans les deux cas, on assiste à une disparition de la notion de spécialisation qui ne s'assortit pas de diminution de compétence par rapport à celle du restaurant: le nouvel entrepreneur doit être un excellent cuisinier, un bon livreur, avec des connaissances suffisantes en marketing et en ventes. Néanmoins, il n'aura pas besoin d'une large clientèle qui lui sera fidélisée si ses services sont d'une bonne qualité. En fait, dans le cadre de son affaire à fonctions multiples, il maîtrise des compétences plus étendues que celles d'un chef ou d'un chauffeur de taxi. Le bénéfice qu'il tire de son activité est celui d'un produit global moins coûteux que chacun des éléments acquis séparément sur le marché.

Mais où va-t-il être situé d'un point de vue statistique? va-t-il être classé comme traiteur? comme détaillant? comme distributeur? Il n'existe aucun classement pour ces nouveaux entrepreneurs à fonctions multiples qui nous permettrait de les repérer.

Plus le pourcentage de gens à leur compte, ou de mi-temps diversifiés sera élevé (ce qui correspond aux compétences requises dans une activité indivuelle), moins important sera le besoin d'interventions sociales pour développer des plans du type quatrième pilier.

A ce stade, affronter les risques de sa profession, jouir de sa qualification et de la liberté de l'utiliser, c'est déjà s'être solidement prémuni contre l'insécurité, un acquis correspondant à la fois au quatrième pilier et un préalable nécessaire de l'existence des trois autres.

CHAPITRE 3

LA PRODUCTION DE LA RICHESSE DES NATIONS, LES PRENEURS DE RISQUES ET L'OFFRE EN ÉCONOMIE. LA DYNAMIQUE DU DÉSÉQUILIBRE

Produire

LA VIE, ACTIVITÉ DE PRODUCTION

La théorie économique classique présuppose une situation générale d'équilibre entre l'offre – ou production – et la demande – ou consommation. En fait, cet équilibre, ou situation de symétrie, sert de référence fondamentale car il assure un prix monétarisé au point d'échange entre les biens et les services produits et consommés. L'existence d'un étalon de mesure était considérée comme essentielle. Ce présupposé avait une valeur pratique à l'époque de la Révolution Industrielle.

Dans la vie réelle, au-delà du moment où l'échange a lieu, les activités qui concernent la production d'un côté, et la consommation de l'autre, sont totalement asymétriques dans le temps: nous ne pouvons consommer que ce qui existe déjà; mais tout processus de production représente, au mieux, une probabilité d'existence de quelque chose dans le futur.

La notion de production doit être ici prise dans un sens large: nous pouvons créer un repas, une chanson, une théorie ou une idée, une maison, une bonne atmosphère. Nous produisons des outils, de la culture et nous nous produisons nous-mêmes en même temps que notre personnalité. Ces processus de production ne s'accomplissent pas toujours de manière nécessairement consciente, et ne sont pas obligatoirement issus de la rationalité ou de décisions explicites.

Beaucoup de décisions ou d'activités de production sont la conséquence d'inerties de type culturel ou environnemental; mais elles sont toutes des projets qui présupposent un résultat futur et donc entachées d'un caractère plus ou moins incertain: rien n'est jamais sûr. Nous vivons constamment au milieu d'une multitude de projets – une sortie pour dîner, l'écriture d'un livre, l'achat d'une voiture, l'apprentissage d'une nouvelle langue, la prise ou au contraire le refus d'une initiative concernant notre future carrière, ou celle de la conquête d'une amitié. Suivant notre détermination de caractère, la nature des hasards humains ou non humains que nous rencontrons, tout contribue à faire prendre forme à nos entreprises productives. Nos décisions (ou absence de décision), individuelles ou collectives, participent constamment d'un avenir inconnu. Certaines décisions sont génératrices d'une plus grande inertie que d'autres. Parfois, cette inertie est évidente dès le départ. Avec l'implantation d'une industrie automobile à Détroit ou à Turin s'est créée une énorme situation d'inertie qui a constamment modelé le futur de ces villes. Avec ses opéras, Mozart a exercé une influence déterminante sur la culture musicale pendant plus de deux cents ans après sa mort. Faire un projet ne va pas sans une compréhension des inerties qui s'ajoutent à l'esprit de détermination et au hasard.

Pour en revenir à nos vieilles connaissances, Adam et Eve, incarnations d'une symbolique présente dans une multitude de religions et de mythes, nous constatons que, une fois sur terre après avoir été chassés du paradis, ces malheureux sont venus dans un monde de pauvreté pour produire. Or leurs descendants ont jusqu'à présent produit des civilisations, des philosophies, des biens matériels et des technologies en quantité toujours croissante et de qualité de plus en plus diversifiée.

L'acte de production que représente celui d'écrire un poème, de faire de l'argent, de créer une nouvelle affaire, commence toujours par un rêve. Et par définition, une fois le rêve réalisé, il cesse d'être un rêve. La réussite intervient au moment où le rêve s'accomplit et devient *consommable*. Le temps est alors mûr pour d'autres rêves.

«Aucune entreprise ne se bâtit à partir des rêves seuls, ni en dehors d'eux.»

Il y a une profonde ambiguïté dans le fait de ne pas mener un rêve jusqu'au bout – ou du moins de ne pas tenter de le faire –, refus qui fait obstacle au développement de nos personnalités ou de notre civilisation. Les rêves nous permettent de définir des objectifs, et ceux-ci sont des cibles qui stimulent la naissance de stratégies de survie et de développement.

On dit souvent *qu'il nous faut produire d'abord pour pouvoir consommer*. En réalité, aussi bien sur un plan personnel que social, la consommation vient en premier. C'est parce que nous pouvons consommer ce qui a été produit que nous pouvons faire des projets et agir pour produire ce que nous consommerons sans doute demain. Au cours de nos premières années ou même de nos dix premières années d'existence d'être humains, nous sommes des consommateurs à l'état pur de biens matériels et immatériels, et nous sommes également le point de départ de contacts et d'émotions. La société agraire a pu se transformer en une société industrielle parce qu'elle renfermait le projet d'un lendemain matériel plus riche pour le monde. De la même façon, la richesse et le savoir accumulés grâce aux productions passées nous ont permis de mieux consommer qu'avant la Révolution Industrielle, du moins dans le monde occidental. Nous disposons ainsi d'une marge pour réexaminer notre pouvoir d'amélioration sur toutes sortes de productions (matérielles et intellectuelles) dont dépendra l'aptitude du monde à générer une civilisation neuve à laquelle nous aurons contribué.

Nous vivons toujours dans le présent, mais dans un présent qui se déplace avec le temps, là où nos décisions sont inévitablement et intimement liées à la fois à notre futur proche et à notre futur lointain.

Faire des projets [41] ce n'est pas rendre ce futur certain pour autant. Si le futur était certain, il serait prédéterminé dès maintenant et écarterait toute possibilité d'autres choix. Les choix qui, à long terme, modifient l'environnement et notre développement, s'ils sont sans doute restreints dans le temps et dans l'espace, n'en existent pas moins.

LES CONDITIONS DE L'OFFRE: INCERTITUDE ET RISQUE

N'importe quelle décision ou acte qui mène à une forme quelconque de production se fait inévitablement dans des conditions d'incertitude et de risque. Bien entendu, il existe souvent des situations où le degré d'incertitude est tel qu'il rend toute prise de décision impossible, soit parce que le but ou les moyens de l'atteindre restent trop vagues, soit parce que les risques en cause sont destructeurs. Mais, en réalité, une bonne analyse économique en termes d'évaluation et de comparaison des risques est, ou devrait être, le meilleur moyen d'éliminer, ou de maîtriser le mieux possible, des situations invraisemblables et intenables.

Dans la vie réelle, le vrai problème n'est pas de trancher entre des solutions risquées et des solutions sûres, mais entre divers degrés de risques et d'éventualités possibles. On pourrait souhaiter vivre dans un environnement totalement aseptisé, absent de tout microbe ou virus et donc dans une atmosphère où toute infection serait évitable. Pourtant en nous privant de notre capacité de résistance, des précautions trop excessives dans cette voie pourraient nous faire courir des risques plus grands encore si, par accident ou en raison de circonstances imprévisibles ou imprévues, nous devions être exposés à un virus. Une sécurité sociale totale qui garantirait à tous les citoyens une protection certaine et définitive contre toutes sortes de maux sociaux ou physiques (santé, accident, chômage, retraite) par l'intermédiaire d'une organisation collective pourrait sembler appropriée, à première vue, mais diminuerait en réalité la capacité de l'organisation collective à réellement remplir son rôle. Que se passerait-il si, dans une situation économique précaire, l'Etat tombait lui-même en faillite? Si une inflation ou déflation extrêmes détruisait la valeur des actifs et le fonctionnement de l'économie lui-même? Le meilleur moyen de ne pas s'exposer à des accidents, c'est de ne pas se servir de sa voiture. Et pourtant, nous continuons à utiliser ce mode de transport parce qu'il fait tellement partie de notre culture que nous acceptons finalement les risques importants qu'il implique et qui sont du même ordre que ceux que nous courons en tant que piétons ou en tant qu'êtres vivants.

L'activité des compagnies d'assurance ou des fabricants industriels de matériel de sécurité, qui sert en principe à assurer notre protection, ne consiste pas à nous vendre de *la sécurité*, mais à nous procurer les moyens nécessaires de dominer l'incertitude et les risques de toutes sortes. L'assurance n'élimine pas les dangers, elle contribue à en maîtriser les conséquences. Il ne s'agit pas de choisir entre la sécurité et l'incertitude, mais entre différents degrés de risques. Dans tous les domaines, nos choix économiques et humains sont le résultat d'une évaluation des différentes formes de risques à prendre, d'une estimation de ce que nous coûteront nos actions.

Petit garçon, Einstein ignorait qu'il deviendrait le «grand Einstein»; Mozart n'imaginait sans doute pas non plus qu'il serait un jour l'auteur d'opéras devenus plus célèbres que ceux de Haydn, un siècle plus tard. L'histoire ne nous rend compte qu'après coup des événements – les découvertes d'Einstein, de Christophe Colomb, les chefs-d'œuvre artistiques, les inventions de la télévision ou du transport aérien. Plus ces événements sont importants, moins ils sont prévisibles. Il y a vingt ans [42], Hermann Kahn, dans son livre *L'An 2000*, a commenté la difficulté de prévoir les grands problèmes. En illustration, il avait dressé une liste de tous les événements qu'il aurait été impossible de prévoir au début du siècle, entre autres: la Guerre Russo-Japonaise, la «Belle Epoque», les révolutions du Mexique (1910) et de la Chine (1911), la Première Guerre mondiale, la chute de l'Empire ottoman et de l'Empire autrichien, la Révolution russe, l'émergence des Etats-Unis, la grande crise de 1929, la montée du fascisme et du nazisme, les grandes découvertes de la science, le développement du communisme, le mouvement de décolonisation, la bombe nucléaire, l'explosion de la société de consommation.

L'Histoire est trompeuse si elle nous laisse croire que l'étude des grands événements du passé – que nous découvrons ex-post – nous autorise à prédire des événements similaires dans le futur.

Il est bien entendu toujours possible de limiter l'incertitude, mais ce que nous avons de mieux à faire c'est de comprendre en quoi consistent les grands risques – ceux que représente une guerre atomique, par exemple – et comment en réduire la probabilité afin d'éviter un holocauste nucléaire. Il nous faut une stratégie qui nous permette d'affronter les grands risques et de maîtriser les incertitudes. Et nous devons aussi prendre conscience que beaucoup d'événements et parmi les plus déterminants de ceux qui façonneront le monde dans 100 ans d'ici sont essentiellement imprévisibles. Cette impossibilité de prévoir est la condition préalable pour que notre culture internationale franchisse une étape dans l'élaboration d'un monde meilleur dans lequel pourrait régner un consensus du plus haut niveau. Nous aurons considérablement fait avancer notre civilisation en atteignant ce but.

Pour en revenir à l'entrepreneur économique dans notre société, nous constatons que toute entreprise implique des incertitudes et des risques.

– Toute entreprise, dotée d'une technologie de pointe, qui investit de l'argent dans la recherche et le développement de nouveaux produits, doit avoir la possibilité de répartir ces investissements dans un certains nombre de gammes de produits pour augmenter la probabilité d'obtenir un résultat positif. Dans la chimie industrielle des années 60, seul un projet sur dix avait une chance d'aboutir. Il fallait donc que ce projet abouti amortisse les dépenses engagées pour la conduite des neuf autres projets, en moyenne. Dans certains secteurs pharmaceutiques, les retombées sont beaucoup plus aléatoires: un succès pour des dizaines, ou même des centaines d'essais. Le véritable jeu, en technologie moderne, consiste à prendre le plus de risques possible pour mettre toutes les chances de réussite de son côté. C'est le genre de raisonnement que l'on retrouve à la base des nombreuses concentrations dans le domaine de la recherche.

– Les chances de succès d'un nouveau produit peuvent se mesurer grâce aux études de marché qui ne sont que des approximations, dans le meilleur des cas. Il y a parfois de bonnes surprises, comme ce fut le cas pour le train TGV français qui a permis une augmentation de trafic de 30% de plus que ce que les prévisions les plus optimistes ne laissaient entrevoir. On trouve bien d'autres exemples pour lesquels, au contraire, la réaction du marché s'est révélée bien au-dessous des prévisions les plus raisonnables. Et comme le nombre de produits et des services augmente avec le rythme de l'économie moderne, il devient très difficile de jongler avec les facteurs d'incertitude. La maîtrise des divers degrés d'incertitude représente une vraie gageure.

– De même, les compagnies d'assurance doivent-elles demander des primes basées sur une prévision ou une répartition des sinistres sur une période de temps à venir. Des chiffres du passé permettent sans doute une approximation de prévisions, mais les variations peuvent être considérables, car les systèmes exposés au risque sont de plus en plus complexes et vulnérables.

Cependant, dans tous ces cas, il faut prendre une autre tendance en considération: comparativement, dans le monde pré-industriel, les produits, outils, machines, systèmes et qualifications avaient tendance à changer tout le temps. Aujourd'hui, l'organisation des nouveaux systèmes et le développement de technologies innovatrices sont de plus en plus lents. Une dizaine d'années, ou plus, peuvent s'écouler avant qu'une découverte fondamentale ne soit justifiée économiquement parlant. Des changements perpétuels ne signifient pas pour autant que le changement s'installe rapidement. Au moment de la montée du prix du pétrole en 1973, il a fallu presque dix ans pour que la consommation du pétrole commence à diminuer. Les changements d'habitude, mais par-dessus tout le réajustement des processus de production, prennent beaucoup de temps. Il est donc essentiel de pouvoir évaluer – dans un souci de bonne gestion du risque d'une économie moderne – les inerties culturelles et techniques existantes. Dans une perspective de Révolution Industrielle à un stade primitif, on pouvait parler des élasticités immédiates de la production et de la demande, en relation avec le prix. Dans bien des secteurs de pointe, la vie économique moderne a introduit des inerties qui excluent des changements rapides et un réajustement en fonction d'une augmentation ou d'une diminution des prix comme cela se produit sur un marché réduit à sa plus simple expression. C'est souvent la spécialisation elle-même qui est à la base de cette rigidité de plus en plus grande. L'une des grandes priorités applicables aux technologies présentes et futures consiste à s'attaquer et à éliminer toute forme de rigidité.

Le prix qu'un produit ou un service peut atteindre sur le marché n'est pas un élément de référence précis, mais l'une des incertitudes de la gestion du système de production. De la même manière qu'écrire un livre ou une chanson signifie toujours, implicitement, qu'on se livre à l'incertitude du succès qu'entraîne ce genre de tentative.

Nous sommes ainsi devenus plus clairvoyants dans notre confrontation avec les aléas du risque. Le fait que nous commencions à vivre dans une période qui nécessitera – espérons-le – moins de théories et d'idéologies relatives à un monde sans risque est sans doute le signe, qu'après tout, nous progressons. Il se peut même que nous soyons au début d'une nouvelle période de véritable révolution culturelle et économique.

LE RISQUE ET LA RESPONSABILITÉ

La reconnaissance du risque et de l'incertitude est fortement liée à une évolution en profondeur qui se produit dans le monde occidental actuel, devenu plus conscient de la notion de responsabilité.

Après tout, dans une idéologie dominante promettant le contrôle total d'une réalité sans risques et sans aléas, le sentiment et la notion de responsabilité ne peuvent que s'effacer. Dans un monde régi par des lois déterministes, avec un futur sans surprise, la notion de responsabilité personnelle ou même collective s'estompe. Pourquoi prendre la responsabilité de quelque chose qui se produira de toutes façons?

La notion de responsabilité dans la Révolution Industrielle, s'est limitée, dans le meilleur des cas, à des performances spécialisées. Dans les dix ou vingt dernières années, pourtant, un grand changement s'est produit. Nous pouvons nettement constater le passage de la révolution classique à une économie de service, grâce aux attitudes et réactions nouvelles que suscite la notion de responsabilité.

Au cours de la Révolution Industrielle, il était important et suffisant de faire raisonnablement son travail. Dans l'économie de service, il ne suffit pas d'avoir une activité spécifique, encore faut-il qu'elle donne vraiment des résultats utiles.

Prenons par exemple le cas auquel a été confronté la société Nestlé lorsqu'elle a commercialisé ses produits de lait en poudre en Afrique. On a reproché à Nestlé de ne pas avoir suffisamment insisté sur le fait que ce lait en poudre devait être additionné d'eau propre, dans des pays où cela ne fait pas partie des habitudes. En outre, on a accusé cette société d'avoir prôné l'emploi de lait artificiel au détriment de l'allaitement maternel. Il y a vingt ans, l'attitude de Nestlé sur ce point précis, était typique des institutions de type Révolution Industrielle, qu'elle soit *capitaliste* ou *socialiste*. Nestlé avait pour priorité de produire une marchandise utile (le besoin de lait en poudre a toujours été manifeste dans beaucoup de pays en voie de développement); les conditions d'utilisation et leurs effets négatifs possibles étaient du ressort des consommateurs. La responsabilité du fabricant se limitait à vendre un bon produit et la façon dont on utilisait celui-ci ne le concernait pas. Position paradoxale puisque, justement, la valeur du produit était liée à son emploi. Nestlé ne se sentait pas responsable en regard de l'accusation d'avoir provoqué indirectement la mort de bébés. Une profonde modification de la notion de valeur économique d'un produit intervint: en effet, celle-ci n'était plus exclusivement liée à l'existence de ce seul produit (dans le cas présent, le lait en poudre) mais à la notion de sa valeur d'utilisation, c'est-à-dire à la manière effective et utile dont on s'en servait (le lait en poudre additionné d'eau de bonne qualité).

Cette notion de responsabilité et l'idée que produits et activités doivent aboutir à des résultats utiles se sont répandues toutes ces dernières années dans beaucoup de domaines, et spécialement aux Etats-Unis. L'industrie pharmaceutique est dans une position particulièrement fragile, et une épée de Damoclès menace l'ensemble de ce secteur, en raison du risque permanent que représente la vente de produits qui risquent d'entraîner des résultats négatifs, à court ou à long terme. Il importe peu que beaucoup de produits se soient révélés utiles dans le passé, il suffit qu'un seul nouveau produit soit fautif et cause des dégâts parmi le public (on se rappellera le cas de la Thalidomide) et l'entreprise disparaît. Le problème du bon choix en termes économiques et sociaux devient donc absolument crucial, particulièrement lorsqu'on considère le nombre de gens qui pourraient ne pas être sauvés faute de recevoir un médicament insuffisamment testé [43]. Les risques doivent être pesés d'un côté comme de l'autre, en fonction de l'intérêt de chacun.

Un autre cas à considérer est celui des fautes professionnelles qui interviennent dans le domaine de la médecine au Etats-Unis, une notion qui gagne d'ailleurs l'Europe. Les médecins sont tenus pour responsables d'un mauvais diagnostic ou d'un mauvais traitement. Leur responsabilité peut être ouvertement engagée en cas de négligence caractérisée de leur part, mais le problème se complique lorsque la notion de responsabilité s'étend à l'indemnisation des victimes, quelle que soit la faute commise. Les risques attachés à la personnalité professionnelle du médecin – ou juriste, expert ou dirigeant – sont définis d'une manière qui le considère objectivement (ou strictement) comme responsable de tout dégât résultant de l'exercice de sa profession, qu'il ait agi avec négligence ou non [44].

Ceci est un exemple du débat passionné qui fait rage actuellement, en particulier dans les pays industrialisés occidentaux, et dont l'objet est de déterminer la juste mesure entre les différents types de risques générateurs de conflit et les responsabilités qui font partie de toute entreprise humaine.

Il est évident que les aléas de l'incertitude touchent aussi les résultats du fonctionnement d'un système. Ce qui provoque des désaccords sur ce sujet et ses solutions possibles, parfois difficiles, c'est une vision démodée en vertu de laquelle un résultat serait plus sûrement acquis si la science et la technique s'en mêlaient. En fait, c'est le contraire qui correspond davantage à la réalité. En médecine, univers incertain par excellence, les analyses scientifiques et le traitement médical de chaque malade ne sont jamais parfaitement fiables. S'ajoute là-dessus le fait qu'un tiers de tous les patients réagissent aux placebos. Ceci montre à quel point l'attitude mentale des malades peut rendre un traitement plus incertain encore [45].

Aujourd'hui nous vivons durement ce changement de situation qui nous fait passer d'une époque où le médecin – ou tout autre expert – était perçu comme le vicaire d'un savoir supérieur (presque divin parfois) à une autre dans laquelle l'expert est considéré comme un courtier d'incertitude. Il nous suffit de tomber très malades pour comprendre comme il est difficile d'accepter ces moments d'extrême incertitude. Pourtant, en dehors de cela, dans la vie courante, il est sans doute plus sage, à long terme, de prendre davantage conscience de la véritable dimension de l'incertitude. C'est en sachant reconnaître les risques que nous apprenons à les vivre avec plus d'efficacité et même à les exploiter. Bien entendu, il nous faut plus que jamais des experts qui soient des gestionnaires professionnels du risque dans leur domaine propre, plutôt que des vendeurs de certitude.

Le développement de l'économie de service moderne et de la société ainsi que la prise de conscience d'une explosion dans le monde de tous les problèmes relatifs à la définition de responsabilité sont l'indication d'un pas en avant dans la prise en compte d'une valeur économique attachée au fonctionnement des systèmes lequel reste lié à un degré de risque et d'incertitude. C'est un tel constat qui nous rendra davantage responsables.

L'OFFRE SELON L'ÉCONOMIE CLASSIQUE

Les économistes, tout comme l'homme de la rue, admettent que notre univers, bien que doté d'un vaste patrimoine en termes de ressources naturelles et culturelles, est toujours essentiellement dominé par une situation de rareté, l'une des composantes les plus importantes de la vie sociale.

Jusqu'à la fin du siècle dernier, la plupart des économistes étaient partisans de la loi de *l'offre*. C'est-à-dire qu'ils considéraient que l'activité économique devait toujours, et en priorité, stimuler la production. Le principe étant établi que, dans un monde de rareté, toute production est tôt ou tard destinée à être consommée. La *loi* de Jean-Baptiste Say est la formulation de ce concept.

D'Adam Smith à Ricardo, et jusqu'à Karl Marx, la notion de valeur elle-même est étroitement rattachée à la notion de production. Le prix, critère d'évaluation quantifiable, était donné par la vente de produits. L'argent de la vente servait ensuite à payer les salaires des ouvriers et/ou l'intérêt du capital. Dans cette redistribution de l'argent, la rémunération du capital était plus forte que la rémunération du travail. Ceci conduisait au niveau de subsistance minimum pour la main-d'œuvre, phénomène dans lequel Karl Marx voyait l'origine de la paupérisation et le germe d'une lutte des classes. Marx n'avait pas prévu que les capitalistes eux-mêmes – une fois la technologie suffisamment avancée pour susciter une ère nouvelle de production de masse et de consommation – trouveraient un intérêt à la transformation des classes modestes et moyennes en consommateurs avertis.

Il est également important de souligner que tous les économistes de tradition classique ont été les tenants de la loi de l'offre, qu'ils aient été politiquement de tendance conservatrice ou de gauche. Ceci correspondait à la sensibilité de leur époque.

Néanmoins, le processus de monétarisation lié à celui de l'industrialisation avait échappé à la plupart des économistes. En d'autres termes, il ne suffisait plus d'affirmer qu'en raison d'un état de rareté, toute production serait un jour offerte à la consommation, comme on pouvait le dire d'une société rurale à peine monétarisée dont la production était essentiellement égale à la consommation personnelle.

L'industrialisation progressive de l'économie signifiait également qu'une part croissante de la production et de la consommation devait reposer sur une disponibilité d'argent plus grande tant dans le mécanisme de la production, que dans celui de l'échange et de la distribution. Si une denrée n'était disponible que sous une forme monétarisée (c'est-à-dire que seul l'argent permettait de l'obtenir), elle ne s'adressait qu'à l'acheteur détenteur d'un pouvoir d'achat monétaire correspondant.

Pourtant, jusqu'en 1900, un autre phénomène clé avait également été sous-estimé sous le règne des économistes classiques: celui du développement de la technologie. La science n'était alors essentiellement qu'un objet d'intérêt culturel ou idéologique! Rares sont les preuves que la capacité des nouvelles technologies à stimuler un énorme potentiel d'accroissement des offres ait été perçue comme telle et dans toute son envergure avant les premières décennies de notre siècle.

L'incompréhension et la sous-estimation du potentiel d'accroissement des possibilités de l'offre avaient également été à l'origine de la plupart des crises cycliques, comme nous le verrons au cours du chapitre suivant.

La vague de grande expansion industrielle du début de notre siècle – laquelle devait s'accélérer rapidement après la Deuxième Guerre mondiale – conduisit à un développement unique de technologies nouvelles basées sur la science et sur la conviction qui en découlait que toute offre était modulable à volonté. La foi en la science et en la technologie, sortes de magies nouvelles, régnait, et avec elle, la croyance qu'il n'y aurait plus de limites à l'offre puisqu'il n'y avait jamais eu autant de gens dans les laboratoires au cours des années soixante que depuis le début de l'humanité. La dernière période de la Révolution Industrielle classique explosa comme un énorme feu d'artifice et étendit les possibilités de production dans une telle mesure que le problème de l'offre s'estompait. Dans cette situation d'élasticité extrême de la production, la pierre d'achoppement en matière d'économie, depuis le début de ce siècle et en particulier à partir des années 1930 à 1970, résidait dans le problème de la régulation et de la stimulation de la consommation et de la demande.

A la suite de cette parenthèse de 40 ou 60 ans, nous nous devons d'étudier l'importance capitale de l'évaluation et de la stimulation de la production dans l'économie de service. La nouvelle importance de *l'économie de l'offre* n'est pas exclusive, comme nous le verrons, mais réfère à un processus dans lequel production et consommation (offre et demande) constituent les éléments essentiels du développement économique et de l'évolution, bien qu'elles se situent dans des dimensions temporelles différentes et ne coïncident qu'une seule fois, au moment de l'échange (ou point de vente).

LE «CONSOMMATEUR-PRODUCTEUR»

Afin de comprendre les cycles de la Révolution Industrielle jusqu'à l'actuelle économie de service, dans laquelle l'offre apparaît comme l'un des problèmes de fond, il est important de souligner la différence entre la notion d'offre dans les deux types d'économie.

Dans un chapitre précédent, le système de production de service était décrit comme un système complexe intégrant outils et services qui visait à donner des résultats ou une valeur économique définie en termes de réelle utilisation.

Il faut également mettre en relief l'autre aspect important de la définition de valeur d'utilisation, cette fois liée au rôle que joue le consommateur lui-même au sein du système de production. Alvin Toffler désigne ce nouveau consommateur sous le terme de *prosumer* (consommateur-producteur) pour décrire la situation [46].

Un producteur qui suit son produit au-delà du point de vente, dans l'utilisation qu'en fait le client, rencontrera inévitablement des situations dans lesquelles il aura besoin de la collaboration active de l'utilisateur, virtuellement créateur de résultats exploitables. L'utilisateur ou consommateur devient donc lui-même un paramètre essentiel pour assurer un bon fonctionnement de la production.

Là encore nous retrouvons deux catégories de *consommateur-producteur*, celui qui est monétarisé, celui qui ne l'est pas.

Sur le plan de la production industrielle ou de la fabrication, la participation de l'équipe chargée de la maintenance et du contrôle qualité d'une machine livrée par un fabricant illustre parfaitement l'intégration des fonctions de production et de service. De la même façon, le client individuel qui se sert d'un ordinateur personnel et qui investit pour apprendre à s'en servir est bel et bien un consommateur-producteur, maillon essentiel de la «production» en termes de valeur d'utilisation.

La notion de *prosumer* s'étend aussi aux aspects qualitatifs et non monétarisés de la production de valeur d'utilisation. Le bon entretien d'une pièce, d'un hôpital, d'un site touristique, d'une machine à laver, fait partie du caractère qualitatif non monétarisé qui conditionne le fonctionnement correct des produits de référence monétarisés.

Une manipulation adéquate, soigneuse (associée à des comportements aimables) exerce un impact sur le bon fonctionnement des systèmes et influence donc directement les coûts opérationnels.

Le self-service est encore un autre secteur dans lequel le *prosumer* contribue à produire une valeur économique (d'utilisation) en offrant sa participation active gratuite qui se substituera au service de livraison, qui est lui une activité payée. Le fait d'aller chercher nos repas au comptoir d'un restaurant self-service représente une activité économique (non payée, non monétarisée), qui remplace le service payé d'un serveur. La même chose vaut pour toutes les boutiques ou unités de fabrication en self-service. Dans ces divers cas, nous faisons l'expérience de l'intégration des activités monétarisées et non monétarisées visant à maximiser l'ensemble de la valeur économique (valeur d'utilisation) qui nous est ainsi donnée avec un minimum de coûts et d'efforts (monétarisés ou non).

L'économie de service est un processus dans lequel s'installe une tractation permanente entre les activités internisées ou externisées d'une institution économique, dans leurs versions monétarisées ou non. Les services d'un juriste, d'un médecin, ou d'un assureur peuvent entrer dans l'activité d'une société qui fabrique des produits. Par ailleurs, une compagnie d'assurances ou une banque peuvent interniser la confection et l'impression de leurs brochures (activité de fabrication) au sein de leur organisation. Mais en revanche, ces mêmes services (juridiques, médicaux, impression des brochures) peuvent parfaitement être faits de manière indépendante par des organisations ou des individus extérieurs à l'entreprise. L'un des atouts à considérer dans ces processus externisateurs ou internisateurs, c'est qu'ils s'assortissent d'éléments non monétarisés (prestations de meilleure qualité, service sous 24 heures, contributions gratuites).

Il n'existe pas de règles générales pour juger de la supériorité de l'externisation sur l'internisation des processus ou vice versa. Les retombées et les processus d'internisation attachés à un système de production ne sont pas nouveaux. Ce qui est nouveau par contre, c'est leur amplitude, la grande souplesse qu'ils doivent conserver pour pouvoir se modeler indéfiniment en fonction des utilisations, qui par définition sont imprévisibles.

Le consommateur-producteur est donc au centre du grand courant de tendances vers une flexibilité toujours plus grande des marchés, qui va contre la rigidité typique en vigueur dans les années 60.

Cycles dans la production

CRISES ET DÉFLATION AU COURS DE LA RÉVOLUTION INDUSTRIELLE

L'histoire de la Révolution Industrielle a été ponctuée par une série de crises et de cycles de durées diverses [47].

Les grandes crises ont été caractérisées par un chômage croissant et par la déflation. Ce n'est que depuis 1973 que l'augmentation du chômage a suivi celle de l'inflation. Une légère tendance déflationniste a été le trait de la Révolution Industrielle dans son ensemble, dans la grande majorité des pays qui ont participé à ce type de développement depuis 1750. Comme le fait remarquer l'ouvrage de Landes [48], un kilo de pain coûtait de vingt à trente pour cents de moins à la fin du siècle dernier qu'à la fin des guerres napoléoniennes, quatre-vingts ans plus tôt. Il en a été de même pour la plupart des pays d'Europe.

La tendance générale des prix à diminuer et leur chute accélérée pendant les phases descendantes des grands cycles indiquent toutes deux nettement une offre excessive. Cette dernière est en grande partie due à la dynamique du développement de la technologie qui a donné une plus grande efficacité à la production et par conséquent une plus grande élasticité à l'offre. Ce n'est guère avant les années 20 et 30 qu'on a admis la nécessité de faire absorber la masse de l'offre par une demande potentielle en rapport (en stimulant le pouvoir d'achat). Ceci était non seulement un progrès sur le plan technique ou théorique, mais aussi sur le plan de la société, de l'histoire et, en partie, de l'idéologie.

Landes, l'un des meilleurs spécialiste de l'histoire de l'économie, a clairement mis en évidence que le rythme du développement de la technologie, en particulier de la technologie basée sur des découvertes scientifiques après le milieu du siècle dernier, a augmenté le potentiel et la productivité de l'offre dans une proportion jamais atteinte au cours de l'histoire.

Néanmoins, il est extrêmement difficile d'évaluer le poids de ce phénomène et de son amplitude. Du point de vue de l'idéologie, les prix en baisse et l'augmentation du chômage, tels que les décrivait Marx, acculaient la population ouvrière à un niveau de subsistance propre à encourager une farouche lutte des classes: il fallait donc, en concluait Marx, aider dans sa lutte la majorité la plus pauvre de la population. Il ne percevait pas que l'explosion des possibilités de production de l'offre orientait plus volontiers les intérêts des entrepreneurs vers une société de consommation de masse dans laquelle il était très important de ne pas affamer les travailleurs, mais au contraire, de les mettre dans une situation telle qu'ils puissent s'offrir au moins une voiture et un réfrigérateur.

Il est difficile aujourd'hui d'imaginer une période de déflation et de chômage tels que les a connus de façon récurrente la Révolution Industrielle. Il est aussi difficile, dans des situations culturelles données, de se rendre compte à quel point les progrès actuels de la technique ont été sous-estimés pendant la majeure partie de la Révolution Industrielle. Ceci venait en partie du fait que les attitudes idéologiques très favorables, au XIXe siècle, à l'idée de science, compagne du positivisme et du scientisme, niaient le grand fossé qui les séparait de l'application de technologies toujours plus nombreuses, issues du savoir scientifique. Une lecture attentive de l'histoire de la technologie du XIXe siècle, ainsi que de celle de la vie des grands scientifiques et ingénieurs, montre à quel point ce fossé culturel était grand.

Marx lui-même, dans *Le Capital*, confond manifestement science et technologie lorsqu'il s'émerveille sur les nouveaux métiers à tisser et des filatures comme des preuves des progrès scientifique de son époque. Ceux-ci étaient l'œuvre d'ingénieurs et de techniciens et n'avaient pas grand-chose à voir avec les nouvelles découvertes scientifiques. David Landes [49] pose très clairement le problème dans sa description du développement exemplaire de la production d'acier en Grande-Bretagne, et ses prolongements sur le continent. En effet, la découverte d'un important gisement de charbon et de fer dans la Ruhr devait entraîner la création d'une industrie métallurgique dans cette partie de l'Allemagne. On calqua le principe de l'exploitation de l'acier sur celui de l'expérience anglaise. Pourtant, lorsqu'on chauffait le minerai de fer à l'anglaise, ce qui se faisait en Angleterre, on aboutissait à une chute libre de la production. A l'époque, un employé du nom de Gilchrist travaillait comme veilleur de nuit dans ces fonderies; il avait l'habitude de jouer aux cartes avec son cousin du même nom. Cet autre Gilchrist était une sorte de marginal. Il passait sa vie à faire des expériences chimiques, ce qui, à l'époque, était considéré comme un passe-temps philosophique ou artistique. (Le lien entre la recherche scientifique en physique, celle de la chimie et leurs applications techniques possibles, n'avait pas encore été établi). Gilchrist, le gardien, craignait de perdre son emploi, car l'usine paraissait incapable de fabriquer du fer à partir du minerai local. Sachant cela, le cousin se fit donner un morceau de minerai (appelé également «Minette») pour le comparer avec le minerai utilisé en Grande-Bretagne. Il comprit alors que le minerai allemand contenait une forte proportion de phosphore dont la présence modifiait les réactions chimiques au cours de la cuisson du matériau brut. Il fallait donc neutraliser ce phosphore et le séparer du reste du minerai. Non seulement cette découverte contribua-t-elle à résoudre le problème de la production, mais fut-elle aussi le point de départ d'une nouvelle industrie qui a perduré jusqu'à nous jours: celle des produits phosphoreux, particulièrement employés dans le domaine des engrais.

Il a donc fallu cette coïncidence – l'incident du gardien de nuit et de son marginal de cousin – pour démarrer la Révolution Industrielle en Allemagne, à partir du pont établi entre les progrès de la science et leurs applications techniques. Il devait en être de même pour d'autres domaines qui furent identifiés plutôt que découverts. Presqu'un siècle s'est écoulé, par exemple, avant que l'on ne songe à commercialiser la découverte de la sensibilité à la lumière de certains sels d'argent – découverte qui a été à l'origine de l'industrie photographique. Bien des années ont ainsi été perdues, non pas faute de recherches et des développements qui leur étaient associés, mais simplement parce que, en Occident, la notion d'application des découvertes scientifiques n'était pas encore mûre.

Tout ceci explique pourquoi offre et productivité en production se sont développées dans une direction révélatrice du peu de compréhension de leurs mécanismes de la part des économistes, industriels ou scientifiques. Le hasard joue souvent un rôle dans tout ceci. Ce n'est qu'après les années 1920 que la recherche et ses développements sont devenus des domaines professionnels, intégrés ou extérieurs à l'industrie, comme nous l'avons déjà évoqué précédemment.

A partir de 1930, et surtout depuis la Seconde Guerre mondiale qui a vu la professionnalisation définitive de toutes les activités de recherche scientifique et de développement technologique, les périodes de battement écoulées entre les inventions et leurs applications ont été essentiellement un fait de nature technique. Alors qu'au XIXe siècle, elles étaient surtout d'ordre culturel.

L'ensemble de la Révolution Industrielle a donc été caractérisé par une période de développement économique associé à un grave problème de déflation. La grande élasticité de l'offre, qui produisait beaucoup plus que la société ne le demandait, représente l'aspect paradoxal de cette époque, avec pour corollaire, une théorie économique qui s'appuyait sur la conviction que la rigidité était la base de l'offre.

Après tant d'expériences de déflation, il était inévitable que, lentement mais sûrement, l'idée se fît jour que l'offre n'était pas la seule cause du grave problème économique. La demande fut désormais la préoccupation majeure des analyses et politiques économiques.

LA FORTE EXPANSION DE LA RÉVOLUTION INDUSTRIELLE

La possibilité de consommer davantage et donc d'acheter en conséquence (la demande) avait déjà représenté une incitation au développement économique au cours du siècle dernier. Dans les années 1870, l'afflux d'or en Europe stimula la demande et la production. Un vaste cycle économique à faible inflation [50] devait s'instaurer pendant cinq ou six ans, avec l'avènement du transport ferroviaire. Aujourd'hui, nous dirions que l'or a joué un rôle keynésien en augmentant la demande.

Alfred Marshall, économiste caractéristique de la fin du siècle dernier, a prêté davantage d'attention au rôle de la demande dans le système économique dans son étude intitulée *Principles of Economics* [51]. Il a noté que la demande pouvait évoluer très rapidement d'un produit à un autre, alors que la production était victime d'une plus grande inertie. Il nous est facile de décider de boire une bière plutôt que du vin, si l'envie nous en prend, mais passer de la production de bière à celle du vin prendra plusieurs années.

Nous constatons aujourd'hui qu'une inertie croissante caractérise la demande dès lors qu'il s'agit de passer d'une économie industrielle à une industrie de service et particulièrement lorsque la consommation est intégrée dans un schéma d'utilisation qui ne peut pas être modifié rapidement. Il a fallu presque dix ans pour modifier de façon significative les habitudes de la demande, au moment de la montée en flèche des prix du pétrole en 1973 et dans les années suivantes. Dans une économie contemporaine, il est indispensable de considérer l'offre et la demande (production et consommation) du point de vue de leur élasticité ou de leur rigidité dans le temps (ou l'évaluation du temps nécessaire pour changer dans la pratique les schémas de production et de consommation). L'élasticité immédiate provoquée par des changements de prix soudains est sans doute un aspect marginal des transactions économiques modernes. La vérification des rigidités et élasticités relatives de toutes les activités économiques dans le temps serait un sujet de recherche pointu et important pour les économistes.

En 1890, Alfred Marshall a ainsi attiré tout particulièrement l'attention sur le phénomène de la demande. C'est dans cette voie que s'engouffrera toute la nouvelle génération d'économistes qui domineront la scène économique pendant un demi-siècle, des années 20 aux années 70.

Ce mouvement culturel a aussi été à l'origine du déclenchement d'un profond changement idéologique et analytique dans la notion de valeur économique elle-même. En économie classique, la valeur est liée à la production et à la participation de la main-d'œuvre et du capital à la constitution de richesse; John Hicks a formulé en 1939, les bases d'une notion neuve de la valeur, cette fois liée à l'offre [52]. Hicks parle d'une *notion subjective de la valeur* qui est davantage associée à l'idée d'une valeur dépendant en réalité de nos attitudes mentales et subjectives vis-à-vis de ce que nous souhaitons acheter: la demande définit ce qui a une valeur pour le consommateur et ce qu'il est prêt à acheter au prix offert ou au contraire à rejeter. La signification idéologique de cette théorie repose sur l'affirmation vigoureuse du rôle que joue une société libre de choisir et de consommer. Il y a quelques années, est paru un livre de Milton Friedman, *Free to Choose* (la liberté de choisir) [53], très largement inspiré de la pensée de John Hicks et qui a connu un vif succès.

L'élément idéologique de ce débat trouve largement son origine dans la notion de valeur telle que l'a développée Marx dans sa théorie économique et politique et qui est elle-même issue de la grande tradition classique de la Révolution Industrielle, préoccupée surtout de la loi de l'offre. Comme une part considérable de cette tradition avait été déjà récupérée par le Marxisme, John Hicks ne pouvait que réaffirmer les valeurs du libéralisme (dans le sens européen du mot), en posant les bases de la nouvelle économie de la demande.

Et pourtant, le véritable progrès de la théorie économique et de ses applications pratiques après les années 30 est dû à la pensée keynésienne. Keynes est parti de la notion économique de la gestion de la demande, pour inciter à la meilleure exploitation possible de toutes les ressources avec objectif principal d'éliminer le chômage.

La situation de grande élasticité d'offre, alliée à une surproduction constante en périodes de crises (engendrant une déflation), offrait des conditions favorables aux mécanismes d'accroissement de la demande plutôt qu'à la diminution de l'offre. Cette demande pouvait être relancée grâce à des interventions du gouvernement qui, en investissant de l'argent dans de nouvelles activités, distribuait des salaires et du pouvoir d'achat, tant que l'économie n'entrait pas dans une phase inflationniste. C'est à John Maynard Keynes que l'on doit d'avoir défini cette situation ainsi que les mesures d'intervention (accroissement du déficit budgétaire) destinées à compenser le montant d'argent détourné du circuit économique en faveur de l'achat des produits disponibles.

Alors qu'Adam Smith prônait ouvertement les mérites de l'épargne, John Keynes, quant à lui, engageait à une dépense supérieure à l'épargne, ce qui avait le mérite d'absorber le chômage et d'éviter la déflation pourvu, bien entendu, que l'offre présente une élasticité suffisante. Sur le plan de la théorie, le Keynesianisme est responsable d'une multitude de mesures prises à travers le monde, sous différentes étiquettes idéologiques. En pragmatique, Roosevelt, le Président des Etats-Unis, reconnaissait le bon fonctionnement des mesures keynésiennes sans toutefois en comprendre les rouages. Aussi typiquement keynésien devait être le programme de construction de grandes routes en Allemagne qui contribua à résorber le chômage à l'époque du troisième Reich.

Les syndicats ont bien accueilli les conséquences sociales du Keynésianisme car en aboutissant à un plus grand pouvoir d'achat pour les masses, ces dernières coïncidaient avec leur souci de défendre les intérêts du travailleur. Mais les capitalistes n'y perdaient pas pour autant: l'augmentation du pouvoir d'achat était une garantie pour toute nouvelle entreprise industrielle, tout nouveau produit, de trouver des débouchés sur le marché.

Henry Ford s'était déjà montré keynésien avant la lettre, un peu plus tôt dans notre siècle. Une fabrication d'automobiles davantage standardisée était une bonne chose, mais une production plus importante ne pouvait reposer que sur la capacité d'un plus grand nombre de gens à acheter ces produits chers. Il fut admis que dans un système économique, à la fois d'un point de vue pratique et théorique, la demande devait être organisée sous une forme monétarisée et stimulée par un plein emploi, de façon à absorber la production ou l'offre, en général.

Ce développement tous azimuts de la demande et de la consommation fut rendu possible grâce au saut quantitatif et qualitatif franchi par l'offre qui bénéficiait désormais de l'accent mis sur les progrès techniques traditionnels et sur l'exploitation des connaissances scientifiques appliquées aux technologies nouvelles. La plus importante période de croissance qu'ait connue l'histoire humaine a donc débuté tout de suite au lendemain de la Seconde Guerre mondiale et s'est étendue pendant un quart de siècle, à un rythme sans précédent. Elle a bénéficié largement de la pleine professionnalisation du développement technologique – surtout à partir des connaissances scientifiques – et de la destruction des barrières sociales traditionnelles qui s'opposaient à la consommation. Toutes les prévisions de 1945 concernant les performances de l'économie au cours des 25 années qui suivirent auraient été considérées comme démentes si elles avaient également englobé ce qui devait se passer en réalité. La production et la consommation de masse ont été la manifestation des derniers sursauts de la Révolution Industrielle classique jusqu'en 1970.

Les dépenses consacrées à la Défense, outil keynésien utilisé dans une stratégie de relance de l'économie, représentent un autre aspect important de l'histoire de l'économie après les années 1930. Aujourd'hui, un ou deux milliards de dollars sont dépensés chaque jour dans l'armement, à travers le monde, et il est évident que ce genre de consommation (ou *demande*) est d'une grande importance politique et économique. Bien que certains économistes ayant quelque influence sur l'administration de Bush se réclament de la loi de l'offre, nombre des mesures économiques prises ont un parfum de kénésianisme. Sans doute leur doit-on l'exemple le plus net de stimulation du développement et de la consommation technologiques en matière de défense, celui du programme *Guerre des Etoiles*. Les partisans américains de l'offre se conforment, en fait, à la tendance idéologique indiquée par John Hicks. Ils favorisent le principe d'une plus grande liberté économique, ou le *laisser-faire*, qui en laissant toute latitude de choix et de consommation, assortie d'interventions limitées de l'Etat, devrait encourager le développement de l'offre. Ces gens sont manifestement encore loin d'une analyse objective des conditions de production typiques de la nouvelle économie de service. Ils n'ont pas encore admis le principe des rendements décroissants de la technologie, non plus qu'ils ne perçoivent le changement de nature de l'économie.

RIGIDITÉS QUANTITATIVES ET QUALITATIVES

Plusieurs phénomènes convergents contribuent à la rigidité de l'offre dans la situation économique que nous connaissons actuellement. Ces caractéristiques sont de nature à la fois quantitative, qualitative et sociale.

En premier lieu, les caractéristiques d'ordre quantitatif sont liées aux rendements décroissants de la technologie dans divers secteurs. En dépit des nouvelles technologies dans le domaine des télécommunications et de l'électronique qui entraînent de plus hauts niveaux de productivité et la création de nouveaux emplois, nous sommes très loin d'une situation de Révolution Industrielle, dans laquelle la technologie ouvrait non seulement des possibilités d'investigation de terrains vierges (tels que ceux de l'industrie chimique), mais stimulait très fortement l'éventail entier de la production industrielle. L'industrie du fer et de l'acier, l'industrie textile et minière, qui par le passé ont été les moteurs de la Révolution Industrielle, doivent aujourd'hui faire face à de grandes difficultés d'adaptation quantitative. Dans les vingt dernières années, le nombre total des emplois industriels a chuté considérablement en Europe et aux Etats-Unis. En second lieu, le passage de la Révolution Industrielle à l'économie de service est à l'origine d'une rigidité de l'offre plus significative, mais qui, pourtant, ouvre la porte à d'autres possibilités et à d'autres défis. Si quatre-vingts pour cent des coûts engagés dans la fabrication d'un produit dépend du fonctionnement de services et de systèmes, alors, les vieux schémas de stimulation de la production industrielle sont menacés par le poids de ces services.

Notre problème essentiel, aujourd'hui, c'est de concentrer et de développer les fonctions de service au moyen desquelles 80% de la production de richesse et de ses utilisations prennent forme. Ce dévelopement devient évident dès le moment où l'on admet que les tomates aussi bien que les ordinateurs n'ont de valeur (d'utilisation) qu'à partir du moment où ils atteignent le consommateur qui en a besoin et qui sait les utiliser.

En résumé, le passage d'une société industrielle à une économie de service fait naître de nombreuses barrières et rigidités à l'encontre de l'offre. Il s'agira donc de définir le champ ou le terrain sur lequel il faudra investir des efforts pour créer des biens en fonction de nouvelles normes qui soient propres à une économie de service.

En troisième lieu, le climat politique et social dans son ensemble, auquel s'ajoutent les règlements fiscaux et les interventions de l'Etat à divers niveaux des activités productives, apporte un élément supplémentaire de rigidité pour l'offre. Ce dernier point représente l'argument favori de l'école américaine des partisans de l'offre. Bien entendu, il existe de multiples occasions sociales et politiques d'accroître les rigidités aux diverses orientations de développement des activités productives. Pourtant, durant les périodes de grands progrès techniques, ces innovations ont toujours été suffisamment puissantes pour triompher des obstacles sociaux ou politiques existants. La multiplication des systèmes de sécurité sociale pour les personnes âgées, d'assurances accidents et maladie, par exemple, a eu pour effet d'augmenter la demande dans une situation de grande élasticité de l'offre. Si, on commence à considérer aujourd'hui qu'une telle réussite sociale n'est pas toujours justifiée économiquement, c'est précisément parce que l'offre ne présente plus la flexibilité espérée en terme de capacité de production.

Dans les prochaines décennies, la première préoccupation de l'activité économique sera d'améliorer l'utilisation des ressources de toutes sortes mises à notre disposition (des matières premières aux connaissances, des activités monétarisées ou non), afin de maîtriser et de réduire la rareté. Mais à travers le monde, la diminution de la pauvreté et l'augmentation des richesses dépendent aujourd'hui bien davantage du bon fonctionnement et de l'amélioration constante des fonctions de service que du simple accroissement de production. Il ne suffit pas de produire de la viande et des pommes de terre, il faut pouvoir aussi les stocker, les conserver et les distribuer correctement. Il faut pouvoir protéger les récoltes contre les parasites et les animaux, en garantir la livraison tant que le produit peut se vendre et servir. L'économie de service est confrontée au devoir de résoudre le paradoxe de l'existence d'énormes surplus de produits agricoles dans certaines zones, tandis que de véritables famines règnent sur d'autres parties du monde: l'élimination de tels déséquilibres est évidemment liée à l'amélioration de la productivité et à l'efficacité des activités de service (coûts des transports et organisation, entre autres).

La persistance de l'inflation dans le monde monétarisé indique une défaillance à comprendre le phénomène suivant: dans la nouvelle économie de service, l'attention doit être surtout portée sur les systèmes de production et sur l'accès aux produits économiques.

Les expériences menées pour orienter la demande pendant les cinquante dernières années nous ont fait faire un gigantesque bond en avant dans la maîtrise de l'économie: si nous devions de nouveau connaître une situation de déflation (bien réelle), nous n'hésiterions pas à réutiliser les instruments de Keynes pour remettre les choses d'aplomb et pour éviter les maladresses que nous avons connues pendant les 150 premières années de la Révolution Industrielle. Mais malgré ces outils de manipulation économique, il semble que la priorité actuelle consiste à concentrer nos efforts sur les rigidités de l'offre. Une offre qui a peu de choses en commun avec la définition de l'économie classique (de Adam Smith à Karl Marx), ni avec celle des Américains «partisans modernes de l'offre». Bien sûr, plusieurs points mis en avant par ces écoles, anciennes ou modernes, doivent retenir notre intérêt. De toutes manières, le problème est bien de reconnaître la réalité de l'existence de l'économie de service, tout en réévaluant l'importance de l'offre.

Le rôle de la demande

L'OFFRE ET LA DEMANDE DANS UN ÉQUILIBRE STATIQUE «PARFAIT»

L'acte de vendre ou d'acheter des produits a toujours lieu à un moment donné dans le temps, en fonction d'un certain prix. La science économique standard considère le système économique comme devant être basé sur un équilibre général entre les diverses transactions qui s'y déroulent. Les prix agréés pour les transactions représentent le point d'équilibre entre l'offre et la demande. Ces prix, comme on l'a déjà souligné, sont extrêmement importants, parce qu'ils sont pris comme étalons de mesure de la valeur réelle des produits en cause (la valeur d'échange), et parce qu'ils sont la base de la mesure, soit de la notion de l'offre (valeur ajoutée) dans l'économie classique, soit de la notion subjective de la demande dans l'économie néo-classique.

Le prix représente ainsi une situation dans laquelle l'équilibre va de soi: un équilibre dans lequel l'offre est, par définition, égale à la demande. La référence au temps et à l'équilibre dans ce contexte est équivalente à celle qui dominait la science de l'époque newtonienne aux XVIIIe et XIXe siècles en Europe: c'est-à-dire analogue à l'équilibre de notre système solaire défini par Newton. Les planètes, le soleil et les lunes des diverses planètes se trouvent dans une situation d'équilibre instantané, qui peut être reproduit sur un cliché, par exemple. La réalité toute entière est alors contenue en un instant. Toutes considérations relatives au temps réel ou à la durée sont exclues. Ceci est en fait l'application du Cartésianisme, qui suppose que la réalité puisse être expliquée par la segmentation ou l'isolation de chacune des parties d'un événement ou d'un phénomène en unités discrètes (séparées) de temps et d'espace. Comme l'a noté Clark [54], cette notion de temps dans l'instant est complémentaire de la notion de temps universel qui est le royaume de la métaphysique ou de la religion. La valeur historique de la théorie d'équilibre, fondée sur un système de prix, reste l'héritage de la Révolution Industrielle qui, en monétarisant l'économie, s'est donné ainsi un moyen de résoudre les problèmes logistiques posés par une exploitation technologique toujours plus poussée. Néanmoins, le fait de donner une signification universelle à la notion d'équilibre de prix et de lui attribuer une forme de validité scientifique définitive (née de la définition de la science d'avant Einstein) participe davantage de la superstition ou même de l'idéologie que d'une attitude véritablement scientifique.

La notion d'équilibre n'est ni vraiment un concept ni une explication, mais plutôt une tautologie (quelque chose qui est bien parce que c'est bien) à laquelle on a donné une valeur ou un rôle d'axiome (ces vérités évidentes utilisées en mathématiques pour tirer des déductions logiques ultérieures). Il est essentiel de comprendre cette notion d'équilibre, dans laquelle offre et demande sont équivalentes. Cela explique pourquoi la théorie économique a, depuis le début, toujours eu tendance à n'être représentative que d'un seul des deux aspects de l'équation. Une ambiguïté est née dans les termes que cette notion d'équilibre économique pouvait signifier: tantôt cet équilibre représentait la préoccupation majeure des économistes classiques pour réduire la rareté, tantôt il représentait celle des néo-classiques pour définir les comportements du consommateur. Cela a encouragé des attitudes des deux tendances telles que: *si l'offre et la demande sont nécessairement égales, une fois comprise une des parties de l'équation, nous obtenons par définition, l'autre partie.* Cette simplification s'est avérée dangereuse: elle a conduit des économistes classiques à ne pas comprendre, pendant 150 ans, qu'il fallait accroître la demande afin d'absorber une crise de déflation. Plus tard, elle a empêché les économistes néo-classiques, essentiellement soucieux des mécanismes de la demande, de s'attaquer aux problèmes des rigidités de l'offre actuelles.

La notion d'équilibre général instantané est aussi liée à l'ambition du XIXe siècle d'atteindre la certitude. Pour un positiviste, ou pour une culture scientifique, la certitude équivaut à une preuve scientifique: si nous n'avons pas atteint un équilibre parfait, ou si nous n'avons pas encore la certitude totale, dans une situation donnée, ce n'est qu'une simple question de temps. Tôt ou tard, selon l'idéologie, nous atteindrons la certitude parfaite.

La théorie de l'équilibre parfait, instantané est ainsi devenue la référence de base d'une réflexion et d'une analyse qui affrontent une réalité condamnée à être vue comme un monde d'imperfections contingentes. Mais les imperfections et les déséquilibres ne sont pas contingents, ils sont les signes d'un développement, d'une réalité dynamique.

Depuis ces vingt dernières années, les imperfections de l'équilibre général ont été examinées de près par un grand nombre d'économistes. Les notions d'informations incomplètes et asymétriques [55] ont pénétré le jargon de la théorie et de l'analyse économiques, témoignant des nombreux obstacles qui empêchent la réalisation d'un équilibre parfait. Mais ces notions sont toujours exploitées comme s'il était encore possible de l'atteindre un jour. L'utopie des scientifiques et des positivistes est encore là pour nous suggérer que nous pouvons, par une meilleure information sur le fonctionnement du marché, espérer qu'un jour un parfait équilibre sera possible. Ce raisonnement nous montre simplement que la perception du temps avant Einstein et l'idée d'isoler des moments du temps hors de la réalité ne nous ont pas abandonnés. Si nous acceptons le temps réel, l'incertitude et le *déséquilibre* deviennent un critère de réalité. Introduire la notion de temps réel dans l'économie de l'offre et de la demande est une alternative radicale de la vision d'un processus économique fondé sur un équilibre instantané où le temps n'a pas sa place. Accepter la durée, implique

que toute décision de produire est inévitablement prise dans une situation de plus ou moins grande incertitude par rapport au moment auquel le produit sera disponible et présent sur le marché. Dans cette vue dynamique du processus économique, on reconnaît que cette décision est prise *ex ante* du moment traditionnel de l'équilibre économique et que toute définition de prix lui est toujours *ex post*. Le moment pendant lequel le prix est fixé sur le marché ne représente qu'une partie, un sous-système d'un système économique plus large. Dans la succession de décisions dans le temps, de la production à la distribution au point de vente et ultérieurement aux activités liées à l'utilisation et au recyclage ou à l'élimination des déchets, le rôle du marché dans la fixation des prix est important, mais ce n'est qu'un élément seulement d'un système économique plus vaste. Et dans celui-ci, l'incertitude n'est pas un facteur d'imperfection, mais un fait donné, qui comporte des éléments de risque incompressibles. Toute activité, toute entreprise économique, est basée sur des facteurs inconnus et incertains, tout simplement parce que les objectifs visés se trouvent dans le futur.

Une fois que nous avons accepté la dimension du temps réel, nous nous efforçons de rendre l'événement futur aussi probable que possible. Dans la nature, comme dans le système économique, une multitude de processus de production rivaux ou identiques sont continuellement proposés, mais seuls certains parviendront jusqu'au point de vente et/ou jusqu'au moment de l'utilisation. Les technologies modernes réussies ne représentent qu'une petite partie de toutes celles dans lesquelles on a investi de l'argent et qui n'ont pas été suivies d'effets. Un produit qui rencontre le succès sur le marché permet de compenser les pertes d'une stratégie d'initiatives tous azimuts. C'est à ce point que le rôle de la demande, laquelle se distingue dans le temps de la production, acquiert une dimension et une importance qui en font un élément essentiel du système économique ou de tout système vivant.

LA DEMANDE, MÉCANISME DE SÉLECTION

Dans une réalité biologique et économique, un nombre énorme de productions incertaines s'installent constamment avant même d'avoir été sélectionnées par la demande. Il existe une grande différence entre un processus d'équilibre (d'offre et de demande), et un processus dans lequel la demande ne correspond plus à un équilibre, mais à une fonction de sélection.

Une attitude identique a été reprise par Karl Popper dans sa réfutation d'un phénomène d'induction et sa défense de l'empirisme.

«L'induction n'existe pas: nous ne raisonnons jamais à partir des faits pour aboutir à des théories, sinon au moyen de la réfutation ou de la *falsification*. Cette vue de la science peut être sélective, comme dans le cas de la théorie darwinienne.

A l'opposé, les principes de méthode qui affirment que nous procédons par une induction mettant l'accent sur la vérification (plutôt que sur la falsification) sont typiquement lamarckiens: dans ce cas, la fonction de l'environnement est de fournir des instruments plutôt que d'opérer à des sélections» (p. 86) [56].

La science économique néo-classique courante, fondée sur le principe de la demande, considère que celle-ci guide l'action de l'économie. De cette façon, on voit à quel point une philosophie fondamentalement déterministe peut contaminer les sciences sociales et économiques, en particulier. Au contraire, si un processus de sélection peut fournir des indices et des renseignements sur son éventuel fonctionnement, ce ne sera qu'à titre de simple hypothèse, ce qui est normal dans la pratique, laquelle sera vérifiée par la suite, dans les faits. Mais en même temps, une zone d'incertitude subsistera-t-elle toujours, car il est absolument impossible de tout prévoir en temps réel, et il faut donc accepter la dynamique de l'évolution comme indissociable de la vraie vie.

On ne doit cesser de répéter que nous sommes maintenant plongés dans une situation dynamique pour laquelle une théorie économique d'équilibre statique est totalement impuissante à résoudre nos grands problèmes. De notre point de vue, ces théories sont trop bancales pour être d'une quelconque efficacité dans la situation qui nous occupe. Elles devraient prendre en compte davantage de données et moins d'hypothèses fumeuses. Ceci écarte toute possibilité de revenir en arrière et de redonner de l'importance à l'offre. La dimension temporelle donnera davantage de sens à la fonction productive qu'elle n'en avait dans les sciences économiques classiques, et elle mettra également en valeur le rôle complémentaire – et essentiel – de la demande. La théorie du déséquilibre implique une profonde compréhension des deux volets de l'économie que sont la demande et l'offre, et ceci à divers niveaux.

Là où dans le passé la priorité était donnée alternativement à l'offre ou à la demande, prises individuellement et séparément comme outils valables, il nous faut désormais non seulement reconsidérer l'importance de l'aspect «offre», mais aussi comprendre que la fonction de sélection de la demande est une nécessité absolue, un complément de la fonction de production. Par analogie avec la citation de Karl Popper, nous pourrions dire qu'un système économique doit produire à partir d'une hypothèse (et peut-être même de rêves ou d'autres stimulations): c'est la première démarche importante. Mais le processus de la demande doit également être aussi efficace que possible dans sa fonction de sélection en utilisant notamment de façon optimale les ressources humaines et matérielles ainsi que les valeurs de la société...

Tout ceci n'implique pas naturellement que la demande soit totalement imprévisible lorsqu'on prend des décisions de production. Pourtant les meilleures études de marché menées actuellement ne parviennent pas à éliminer un incompressible degré d'approximation. Nous devons admettre que la certitude n'existe pas, mais qu'à tout prendre, une approximation toute relative qu'elle soit, vaut mieux que rien du tout. Il nous faut vivre avec une inévitable part d'incertitude, qui est en elle-même le gage d'améliorations, de modifications, d'idées neuves et de progrès.

La fonction sélective de la demande est essentielle quoiqu'elle semble parfois difficile. La production non contrôlée par une sélection est capable de proliférer dans des proportions telles qu'elle devienne suicidaire pour l'ensemble du système. Le cancer est une forme biologique de reproduction anarchique qui échappe à toute forme de sélection. La demande est efficace parce qu'elle choisit. Une philosophie qui aspirerait à une parfaite définition de la demande, à l'avance, dans le but de régler une production, ne serait pas naturelle, resterait inefficace et entraînerait la disparition des ressources matérielles et humaines. Un déterminisme ne peut prétendre survivre qu'à travers ses imperfections. Plus elles sont importantes, mieux cela vaut-il.

C'est la demande qui décide, dans le temps, de l'utilité des produits disponibles. Quelquefois, après un premier engouement (tel que l'ont connu les jeux informatiques, par exemple), celle-ci peut disparaître totalement. Dans d'autres cas, l'existence même de ce mécanisme sélectif garantit une recherche de qualité dans la production. Mozart a créé ses opéras au milieu d'une foule d'autres compositeurs contemporains. Il existait, mais la demande l'a choisi et le choisit encore par le biais de la radio ou des concerts.

Dans la nouvelle économie de service, pour laquelle la valeur d'utilisation implique le temps réel, la demande remplit un rôle complémentaire par rapport à la production. Il n'est plus question de favoriser tantôt la demande, tantôt l'offre, dans le cadre d'une théorie de l'équilibre général, mais de considérer l'économie comme un tout. Accepter l'incertitude, c'est accepter de se rapprocher de la réalité.

Equilibre et non-équilibre

RÉFÉRENCE AUX PARADIGMES UTILISÉS DANS LES SCIENCES NATURELLES

La pensée économique est encore très largement associée aux concepts de la science selon Descartes (et Newton).[1]

Il est plutôt surprenant de constater qu'au cours des dernières décennies, les chercheurs des sciences sociales de toutes sortes – les économistes en particulier – se soient lancés à la poursuite d'une image objective de leur science, tout en laissant entendre que leurs disciplines pourraient un jour soutenir la comparaison avec les sciences de la nature plus scientifiques, ces dernières s'étant, dans l'intervalle, éloignées du modèle cartésien-newtonien traditionnel.[2]

Si ce qui vient d'être dit ici n'est qu'en partie acceptable, il s'ensuit néanmoins que l'économie profiterait d'une remise en question de certaines hypothèses, en particulier celle de la notion de valeur, sur laquelle se base la science économique, ainsi que de ses déterminants historiques et culturels quant aux notions de temps et d'espace.

Dans l'univers cartésien-newtonien, le temps est soit infini, soit spécifique: on peut isoler un moment du temps. On peut de manière statistique examiner la réalité comme on le ferait avec une image sur laquelle tout mouvement serait pétrifié. L'équilibre de l'univers newtonien est comme celui des courbes représentatives de l'offre/demande des économistes, c'est-à-dire qu'à un instant donné du temps, on a telle ou telle situation. Des forces simples, définissables, déterminent des situations d'équilibre, dont chaque étape peut être prise isolément.

Dans de telles conditions, le comportement relatif des phénomènes dans le temps et l'espace tend à disparaître, ou a être représenté dans un cadre statique, qui élimine la durée ou le temps réel.

Aujourd'hui, la notion d'incertitude est devenue un fait de vie, associé à des perceptions particulières ou à un cycle des affaires précis. En outre, depuis qu'Einstein a reconnu implicitement – à son corps défendant et en dépit de ses convictions morales – que Dieu joue aux dés, il y a eu un volume croissant de littérature consacrée à une remise en question de la nature de la science et de la structure de la connaissance. Des notions fondamentales telles que la relation espace/temps, l'indétermination des systèmes, la relativité historique des axiomes et l'incertitude envahissent de plus en plus le spectre de la recherche des sciences naturelles et sociales [57].

Contrairement à ce qui s'est produit au siècle dernier, où la science était considérée comme le moyen le plus efficace d'atteindre la vérité universelle, se posant ainsi en rivale de la religion, il est maintenant généralement admis que la science est une méthode de falsification (selon la terminologie de Karl Popper) de toutes les théories, hypothèses et faits. En d'autres termes, il n'existe pas de vérité scientifique universelle, mais seulement une validité opérationnelle (c'est-à-dire qui fonctionne), limitée dans le temps et l'espace de toute loi ou toute théorie scientifique.

Notre culture, dans l'ensemble, n'est pas encore accoutumée à voir la science de cette manière. Il est très révélateur de constater la survie de la notion d'objectivité universelle en science, même dans la littérature la plus récente. On en trouve un brillant exemple chez Arthur Koestler, dans *The Sleepwalkers* (*Les Somnambules*), où science et religion sont vues comme des moyens complémentaires d'atteindre une vérité universelle. A notre avis, la notion espace/temps sous-tend ces attitudes dans le discours de la vérité scientifique. Si l'on considère l'espace/temps comme une chose qui peut être isolée à un moment ou à un endroit donnés, alors ce moment abstrait (de même que l'équilibre universel chez Newton) doit logiquement avoir une valeur universelle [58]. Mais cette revendication d'une logique universelle tombe d'elle-même lorsque les mathématiques nous disent qu'il n'y a plus d'axiomes immuables (transmis par Dieu) et universels.

La science économique elle-même s'est développée pendant plus d'un siècle sur la base de ce fond culturel de la notion newtonienne de l'espace/temps statique, laquelle ne se départit pas d'une croyance en la certitude encore dominante dans la pensée actuelle.

L'idée d'incertitude a pourtant commencé à se frayer une voie royale dans la pensée économique. Il y aura un grand pas de fait lorsque l'économie se sera adaptée aux vraies dimensions de l'espace/temps, prenant enfin en compte la durée réelle et relative. Ce processus est en principe déjà entamé. Il demande en premier lieu la définition et l'acceptation d'une nouvelle notion de la valeur [59].

En termes généraux, il faut sans cesse rappeler que la vie elle-même est incertitude. Le corollaire de tout ceci, c'est que les événements futurs – selon le modèle de Heisenberg – sont le résultat d'actions et de réactions humaines imprévisibles... Si d'un côté le paradigme newtonien met l'homme sur un piédestal d'omniscience virtuelle, observateur détaché d'une réalité objective indépendante, d'un autre côté la nature, la société et l'homme sont soumis à d'inexorables lois naturelles qui déterminent de manière univoque le futur et le destin humain [60].

Il nous faut insister sur le fait que de tels principes ont été plutôt efficaces pendant la Révolution Industrielle. Cependant notre siècle a assisté aux dégradations qu'ont entraînées leurs conséquences, tout en redécouvrant la notion de responsabilité et de la liberté d'action.

Il y a dix ans, un économiste français, René Passet [61], écrivait que la science de l'économie ne s'est occupée jusqu'à présent que de choses mortes. Au début de son analyse il attire l'attention sur la correspondance existant entre la pensée économique de ces deux derniers siècles et les changements intervenus dans la notion de science [62]. On retrouve la même opposition entre les choses vivantes et mortes que celle qui existe entre l'état statique et le temps réel. La transition de l'un à l'autre est équivalente au passage de l'utopie de la certitude à la réalité de l'incertitude, d'un mode de pensée essentiellement déterministe à une forme de responsabilisation et de liberté ancrées dans le réel, bénéficiant d'un monde largement indéterminé.

Naturellement, trop d'incertitude paralyse, c'est justement la raison précise pour laquelle on doit s'efforcer de comprendre son origine. Mais en fin de compte, le problème est de savoir comment mieux vivre et mieux réagir devant le risque.

Il est d'une importance vitale de faire une synthèse nouvelle (qui, nous l'espérons, s'imposera rapidement) entre les progrès de l'économie, des diverses sciences sociales et le processus intellectuel qui sous-tend le développement des sciences naturelles.

DE NEWTON À PRIGOGINE

«Aujourd'hui, où que nous posions le regard, nous découvrons partout évolution, diversification et instabilité. Une reconceptualisation fondamentale de la science est en train de se produire... L'artificiel peut être déterministe et réversible. Le naturel contient des éléments essentiels de hasard et d'irréversibilité. Ceci mène à une nouvelle vision de la matière qui n'est plus passive comme la décrivait un monde mécaniste, mais inséparable d'une activité spontanée. Ce changement est si profond qu'à mon sens, nous pouvons vraiment parler d'un nouveau dialogue de l'homme avec la nature»...

«Nous sommes de plus en plus nombreux à penser que les lois fondamentales de la nature sont irréversibles et stochastiques, que les rôles déterministes et réversibles ne sont applicables que dans des situations restrictives»...

«Aujourd'hui, notre intérêt se déplace vers des systèmes d'équilibre connus, qui présentent des interactions avec l'environnement par l'intermédiaire du flux entropique... Le point de vue thermodynamique est celui de l'interaction, que nous pourrions dire holistique... Les systèmes dynamiques ne peuvent exister sans perturbations... En thermodynamique, on peut oublier les perturbations. Dans une description thermodynamique, avec dissipation, nous avons des pôles attractifs».

«Sans pôles attractifs, notre monde serait un chaos. Aucune loi générale ne pourrait jamais être formulée. Chaque système poserait un problème distinct. Nous sommes maintenant capables de comprendre, en termes tout à fait généraux, ce qui se passe lorsque nous éloignons un système d'une situation d'équilibre. Le pôle qui a dominé le comportement du système proche de l'équilibre peut devenir instable, ceci résultant du flux de matière et d'énergie que nous dirigeons sur le système. Le non-équilibre devient source d'ordre; de nouveaux types de pôles attractifs, plus compliqués, peuvent apparaître et donner au système de nouvelles propriétés spatio-temporelles remarquables.

«J'aime à dire qu'en équilibre, la matière est aveugle; loin de l'équilibre, il est possible qu'elle commence à voir»... [63].

Ces citations sont d'Ilya Prigogine [63]. A l'avant-scène de la recherche, cet homme débat de ce qui trouve un écho profond dans beaucoup de domaines des sciences naturelles et sociales. A travers le monde se multiplient des livres de divers horizons, tous orientés dans la même direction: celle de l'acceptation des notions d'incertitude, du déséquilibre, du temps réel envisagé dans sa durée, non comme des imperfections de notre connaissance scientifique, quel que soit le domaine, mais comme des signes mêmes de la dynamique de la vie et de l'évolution [64].

L'intérêt de plus en plus marqué pour l'indétermination se manifeste dans des publications importantes comme la récente mise à jour du célèbre livre de Karl Popper, *The logic of Scientific Discovery*, qui est révélateur de l'aspect philosophique fondamental de toutes ces tendances. Ses trois derniers volumes (*Realism and the Game of Science, The Open Universe: An Argument of Indeterminism, Quantum Theory and the Schism in Physics*), publiés en 1983 [65], ajoutent un post scriptum exhaustif à cet ouvrage fondamental.

Etant donné la nature de ce contexte, les sciences économiques pourront difficilement imposer plus longtemps le concept d'équilibre général comme référence applicable à notre monde contemporain. Au mieux, la notion d'équilibre, en pratique, pourra-t-elle être identifiée à celle de pôle d'attraction.

Lorsqu'on parle de pôle d'attraction, on entend le point (ou les points) de focalisation vers lequel (ou lesquels) se dirige un système: l'équilibre est souvent vu comme un objectif, qui n'est pas nécessairement atteint, mais dont la fonction (en tant qu'objectif, ou point de focalisation) justifie la notion d'équilibre en économie pratique. Dans ce sens, on pourrait aussi souligner le fait que la théorie économique actuelle est incomplète en ce qui concerne nos problèmes modernes et qu'elle devra élargir sa portée, dans l'avenir, en incluant nombre de phénomènes encore considérés comme extérieurs à son domaine. L'évolution est dans l'air, comme en témoigne l'article de Hirshleifer de 1979, dans son analyse de l'incertitude, où il remarque que le modèle d'équilibre est en lui-même toujours certain, et que les incertitudes doivent être considérées comme des éléments exogènes au système économique lui-même. Ceci paraît être le dernier sursaut d'une résistance désespérée; il est cependant possible et probable que la notion d'équilibre peut être conservée si elle recouvre la définition de pôle d'attraction dans un système économique plus global, accepté comme incertain et comportant un grand nombre d'éléments situés dans le temps et l'espace.

Les pôles d'attraction sont des points de référence, indicateurs de directions (possibles, probables ou même improbables), dans une dimension de temps réel. A travers une lecture soigneuse des écrits de nombreux économistes contemporains, on décèle facilement que la définition formelle de la théorie d'équilibre général recouvre, en fait, une description des objectifs, des buts et des directions possibles. Mais l'intérêt véritable d'une acceptation de l'idée que les systèmes se situent très loin de l'équilibre réside dans une meilleure identification de la dynamique du progrès et de l'évolution de l'économie. Si on accepte l'idée du déséquilibre et le fait que tout jugement est – au mieux – l'expression d'une probabilité, alors la gestion de l'incertitude devient un enjeu central.

Notre ignorance et notre information imparfaite représentent un état de déséquilibre, un aspect de notre vie et de notre évolution. Notre ignorance, qui croît avec les connaissances acquises, telle qu'elle est confrontée à de multiples questions laissées sans réponses, reste la meilleure preuve que nous faisons partie du courant de la vie. L'expérience nous dit que chaque fois que nous avons le sentiment d'avoir totalement maîtrisé et compris un problème, c'est parce que, souvent, l'objet ou la situation considérés ont cessé d'exister. Nous sommes tout juste en train de découvrir que la confiance dans notre capacité à comprendre entièrement est, au moins en partie, mal venue. La vie normale n'est pas si différente du processus intellectuel scientifique: nous émettons des hypothèses, nous les vérifions; elles peuvent fonctionner pendant un temps, et bientôt quelque chose ne va plus. Il nous faut alors nous réadapter, repenser et reformuler nos idées, revoir notre compréhension de nos théories dans un cadre élargi ou différent.

Selon les mots d'Ilya Prigogine [66]: «Les visions des changements évolutifs entre le hasard et la sélection déterministe remontent au moins à Darwin; mais dans celles qui sont développées ici, le hasard résulte en partie de l'ignorance des acteurs en ce qui concerne le système pris dans sa globalité, un manque de connaissances qui permet l'exploration de nouvelles idées engendrant une réorganisation créative».

L'ignorance nous provoque continuellement et nous cherchons à la réduire, mais son existence même nous permet de découvrir et de créer, en bref, de nous développer nous-mêmes.

Comptabiliser la valeur en économie de service

LA MESURE DE LA VALEUR DANS LA RÉVOLUTION INDUSTRIELLE

Nous avons mis en évidence le fait que le prix est l'étalon utilisé pour organiser une système de mesure capable de quantifier les phénomènes économiques et leurs résultats, dans le cadre du processus industriel.

Le prix est donné par l'échange. L'argent obtenu à chaque transaction est alors utilisé pour rémunérer tous ceux qui ont contribué à la production de biens ou de services. La main-d'œuvre est payée en gages ou en salaires, et le capital (représentant une somme de travail en termes d'outils rendus disponibles pour la production, par exemple une usine, une machine, un savoir, une aptitude à diriger) produit des intérêts. Chaque effort qui contribue aux diverses étapes de la transformation de la matière première en produits ou fonctions utiles représente une valeur ajoutée. Adam Smith a construit son concept de valeur sur cette idée de valeur ajoutée et la considérait comme équivalente à la valeur d'échange. La figure 21 reprend ces notions.

VALEUR D'*ÉCHANGE* — une automobile se vend $ 10 000

les $ *10 000* sont la *valeur d'échange* de l'automobile.

VALEUR *AJOUTÉE*

> Coûts de l'extraction des ***matières premières*** qui entrent dans la fabrication d'une auto: fer, verre, caoutchouc, etc.

+

> Coûts des diverses ***transformations*** nécessaires pour construire les différentes parties: moteur, roues, sièges, etc.

+

> Coûts d'assemblage de l'automobile et de fabrication d'un produit fini et utilisable.

+

> Coûts de distribution: livraison, stockage, publicité, marketing, vente, etc.

= VALEUR AJOUTÉE TOTALE (= SOMME DES COÛTS)

Le PARADIGME de la VALEUR dans l'équilibre économique classique:
La valeur ajoutée totale (= coûts de fabrication de l'offre) doit correspondre à la valeur d'échange (= prix payé par la demande)

Dans le système du MARCHÉ LIBRE:
Si la valeur d'échange est supérieure, une concurrence nouvelle contribuera à la réduire.
Si la valeur ajoutée totale (coûts) est supérieure, la production devra cesser (cessation d'activité).

Dans le système SOCIALISTE (Economie centralisée et planifiée)
L'Etat contrôle et organise cet équilibre.

Dans l'ÉCONOMIE DU MARCHÉ SOCIAL:
On s'efforce d'arriver à un compromis entre le mécanisme du marché libre et l'intervention de l'Etat.

Fig. 21 Le concept économique classique de *valeur* dans la société *industrielle* – L'exemple de l'automobile.

[Orio Giarini, *Dialogue sur la Richesse et le Bien-être*, Economica (1981).]

Mais la notion de valeur ajoutée n'est pas restée historiquement limitée au seul domaine de la théorie économique. Au cours des dernières décennies, elle est devenue une référence pour le système fiscal, au moyen des taxes à la valeur ajoutée.

Il est important de comprendre que la mesure de la valeur ajoutée, en science économique, réfère à celle d'un flux. Bien qu'on évoque le prix de vente (qui pourrait donner l'impression d'être la mesure d'un résultat), la référence au coût des facteurs de production est liée, sur un plan conceptuel, à la mesure de ce qui contribue à la production de richesse, mais non à la richesse elle-même. On comprendra ceci au moyen de l'exemple de la baignoire à deux robinets, illustré par la figure 22.

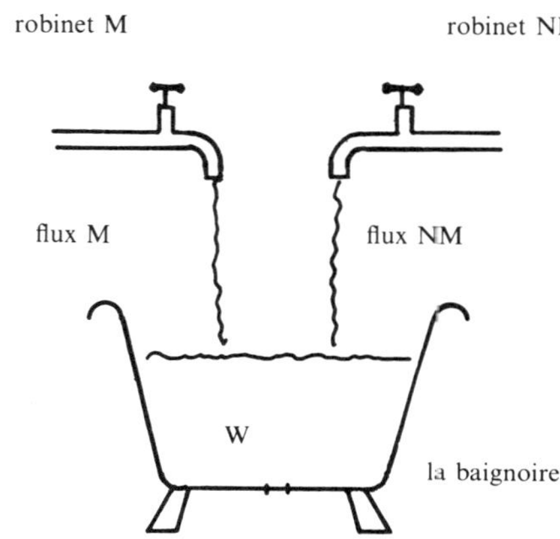

flux M	le flux de biens et services monétarisés, inclus l'argent comme tel
flux NM	le flux de biens et services qui augmentent la richesse aussi, mais dont la production est non monétarisée: travail non rémunéré, et biens gratuits tels que l'air
W	la richesse que nous utilisons pour nos besoins et loisirs; la valeur d'utilisation de cette richesse dépend de sa qualité et quantité disponible

Fig. 22 La baignoire de la richesse économique.

La baignoire contient une certaine quantité d'eau (W) qui représente un stock de richesse que nous utiliserons pour nos besoins et nos distractions. Ce stock (W) provient de deux robinets:

– le robinet M représente le flux de production monétarisée, qui alimente notre stock en richesse (W),

– le robinet NM qui symbolise le flux de biens et de services qui augmentent aussi notre richesse, mais qui ne sont pas monétarisés. Cela concerne, par exemple, les contributions humaines non rémunérées, ou des biens gratuits comme l'air.

A la lecture des indicateurs économiques, bien des problèmes nous viennent à l'esprit en raison de l'absence de distinction entre ce qui a rapport avec notre stock de richesse W (monétarisée ou non), et ce qui se réfère aux flux (monétarisé ou non). La valeur ajoutée, en science économique, est essentiellement une mesure du *flux monétarisé*. Elle mesure la quantité de production monétarisée qui passe par le robinet M pour augmenter le stock de richesse W. Le tout repose sur la conviction issue de la Révolution Industrielle que tout apport représente un accroissement équivalent au stock W.

La raison pour laquelle on choisit le flux monétarisé FM plutôt que le stock de Richesse W comme mesure-étalon tient au fait que l'évaluation (statistique) du flux est plus facile à réaliser. Celle du stock, au contraire, apparaît infiniment plus complexe parce que toutes les formes de production non monétarisées qui interviennent inévitablement peuvent passer inaperçues. Notons que dans le cas de la vente d'une part de notre stock, il peut également y avoir absence de valeur de référence définie pour désigner la perte précise de richesse.

Et pourtant, le principe sur lequel est fondé ce raisonnement affirme encore que la production du flux monétarisé FM est équivalente à une augmentation de richesse W!

Depuis dix ou vingt ans, nous voyons émerger un nouveau type de problèmes liés aux contraintes de l'environnement et de l'écologie et qui suggèrent avec force que le flux monétarisé ne correspond pas toujours à une somme de richesses. Le flux monétarisé englobe une proportion non négligeable de pollution qui non seulement n'ajoute rien à la richesse, mais la détruit [67].

La mesure de la croissance telle que l'exprime le Produit National Brut est la mesure précise et unique du flux monétaire au niveau macro-économique national. Elle exclut la pratique comptable standard utilisée par toutes les sociétés industrielles et les personnes individuelles: la comptabilité de la totalité des actifs (stock) disponibles et de la totalité des passifs (le bilan), et dont l'analyse du flux d'activité engagée pendant une période de temps donnée (le compte de pertes et profits) fait intégralement partie. Au niveau micro-économique, il relève du savoir courant et du bon sens que la différence en valeur totale de l'actif (c'est-à-dire le stock) ne coïncide pas nécessairement avec le volume d'activité engagée pendant une période définie. La comptabilité des actifs est une procédure qui met davantage en évidence la somme d'activité sur une plus longue durée, mais elle ne permet pas de connaître si le flux monétarisé correspondant à la même période a augmenté ou diminué (mais toujours supérieur à 0!).

Pendant la Révolution Industrielle, on pouvait penser que la masse de flux monétarisé correspondait en gros à des augmentations de la stock de richesses. La valeur ajoutée coïncidait en gros avec la valeur d'utilisation réelle et, comme telle, elle était devenue l'indicateur primaire du taux de croissance de richesses. La notion de valeur d'utilisation en elle-même réfère aux actifs (stock) et à la manière dont ils sont utilisés, au contraire de la notion de valeur ajoutée qui, elle, renvoit au flux de production monétarisée.

La mesure d'un tel stock ne peut, bien entendu, que rester approximative, et sera en partie subjective: la décision de ce qui devra avoir une valeur deviendra matière à consensus politique, semblable au *goodwill* (l'actif incorporel) dans la feuille de bilan d'une société. Le choix futur pourra se situer entre un système de mesure du flux qui sera précis quantitativement mais qui perdra peu à peu de sa signification, et des systèmes de mesure d'actifs qui seront moins précis mais plus proches de la réalité. La quantification des éléments non monétarisés de la richesse pourra s'obtenir par des indicateurs adéquats. Ceci reste un point crucial, comme toute méthode de comptabilité d'actifs permettrait également une meilleure définition de la richesse et de la pauvreté. Elle éviterait ainsi la perpétuation d'un plus haut niveau de richesse que celui qui est officiellement enregistré: en effet les contributions non monétarisées peuvent varier d'un pays à l'autre [68].

LA RICHESSE ET LES RICHESSES, LE PARADOXE DES PRIX RELATIFS, LA VALEUR DÉDUITE

Les économistes classiques et Ricardo, en particulier, étaient bien conscients que la comptabilisation de la richesse économique qu'ils étaient en train de mettre au point ne rendait pas vraiment totalement compte du véritable niveau de richesse d'un individu ou d'un pays. On établit donc une distinction nette entre la notion des richesses d'un côté, et de la richesse de l'autre [69]. On admit même, de façon implicite, qu'un accroissement des richesses pourrait ne pas correspondre à un accroissement de la richesse.

Néanmoins, ces considérations restèrent secondaires car le problème important pendant la Révolution Industrielle était de trouver le système le plus dynamique capable d'augmenter la richesse des nations – c'est-à-dire le processus d'industrialisation – et de se consacrer à son développement. L'importance des incohérences et des contradictions qui opposaient les richesses et la richesse furent minimisées. Les écrits de la science économique classique et de certains commentateurs ultérieurs [70] reflétaient la première formalisation de la théorie économique qui se bornait à la description du processus de l'industrialisation: il fallait avant tout mesurer un flux de marchandises et de valeur ajoutée. Qu'elle fut appliquée à l'offre ou à la demande, cela n'importait pas.

Dans l'économie de service, le problème est tout à fait différent et la contradiction entre la richesse et les richesses devient plus nette.

La divergence qui oppose la notion de la richesse à celle des richesses correspond à ce qui peut être appelé le développement des valeurs déduites de l'économie moderne. L'accroissement de ces valeurs déduites provient d'une attribution toujours plus importante de ressources économiques aux activités qui ne s'additionnent pas vraiment à la richesse, mais qui sont, en fait, absorbées par les coûts de fonctionnement toujours plus élevés du système économique.

Prenons un exemple: dans beaucoup de foyers, le niveau de richesse est fortement augmenté grâce à l'introduction de machines à laver, d'appareils électriques et de nouveaux outils qui rendent le travail ménager plus facile. Mais cette augmentation de biens accroît la quantité de déchets du foyer. Pendant les années 60, cela a conduit les centres de recherche des sociétés fabriquant des appareils électriques à mettre au point des machines pour éliminer les ordures ménagères. Dans un sens traditionnel, le broyeur (ou compacteur de déchets) s'ajoute aux biens produits, alors qu'en réalité, il ne fait que parer aux nuisances croissantes d'un système (la maison) qu'il dévie vers un autre endroits (l'usine de traitement des déchets). Pourtant, selon la vision économique de la Révolution Industrielle, notre richesse a augmenté.

Il existe beaucoup d'autres exemples autour de nous qui témoignent d'une certaine évolution depuis les années 60. La pollution de l'atmosphère et de l'eau représente un cas évident de diminution du véritable patrimoine. Si l'on investit de l'argent dans la dépollution de l'eau ou dans le développement de solutions palliatives comme l'eau en bouteille, les réservoirs d'eau potable, ou les piscines au voisinage de la mer polluée, nous nous retrouvons dans des situations où des investissements sont indispensables pour compenser la perte de richesses provoquée par la pollution. Ces investissements ne sont en aucune façon une valeur nette ajoutée à nos biens!

Les écarts croissants entre les niveaux de biens et des richesses (ou la contradiction entre les biens comptabilisés par l'économie et les biens véritables) suggèrent la nécessité urgente de se référer de plus en plus à la mesure du stock, c'est-à-dire les variations de la richesse réelle, qui se substituera à celle des flux de production (de l'exemple de la baignoire). En outre, il y a également une difficulté à harmoniser les valeurs ajoutées réelles avec les valeurs déduites. En effet, une autre conceptualisation de l'évaluation des systèmes et de la mesure des véritables résultats devra remplacer la simple analyse traditionnelle des coûts d'une activité isolée.

La notion de valeur déduite implique le besoin de prendre en considération la notion de valeur négative. En termes d'analyse économique, ceci est déjà un pas en avant, si l'on considère que l'aspect négatif des activités économiques n'a pas, la plupart du temps jusqu'ici, été pris en compte dans bien des cas. On doit, en fait, faire une distinction entre le ralentissement des accroissements d'une situation économique et le processus négatif pur. La mesure de la richesse au moyen de flux qui ne remplissent pas la baignoire, ou pire qui sont interrompus, exclut la notion de flux négatifs. Ce n'est qu'en observant les variations positives et négatives qu'on peut établir des mesures et décider si les flux produisent de la valeur ajoutée ou de la valeur déduite.

Il nous faut aussi admettre que le système comptable actuel est inapte, dans le sens positif, à mesurer les multiples accroissements de la richesse véritable. Ce phénomène tient à certains paradoxes inhérents à la notion des prix relatifs.

Les prix relatifs sont les indicateurs les plus importants qui vérifient l'efficacité, dans un secteur donné, d'un nouveau système de production ou d'une nouvelle technologie. Là où on constate une percée dans un nouveau secteur, les coûts des produits ne diminuent pas seulement en eux-mêmes, mais leurs prix subissent aussi une forte diminution par rapport à ceux d'autres produits offerts sur le marché. Il y a dix ans, par exemple, le prix d'une calculette correspondait à celui de 500 kilos de pain; il ne vaut plus aujourd'hui que le prix de 10 kilos. Ceci veut dire que les prix relatifs des calculettes ont considérablement diminué, par rapport au pain.

En ce qui concerne l'individu, un produit bon marché qui se substitue à un produit rare et cher (comme par exemple, les machines à calculer, d'il y a trente ans) peut sans doute augmenter ses richesses, mais peut aussi dans le même temps diminuer sa richesse. Le fait que nous soyons aujourd'hui en mesure d'acheter des produits, comme les calculettes que nous ne pouvions pas nous offrir auparavant, indique que nous sommes plus riches, dans les faits. Mais si nous parlons de biens monétarisés mis à notre disposition, il est certain que toute personne qui pouvait s'acheter autrefois cette machine était beaucoup plus riche que nous ne le sommes maintenant, alors que le prix en a baissé.

Du point de vue macro-économique, ce phénomène apparaît moins entaché de contradictions. Si, aujourd'hui, le prix des calculettes de poche est le 1/10e de ce qu'il était dix ans auparavant, il est possible maintenant d'en vendre 10 fois plus. Nous avons donc multiplié par dix la valeur des ventes en termes d'argent. Mais la richesse véritable des gens a augmenté bien davantage. En effet, certains des revenus et bénéfices engendrés par l'expansion du marché de la calculette peuvent être utilisés pour acheter des produits qui, eux, sont restés chers, ou plus précisément dont le prix relatif est resté élevé.

Le simple fait de savoir que le monde est devenu plus riche et comment est moins facile à évaluer que nous ne le croyons. D'un côté, nous sommes devenus plus pauvres en dix ans, parce que nous devons dépenser *plus* pour des denrées et des services qui étaient gratuits auparavant – par exemple, l'eau décontaminée, la piscine. De l'autre, nous nous sommes enrichis puisque nous possédons des calculettes et des cassettes vidéo, pour le prix de quelques heures de travail. Et nous pouvons nous permettre d'entendre et de voir des opéras et des pièces de théâtre de grande qualité, ce qui était le privilège des rois et des empereurs au temps de Molière.

On peut donc essayer de mesurer les niveaux de vraie richesse disponible (sa valeur d'utilisation) à l'aide d'indices approximatifs. La métaphore du paradoxe enfer-paradis appliquée à l'idée de pauvreté est une aimable façon de décrire la comptabilisation propre à la Révolution Industrielle. Le paradis, bénéficiant sans doute d'une profusion de biens et de services de toutes sortes (matériels et spirituels), ignore la rareté et par voie de conséquence l'économie et son étude. Il n'y a pas de prix, pas d'argent parce que tout est accessible sans restrictions ou travail. Si le paradis est très différent de la terre, il est aussi le lieu du degré zéro de PNB. L'enfer, qui est l'inverse du ciel, est un lieu qui consomme énormément d'énergie pour maintenir son image de marque et ses activités. Il lui faut donc probablement développer une énorme valeur ajoutée que personne n'a jamais tenté de mesurer: son PNB doit être très élevé...

Ici, sur terre, nous nous efforçons de lutter le mieux possible contre la rareté en créant de l'abondance dans le plus possible de domaines. Mais le développement humain et économique ne va pas sans reconnaître et combattre aussi de nouvelles pénuries. La rareté est finalement une indication d'un système en déséquilibre dont toute entreprise humaine participe: elle est une condition *sine qua non* de la recherche de plénitude.

LE SYSTÈME DE LA BAIGNOIRE: LA MESURE DES RÉSULTATS AU MOYEN DES INDICES

L'une des contradiction majeure que l'on rencontre dans la comptabilisation et la définition du développement de la richesse, c'est que son augmentation correspond, dans certains cas, à celle des coûts engagés dans maîtrise de la pollution (c'est-à-dire des investissements nécessaires à l'élimination des déchets et à la protection de l'environnement, coûts bien évidemment de type valeur déduite), alors que, par ailleurs, une réelle augmentation de valeur a été sous-estimée. Les chiffres de croissance du PNB, publiés tous les ans par les gouvernements, indiquent que l'économie a augmenté de tant ou tant en pourcentage, par exemple. Pourtant, une grande partie de cette augmentation aura été, en fait, absorbée par des facteurs qui n'ajoutent pas nécessairement à notre richesse, alors que d'autres facteurs représentant un accroissement net de notre bien-être ne sont pas pris en compte, ou le sont insuffisamment.

Pour en revenir à la métaphore du ciel et de l'enfer, il est possible que nous soyons réticents à reconquérir le paradis, car d'une certaine manière, il semble que nous soyons plus à l'aise en enfer...

Quand on reprend l'exemple de la baignoire, il semble important de définir un niveau de richesse des nations en termes de stock (ou réserves), de son augmentation, de son épuisement, de son usage, de sa conservation et de sa diversification. Les mesures de la valeur ajoutée sont importantes pour l'organisation du système productif industriel, qui est un vaste sous-système du système économique dans son ensemble. Mais elles ne sont que partiellement pertinentes dans la mesure, l'orientation et l'organisation de la richesse des nations.

Ces mesures sont effectuées au moyen d'indices mis au point dans divers secteurs à des fins multiples depuis une quarantaine d'années. Cependant il est nécessaire que ces indices relèvent d'une théorie économique générale qui leur accorde un statut et des instruments appropriés pour remplir un rôle fondamental à double titre: celui de création et d'organisation d'un consensus (autour de leur définition) et celui de leur efficacité dans le développement général des richesses, ou de la vraie richesse des nations.

En outre, le passage à un système et à une théorie économiques qui vont au-delà d'une notion traditionnelle de valeur demande qu'on accepte un certain degré d'incertitude en ce qui concerne les mesures. Incertitude qui reste liée à la question de savoir ce que devrait être la richesse et ce qu'on doit lui associer en termes d'objectifs et d'attentes. En effet, la définition du niveau de richesse est relative par rapport au temps et à l'histoire.

Il existe également un autre élément d'incertitude quant à la véritable richesse d'un pays, et celui-ci est lié aux conditions climatiques qui y règnent. Les pays de climat froid nécessiteront des systèmes de chauffage plus sophistiqués que ceux des pays où il fait plus chaud. Dans le premier cas, il faudra développer davantage d'activités monétarisées pour créer des sources de chaleur artificielle, élaborées par l'homme et qui puissent être stockées pour l'hiver. Dans des climats plus sereins, cela est moins indispensable. Dans les deux cas, quel sera le pays le plus riche? Celui qui doit dépenser beaucoup d'argent pour son chauffage ou celui qui ne dépense rien?

Nous devons garder en tête la métaphore du ciel et de l'enfer: moins de rareté mène bien naturellement à une moindre richesse économique monétarisée.

Néanmoins, là où les contraintes sont plus rudes, l'instinct de survie incite à éviter l'enfer; bien des gens pauvres sont, dans le passé, devenus plus industrieux et plus riches que ceux qui vivaient dans un environnement plus favorable. Ceci reste vrai aussi bien pour tous les individus que les nations à travers le monde. Mais c'est un processus historique et il est réversible. De plus, tous les avantages ne penchent pas nécessairement du même côté. Là où la vie est abondante et facile pour les hommes, elle l'est sans doute aussi pour les virus qui sont de vigoureux concurrents biologiques.

Dans son ensemble, ce domaine est difficile à définir, car les niveaux de richesse, de bonheur, de connaissances et le degré d'accessibilité des équipements matériels recouvrent des concepts quelque peu incertains et passagers. La notion de valeur ajoutée est apparemment beaucoup plus simple et présente l'intérêt d'avoir été proposée et utilisée comme instrument de gestion universel, comme un standard qui est applicable partout.

La façon la plus sage d'avancer, en sciences comme dans d'autres activités, y compris celles de l'économie, ne consiste-t-elle pas à se servir du système le plus simple?

Le problème reste que la validité universelle du concept de valeur ajoutée est surtout un moyen d'évaluer le processus de production industriel. L'établissement d'une base statistique satisfaisante pour la mesure du stock de richesse et de ses fluctuations au moyen d'un choix pertinent d'indices – divers à travers le monde, mais présentant tout de même une certaine homogénéité pour permettre les comparaisons – n'est pas nécessairement plus compliqué que celui de la mesure de la valeur ajoutée [71].

Après tout, il existe déjà beaucoup d'indices économiques en usage qui sont redéfinis périodiquement, tels que les indices de prix à la consommation qui servent de base à la détermination du niveau d'inflation de beaucoup de pays. Ces indices comportent un nombre d'éléments bien pondérés qui entrent dans la composition de leur index.

Par définition, ils ne sont pas identiques dans tous les pays, puisqu'ils reflètent l'évolution du schéma de la consommation.

Pourquoi ne pas définir le véritable niveau de la richesse ou des richesses de la même manière et permettre ainsi à la définition de la richesse de varier de la même manière que celle du schéma typique de la consommation pour chaque pays?

Dans une économie de service arrivée à maturité, ce type d'index pourrait se révéler plus intéressant d'un point de vue politique, en particulier s'il réussit à combler le fossé existant entre la mesure du PNB – qui ne reflète pas la réalité des variations de la vraie richesse – et la perception qu'en ont les personnes individuelles, les *consommateurs-producteurs*, qui vivent déjà ce que veut dire *devenir plus riche* dans les circonstances économiques contemporaines.

Le problème de la définition du champ de la science économique

L'OUVERTURE DES FRONTIÈRES DE LA SCIENCE ÉCONOMIQUE: AU-DELÀ DE LA PRODUCTION, DU TEMPS, AU-DELÀ DE LA MONÉTARISATION

Dans l'introduction de son *Principles of Economics*, Alfred Marshall s'exprimait dans les termes suivants [72]:

«La science économique est l'étude de l'humanité dans son occupation ordinaire de vie; elle examine cette part de l'action sociale individuelle qui est rattachée de très près à la réalisation et à l'emploi des accessoires matériels du bien-être. C'est ainsi qu'elle est, d'un côté, l'étude de la richesse et de l'autre – ce qui est plus essentiel – l'étude de l'homme, ... les religions et l'économie ont été les deux grands façonneurs de l'histoire du monde. Çà et là, l'ardeur du militaire ou l'esprit artistique ont prévalu pour un temps: mais nulle part les religions et l'influence de l'économie n'ont été, ne serait-ce que pour un temps, rejetées de la scène. Elles ont presque toujours été plus importantes que toutes les autres réunies. Les motivations religieuses apparaissent plus virulentes que celles de l'économie, mais leur action directe s'étend rarement sur une aussi vaste portion de la vie».

La définition de l'économie d'Alfred Marshall est donc très large. Son intérêt pour l'économie vient de sa conviction qu'elle seule constitue l'activité principale des êtres humains et des sociétés. La religion est d'égale importance, mais seulement sur le plan moral. Si la guerre, les arts tiennent sans doute leur place, ils restent cependant secondaires.

Cette introduction donne le sentiment que l'économie embrasse tout et que même pour un moraliste tel qu'Alfred Marshall elle ouvre la porte à une vue matérialiste de la vie constamment présente à divers degrés chez la plupart des penseurs du XIXe siècle. Alfred Marshall reconnaît, dans l'une des annexes de ce même ouvrage, la grande importance d'Adam Smith en tant que fondateur de la discipline, ou de la science, de l'économie, surtout en ce qui concerne sa définition de la valeur Cependant, comme la notion de valeur est basée sur le processus de l'industrialisation (processus monétarisé), les méthodes de l'économie, et finalement de l'économie classique (et néo-classique), n'envisageant pas la société de façon aussi exhaustive qu'Alfred Marshall, ne considèrent que l'industrialisation – c'est-à-dire le développement le plus important qui intervient au sein de celle-ci.

Lorsque le processus d'industrialisation rendra compte de la nouvelle économie de service comme étant un des premiers facteur du développement économique de la société, nous serons plus près de la vision d'Alfred Marshall.

Mais le problème de fond, celui de la délimitation du champ même de l'économie, reste entier.

L'impact positif de la notion de spécialisation introduite d'une manière systématique par Descartes dans son *Discours de la méthode* présentait un remède à la tendance qui consistait à trop se fier aux connaissances générales. Une connaissance trop large peut souvent mener à la superficialité et à l'inefficacité [73]. Avec le volume croissant des connaissances et étant donné les limites du cerveau humain, la spécialisation, non seulement des outils, mais des sciences et des disciplines, devenait essentielle. L'apparition de nouvelles disciplines a été un fait remarquable de ces dernières décennies, et certaines d'entre elles, comme l'astrophysique et la biologie moléculaire, en sont encore au stade de l'émergence.

La stratégie indispensable pour que chacune de ces disciplines devienne crédible, utile, et améliore la culture générale, consiste à définir une notion claire des buts et des méthodes qu'elle utilisera pour observer et analyser. Dans ce processus, il s'agit vraiment de préciser les limites de ce que recouvre une discipline et ce qu'elle ne recouvre pas.

Lorsqu'en 1776 l'économie fut officiellement reconnue comme une discipline, fille du cerveau d'Adam Smith, elle fut perçue comme la clé du développement économique et confondue avec les buts et le processus que l'industrialisation s'était fixés. Sa méthode d'analyse fut également élaborée à partir de la notion de valeur que cette dernière avait définie (valeur ajoutée, valeur d'échange, basée sur un prix issu d'un système en équilibre).

Même si cette question de démarcation n'a pas toujours été clairement exprimée dans les écrits des économistes classiques, l'enracinement du processus de la Révolution Industrielle et le développement du processus de monétarisation des activités économiques ont progressivement défini avec plus de netteté les lignes de démarcation de la science économique. Dans ce processus, la discipline de l'économie elle-même s'est enrichie progressivement, a étendu le savoir humain en matière de phénomènes économiques, et a engagé une vaste lutte contre l'ignorance des questions économiques. A l'intérieur des frontières de cette discipline de plus en plus affirmée, bien des bouleversements sont intervenus au cours de ces deux cents ans. Le passage de la notion de valeur basée sur l'offre à celle basée sur la demande est un exemple de l'évolution qui a pu se produire à l'intérieur de la pensée économique, à l'intérieur des frontières de ce qui constitue la science économique par rapport à d'autres formes d'analyses mises en avant par la sociologie et l'anthropologie, par exemple.

En économie, tant que l'activité dominante concernait le processus industriel, d'importantes modifications pouvaient intervenir à l'intérieur du paradigme de la notion de valeur (monétarisée et statique). Mais la mutation d'un système économique de type industrialisation à un autre, de type service nécessite une remise en question des limites du champ de l'économie et de son éventuelle ouverture.

Ce sera l'économie de service elle-même qui décidera de cette ouverture du champ de la science économique et qui servira de référence principale, la dimension temporelle faisant partie intégrante de la valeur, fonction de la période d'utilisation du produit. De plus, il n'y aura plus d'idée de certitude, à l'intérieur même du champ de cette science. Seule la notion d'incertitude dans le temps deviendra-t-elle la base indubitable de toute activité humaine. La notion de risque elle-même, qui a été davantage traitée par les sociologues que par les économistes pendant toute l'histoire de la Révolution Industrielle, sera elle aussi un élément important de la nouvelle économie de service, telle que nous l'avons déjà décrite [74].

Par ailleurs, le champ de l'économie devra s'ouvrir également aux activités non monétarisées (qu'elles soient le fait de l'homme ou de l'environnement), qui seront de plus en plus intégrées dans les activités monétarisées. Pour résumer, la recherche d'une idée de valeur, ou de valeur d'utilisation, est en jeu. C'est le message que nous nous sommes efforcés de transmettre dans les paragraphes précédents.

Toute cette mutation du champ de l'économie interviendra pleinement lorsque le processus linéaire actuel de la production sera remplacé dans l'économie de service par un système d'interrelations multiples et de plus en plus complexes dont la valeur sera mesurée en fonction des résultats obtenus sur le plan du fonctionnement. Comme nous l'avons déjà souligné, la valeur économique sera moins rattachée à l'existence d'un outil ou d'un produit qu'elle ne le sera au fonctionnement d'un système complexe.

En ce qui concerne la complexité, il est évident qu'aujourd'hui le fonctionnement du transport aérien est plus complexe que celui du transport assuré par les diligences, tirées par des chevaux, au milieu du siècle dernier. Cette tendance vers une plus grande complexité nous a amenés à étudier la notion des systèmes ainsi que leur capacité à donner des résultats, dans une perspective d'économie de service.

Dans l'histoire de l'économie, la complexité s'est étendue à la fois dans le sens vertical et dans le sens horizontal: davantage de spécialisation (processus vertical) conduit à la création de davantage de métiers pour rendre utilisables les produits spécialisés, et de davantage de réseaux de communication pour assurer un fonctionnement organisé au fur et à mesure que le système se complique (processus horizontal) [75].

RESTRUCTURER LE CHAMP D'ACTION

Avant d'abandonner définitivement tous les avantages d'un outil connu qui opérait jusqu'ici dans un champ aux limites définies, il s'agit de vérifier que les bénéfices qu'on en tirera seront substantiels car le temps d'adaptation est toujours un peu difficile.

Beaucoup d'économistes s'arrangent de cette difficulté soit en écartant tous les problèmes relatifs au champ de la science économique, soit en les faisant coller aux standards de cette science. Par exemple, beaucoup de problèmes associés à ce que nous avons appelé *les valeurs déduites* semblent être abordés de la même manière que ceux qui sont propres à *l'internisation* des coûts. On dira par exemple d'une denrée gratuite telle que l'eau, devenue rare à cause de la pollution, qu'elle entre dans le circuit économique monétarisé normal et qu'elle doit être traitée comme n'importe quelle autre ressource rare. C'est une façon d'envisager le problème, mais qu'on pourra discuter du fait que le processus de raréfaction d'une denrée gratuite a été entamé bien avant qu'on ne lui ait attribué un prix et avant sa pollution, c'est-à-dire, lorsqu'elle n'était pas du tout monétarisée. Reconnaître la valeur *ex ante* d'une ressource gratuite qui n'est pas encore sur le marché est devenu une nécessité évidente, car la ressource en question ne sera internisée qu'*ex post*, une fois que le niveau de richesse réelle aura diminué.

La théorie dite des prix fantômes affirme que beaucoup d'activités non monétarisées suivent implicitement des prix. Dans son manuel célèbre, Paul Samuelson va même plus loin en annonçant que l'économie concerne toutes formes de ressources (y compris les ressources non monétarisées). Et pourtant, en fin de compte, on s'aperçoit que la comptabilisation des valeurs n'inclut pas toutes les ressources et qu'elle reflète la tradition en mesurant les seuls flux de la production monétarisée, laissant ainsi se creuser l'écart entre la richesse et les richesses.

Dans un chapitre précédent, on a montré comment Hirshleifer résolvait le problème de l'incertitude. Pour lui, dès lors qu'une chose est internisée dans le système économique, dans le cadre des limites traditionnelles de celui-ci, elle est traitée comme si elle relevait d'une situation de certitude.

Cette défense d'une idée de certitude qui serait associée à une théorie économique générale explique pourquoi les théories économiques, mal comprises, provoquent de plus en plus de méfiance. Les économistes, surtout lorsqu'ils deviennent journalistes, ont trop souvent tendance à dire que les dirigeants et les entrepreneurs manquent de largeur de vue et ne sont pas suffisamment scientifiques dans leur approche. Dans le même temps, ces derniers n'acceptent plus le caractère abstrait des travaux des économistes et les accusent de ne pas comprendre les problèmes pratiques.

A limite, on pourrait définir les économistes comme des spécialistes de l'observation des phénomènes de la vie pratique qu'ils tentent de transposer et de faire fonctionner dans la théorie [76].

A ce stade, les avantages d'un champ précis disparaissent. Tout entrepreneur ou dirigeant confronté à la réalité des problèmes économiques sait que la certitude théorique de la science économique n'est pas exploitable en pratique. Par contre, il a besoin d'une meilleure appréciation de la réalité, qui est complexe, ainsi que d'un système économique, tout aussi complexe, qui lui permettent d'affronter des incertitudes, lesquelles ne représentent pas des obstacles mais, au contraire, des défis à relever, avec ce que cela comporte d'irréductibilité du problème du risque inhérent à la réalité de la vie économique.

La science économique devra-t-elle cesser d'être une discipline fermée pour se mêler à d'autres types d'analyses sociales? Si on accepte l'idée que toute action humaine est immergée dans un environnement global dont la réalité est en permanence liée à la psychologie, la météorologie, la sociologie, la politique, le droit, cela ne signifie pas qu'elle doive pour autant cesser d'être l'objet d'investigation de disciplines spécialisées destinées à parfaire sa connaissance et sa compréhension tous azimuts.

Ce serait un tort de considérer l'éclatement des limites du champ de l'économie comme une dilution de l'économie elle-même en une science sociale de la généralité qui la ramènerait au statut dont elle a joui jusqu'au XVIIIe siècle.

Le développement de la nouvelle économie de service demande impérativement une redéfinition des contours de la science économique afin de la rendre plus efficace pour aborder le présent. La recherche d'une nouvelle notion de valeur, l'intégration des activités non monétarisées qui soient pertinentes par rapport au véritable processus de production, sont des critères de détermination des nouvelles frontières de la science économique et de ses nouveaux objectifs. Ayant reconnu l'importance de l'économie de service dans le développement de la richesse des nations, la science qui s'y rattache mettra au point l'instrument nécessaire pour nous permettre de découvrir les potentialités économiques de notre temps.

Certains lecteurs trouveront difficile d'accepter que la notion de limites appliquée aux disciplines – comme l'économie – doive être adaptée à l'époque, et par voie de conséquence, admettre que ces limites n'aient pas valeur d'universalité. Mais, il ne faut pas oublier que toute théorie, ou tout corpus théorique, n'est avant tout qu'un outil de cognition destiné à réduire notre ignorance. A chaque stade critique, tout savoir doit être réapprécié et être intégré dans un autre cadre plus conforme et plus moderne.

Bien entendu, nous avons besoin d'une science économique aux contours suffisamment définis, quoique comportant une certaine imprécision. L'important c'est que le nouveau système de pensée, l'ensemble des théories nouvelles qui en émergeront, soient à même de permettre un meilleur développement de la richesse des nations dans le monde actuel et qu'ils fonctionnent de manière positive dans une perspective acceptable d'incertitude.

Il est devenu à la mode, dans les milieux scientifiques et cultivés, de pratiquer la vertu de modestie. Rejetons donc la prétention d'un savoir absolu et définitif. Eliminons les marques de cette arrogance les traces d'une manière de penser dépassée du XIXe siècle, responsable du rêve impossible qu'un jour l'humanité serait omnisciente et dominerait enfin la réalité. L'ère de l'incertitude doit nous donner confiance en notre future aptitude à non seulement apprendre, mais à apprendre davantage.

LE RÔLE DU SYSTÈME DE MARCHÉ

Ouvrir les frontières, explorer de nouveaux territoires font partie d'un processus de redéfinition de nouvelles limites qui nous permettront d'aller plus loin. Pour des raisons pratiques, nous avons absolument besoin de mettre au point nos outils cognitifs par rapport à un champ déterminé. Mais, ce faisant, nous devrions toujours garder en tête le conseil du poète danois, Piet Hein:

«Souvent nos problèmes tout simples
sont-ils devenus des mystères
qui nous ont fait errer
car sur des lignes à peine tracées
nous avons, plus tard, trébuché»

La redéfinition des limites d'une science, à un plus haut niveau, est particulièrement importante à une époque où tant de disciplines sont tellement indépendantes les unes des autres qu'elles perdent les bienfaits d'une confrontation mutuelle. La difficulté d'organiser et de stimuler la vie économique tient au cloisonnement de l'enseignement qui est dispensé aux experts des diverses catégories, en particulier entre celles des ingénieurs et des économistes, entre celles des scientifiques et des économistes. S'il existait un minimum d'échanges entre ces gens, bien des questions seraient résolues plus rapidement, surtout si chacun se mettait en devoir de comprendre les raisons qui leur ont fait choisir leur spécialisation mutuelle. Les frontières doivent être tracées aux points de rencontre de ces disciplines et de ces sciences, pour éviter qu'elles restent irrémédiablement éloignées les unes des autres.

Ce point de rencontre pourrait être déterminé par l'économie de marché. En raison de la complexité des fonctions de cette dernière, un souci de rationalité et de certitude, conforme à la culture occidentale du siècle dernier, a souvent mené à la conclusion que les incertitudes du marché, les difficultés et les situations mêmes d'indétermination sont nuisibles et qu'il faut donc s'efforcer de trouver une certitude définitive, seule capable d'aboutir à des systèmes et des fonctions prévisibles. Il est curieux qu'une civilisation qui a encouragé la libre entreprise et la Révolution Industrielle, toutes deux fondées sur le système de marché, ait parallèlement produit ce genre d'idée qui a réussi, dans certains cas, à tuer la dynamique (née du risque et de l'incertitude) du système de marché, simplement pour rester dans l'optique d'une rationalité associée au mirage de la certitude.

Un système de marché libre n'est jamais tout à fait parfait, ni imparfait. Mais il se révèle très satisfaisant dans le cadre de décisions à court terme, impliquant des transactions de produits et de services monétarisés.

En économie moderne, on ne doit pas confondre le système de marché, particulièrement celui du marché libre, avec l'ensemble de la question économique. En effet, le marché libre, s'il est important, ne reste qu'un sous-système de l'économie dans son ensemble. Les prétentions à la rationalité n'ont souvent été, dans le passé, que des formes d'irrationalité, nées du dogmatisme d'une idéologie et aboutissant à des résultats négatifs. Le système de marché libre a été aussi à l'origine de grandes crises dues, dans la plupart des cas, à des difficultés d'adaptation à long terme: par exemple, la crise de 1929, quand l'économie, encore insuffisamment organisée était incapable de s'adapter à la production et à la consommation de masse qui devaient connaître une pleine expansion après la Seconde Guerre mondiale; par exemple aussi, la crise de 1973, lorsqu'apparurent les premières manifestations d'une économie de service, résultat d'une longue évolution susceptible de se poursuivre encore pendant des années. Sur des phénomènes de longue durée, les mécanismes à court terme produisent parfois des résultats négatifs, car ils doivent être adaptés, ou régulés, ce qui est pratique courante dans tous les pays de marché libre, sans exception.

Tergiverser entre des concepts abstraits de mécanismes de marché pur, c'est-à-dire incontrôlés, et un contrôle total grâce à une planification rationnelle, c'est un peu comme hésiter entre Charybde et Scylla: le chant des sirènes de la certitude mène tout droit au naufrage.

Aléatoires et risqués, les systèmes de marché bien qu'imparfaits, restent à la base d'une économie de pointe qui ne peut bien fonctionner que dans un climat d'incertitude. Il ne s'agit donc pas d'être pour ou contre l'incertitude, mais d'être capable de distinguer entre ce qui est destructif (et donc réductible) et ce qui est constructif (et donc stimulant) dans celle-ci.

La seule certitude c'est... l'incertitude. Dans une économie de complexité croissante, le sous-système du marché a un grand rôle à jouer dans la nouvelle économie de service, rôle qui sera plus décisif que celui qu'il a tenu dans la période de maturité de la Révolution Industrielle. En outre, la participation du «consommateur-producteur» et l'augmentation des activités d'échange et de production extérieurs au système monétarisé donneront également une signification plus large à la notion de marché elle-même.

[1] Au point que le prix Nobel de chimie, Prigogine, entrevoit maintenant une *nouvelle alliance* entre les sciences humaines et les sciences naturelles. Elles ne sont plus distinctes, elles présentent seulement un plus ou moins grand degré d'indétermination. Quant à Weisskopf, il définit le modèle d'Heisenberg de la façon suivante: «Le principe d'incertitude (ou d'indétermination) d'Heisenberg implique que – en microphysique – l'influence de l'observateur sur la position et la vélocité des particules, rend impossible leur vérification, en même temps. Ainsi, les bases précises de prévisions sont-elles détruites». Ceci conduit à une vision différente de la réalité: «Il n'existe pas de détermination causale du futur sur la base des connaissances accessibles du présent. Cela signifie que toute...mesure...crée...une situation unique, qui n'est pas entièrement prévisible». On en tire la conclusion suivante: «nous ne pouvons observer le cours de la nature sans le déranger». Niels Bohr de son côté dit que «l'homme est à la fois spectateur et acteur dans le théâtre de l'existence», et Max Born compare cette situation à «un match de football où le fait de regarder... d'applaudir ou de siffler, exerce une influence... sur les joueurs et sur ce qui est en train de se jouer».

L'homme est un être fini et conditionné. Il est en effet conditionné par son anatomie, sa physiologie, son histoire, son environnement social et d'innombrables autres facteurs. La position du scientifique n'est guère différente; il est lui aussi un individu soumis aux mêmes influences. Il ne peut sortir de lui-même. Son horizon cognitif est limité par le fait qu'il soit conditionné. Mais à l'intérieur de ces mêmes limites, l'homme est libre, et il peut les transcender dans les limites de son champ de conscience. Toutefois, son savoir, qu'il soit scientifique ou autre, est entaché de ces limites (souvent implicites). La réalité qu'il explore est celle qui lui apparaît à la lumière des conditions de son existence. Il pense et connaît, mais le «il» en question est un être conditionné.

Cette analyse ontologique contient des idées qui ressemblent au principe d'indétermination de la physique et correspond assez à un paradigme d'Heisenberg qui serait d'ordre philosophique. Ce n'est pas par pur hasard que les mêmes idées se sont développées dans deux domaines aussi dissemblables. Elles s'enracinent dans l'esprit des temps. La métaphysique, la physique et la politique coexistent dans une atmosphère d'incertitude. Si on le pousse à son terme, le modèle newtonien élève l'homme observateur objectif, détaché, *scientifique*, au rang de divinité omnisciente qui peut prévoir l'avenir. Au contraire, le modèle heisenbergien relègue l'homme au rang de participant, incapable de s'extraire d'une réalité qu'il veut analyser. Cette nouvelle vue du monde met en évidence le désarroi et l'incertitude inhérentes à la condition humaine, éléments qui sont refoulés et niés dans la pensée newtonienne.

C'est la reconnaissance que *l'action est la mise en marche d'un recommencement dont l'issue est incertaine*, ce qui fait de l'action quelque chose de réel et de possible.

[2] W. Weisskopf établit très clairement que «le nouveau modèle newtonien, tel qu'il est utilisé dans les sciences économiques classiques et néoclassiques, interprète l'économie suivant le schéma développé dans la physique et la mécanique classiques, en analogie avec le système planétaire et l'automate; un système autonome, clos, régi par des facteurs endogènes, réciproquement interdépendants et d'une nature hautement sélective, autorégulée et s'avançant vers un point déterminé, prévisible, d'équilibre. Le paradigme newtonien, dans le droit fil de la pensée du XVIIIe, représente les événements comme étant une réalité indépendante de l'observateur. Le sujet qui observe est supposé être détaché de l'objet observé. Cependant il peut appréhender ce même objet avec sa raison. Une réalité objective, assujettie aux lois naturelles, est compréhensible et la raison humaine peut

la connaître. L'idée de loi naturelle établissait un lien entre le sujet et l'objet, en dépit de leur indépendance mutuelle, et les réunissait dans une même compréhension scientifique. C'est ainsi que des sujets distincts, des objets, une loi naturelle et la raison formaient une configuration unitaire quaternaire. Les lois naturelles étaient celles de la causalité, interprétées comme les *causae efficientes*, et non comme des *causae finales*, comme des forces de mouvement, et non comme des aspirations et motivations; non seulement dans une nature non humaine mais aussi dans le royaume de l'existence humaine. L'intérêt de ce schéma de pensée était de prédire des événements futurs et d'arriver à déterminer des solutions pour toutes les dimensions de la réalité. Si toutes les variables, toutes les relations de cause à effet étaient connues, nous pourrions comprendre et prévoir les événements de l'univers, de la société, et de toute action humaine. La conviction profonde de la plupart des scientifiques était – et dans une large mesure, reste encore – qu'en dépit de notre ignorance temporaire, des lois inéluctables déterminent tout événement et action. Il ne restait plus de place pour la liberté, le choix, l'incertitude et le mystère. C'est de ce mode de pensée en vigueur dans les sciences économiques classiques et néo-classiques que sont nés les modèles d'équilibre, inséparables d'élucubrations purement fictives du genre «connaissance parfaite», «prévision parfaite» d'où le temps et le changement étaient évacués par la proposition *ceteris paribus*. Ce modèle, tel qu'il est appliqué aux sciences économie, n'était pas sans rapport avec la conviction que la liberté de marché et d'entreprise était salutaire et juste.»

Le mécanisme intellectuel cartésien, bien qu'efficace et influent dans des situations où l'industrialisation apparaît à la fois comme une priorité et comme le meilleur moyen d'organiser la richesse et le bien-être, a soulevé une série de problèmes méthodologiques et pratiques. Cette méthode consistant à isoler les facteurs économiques monétarisés montre de plus en plus de faiblesses.

Il était coutumier au XIXe siècle de croire que la méthode cartésienne (ou newtonienne) employée pour la recherche scientifique consistait d'abord à définir clairement une situation ou un problème, à identifier et à mesurer tous leurs éléments comme s'ils pouvaient être totalement déterminés (ou du moins que l'absence de l'un d'entre eux n'aurait pas d'incidence notable sur le système en observation). De cette manière, on pouvait isoler une molécule d'eau afin de l'étudier; de cette manière, Newton pouvait donner un net aperçu des mécanismes célestes. De cette manière, l'économiste espérait offrir des modèles de la réalité qui soient déterminés et scientifiquement cadrés. Dans la pratique, cette méthode se réduit souvent – dans sa simplicité, nous dirions même dans sa rusticité – à celle qui consiste à croire que la réalité qu'on étudie est objective. Cette vue des choses présuppose des systèmes simples, avec pour corollaire principal, une divisibilité du temps et de l'espace.

Il est clair qu'il a été possible pendant des années et des années de se servir de manière profitable de la méthode cartésienne dans une multitude de réalités des sciences naturelles; tout se complique lorsque nous sommes confrontés à des problèmes de fond du genre «qu'est-ce que la matière?» ou à des problèmes que pose l'objectivité (en admettant qu'une telle chose existe), dans des systèmes extrêmement complexes et même indéterminés.

Chapitre 4

Aux racines de l'incertitude

Le risque, l'incertitude et l'individu

LA PERCEPTION DU RISQUE

Les gens réagissent aux dangers qu'ils perçoivent et qu'ils connaissent. Pourtant, l'incertitude vient aussi de risques non perçus et c'est là que les ennuis commencent: toute action entreprise par un individu comporte des risques inconnus, donc non perçus par la majorité des autres personnes jusqu'au jour où ils se manifestent. La perception du risque est basée essentiellement sur l'expérience personnelle, mais aussi sur l'anxiété mentale, de nature subjective.

La perception du risque varie beaucoup en fonction de l'étendue du champ de conscience touché, c'est-à-dire de celui du groupe concerné: que ce soit des personnes individuelles, des groupes dans une société, des sociétés (de type industriel, par exemple), des nations, et aussi en fonction des contextes historiques, culturels et des régions géographiques. La seule chose dont on soit certain, dans la vie, c'est de sa propre mort! Mais il y a des risques qui *tuent* les industries et les Etats. Pour la vaste majorité des sociétés, un tel risque recouvre la menace de cessation d'activité. En effet, la majorité des affaires dont l'usine principale est détruite par le feu n'arrivent pas à refaire surface et disparaissent! Pour les nations, l'ultime besoin de sécurité repose sur leur existence même, qu'elle soit morale ou physique: une nation ne peut survivre longtemps sans territoire, comme l'on montré les peuples juifs, polonais et kurdes.

Selon les divers degrés de perception, on peut souvent être amené à prendre des décisions risquées qui échouent: une personne, qui a toujours eu le sentiment d'être irremplaçable dans un poste, réalisera tout d'un coup qu'on l'a mise à la porte dans la minute qui a suivi. Un homme politique qui ne sait pas reconnaître le risque rencontrera des problèmes sous diverses formes, qui pourront aller de la défaite aux élections au terrorisme.

Cependant l'incertitude radicale fait partie du flux irréversible du temps. Les systèmes vivants sont des systèmes en non-équilibre qui se renouvellent grâce à leur énergie, dans une logique qui leur est propre. Lorsque que la technologie dépasse la science par exemple, cela aboutit à de nouvelles formes d'incertitude: un technicien peut aujourd'hui procéder à des manipulations génétiques sur les humains ou les plantes, mais personne ne lui dira s'il en a le droit et pourquoi. Un informaticien pourra entrer les données personnelles de tout le monde dans l'ordinateur, mais il ignorera qui peut y avoir accès et dans quelles conditions et pour quel but.

Le degré d'incertitude perçu diminue lorsque le risque est devenu acceptable pour la société. Mais ce niveau d'acceptation n'est pas égal pour l'ensemble de la population d'un pays. Les scientifiques et les ingénieurs se servent d'une procédure d'évaluation du risque pour identifier et quantifier un danger potentiel. Cette procédure repose parfois sur des informations scientifiques inappropriées, et sur une probabilité qui, entre autres défauts, ne donne aucun indice sur l'occurrence d'une catastrophe dans le temps, ni plus que sur sa fréquence réelle. Un exemple: Mrs Evelyn Maria Adams, du New Jersey, n'avait qu'une chance sur 17,3 milliards de gagner à la loterie nationale deux fois en six mois, en février 1986, heureux et exceptionnel hasard qui devait faire d'elle la première bénéficiaire de plus d'un million de dollars. Scientifiquement, elle n'aurait jamais dû gagner. Des implications sociales sont envisagées dans le traitement du risque qui, en même temps que son évaluation, entrent dans l'analyse qui s'y applique. Par exemple, des ingénieurs auront décrété qu'un sèche-cheveux électrique est sans danger. Ce même appareil provoquera néanmoins la mort de son propriétaire qui l'aura laissé tomber dans une baignoire pleine d'eau. Pour l'ingénieur, le produit quoique sûr, aura été utilisé dangereusement. Voilà encore un cas, dans la logique de la Révolution Industrielle, où on ne s'intéresse pas à l'emploi d'un objet dans le temps. Mais le même problème existe aussi à un niveau plus élevé. On va le voir d'après ce qui suit.

«Des études faites au Smith College, aux Etats-Unis, par Lichter et Rothman ont montré que 89% des experts en énergie qui ont répondu à un sondage sur la question pensent que l'énergie nucléaire est sûre. La même enquête révèle qu'un pourcentage équivalent de célébrités des medias et du journalisme estiment, au contraire, que cette même énergie est dangereuse» [78].

Les deux groupes ont raison chacun à leur manière. De même les ingénieurs s'émerveillent-ils des nouvelles centrales devenues beaucoup plus sûres que celles d'il y a dix ans, lesquelles étaient déjà considérées comme non dangereuses, à l'époque. Le profane pensera que l'installation ancienne ne présente plus le même degré de sécurité, l'ingénieur, quant à lui, trouvera qu'il est temps de l'équiper d'un type de protection différent. Quel est donc, dans ce cas, le risque de la sécurité?

Par ailleurs, la perception du risque tient au degré d'opportunité d'une solution technique et de la satisfaction que vous en tirez. Un enfant qui saute du haut d'un mur dans les bras de sa mère est tout excité à l'idée qu'il va peut-être la manquer, et pourtant, il fait confiance à l'attention que sa mère lui porte. Un investisseur qui place un capital dans une entreprise se réjouit aussi à l'idée de ses gains éventuels, en dépit de l'angoisse de les perdre. De même, bien des risques évitables – comme le fait de fumer, de conduire vite, de pratiquer certains sports – sont-ils acceptés dans la vie quotidienne parce qu'ils ont l'attrait d'un jeu dangereux.

En économie, on retrouve ce phénomène des diverses perceptions du risque chez les explorateurs et les exploiteurs. Tous les explorateurs célèbres, tels que Christophe Colomb, le constructeur du canal de Suez, le fondateur de la Croix-Rouge, ou d'autres, comme les chercheurs de la NASA – dans leur programme Apollo pour la lune – ont sous-estimé à la fois leur budget, les risques encourus et leur calendrier pour s'assurer d'un minimum de soutien favorable à leur projet. L'innovation est généralement le fruit d'entreprises effectuées dans des conditions très défavorables, et dans bien des cas le projet échoue alors qu'il est arrivé à 90% de sa réalisation, ou est interrompu à la mort de l'inventeur ou du promoteur. A ce moment-là de l'espace temporel, si sa faisabilité économique et technique est probante, un exploiteur reprendra le projet échoué pour une bouchée de pain, l'achèvera et le fera fonctionner avec succès et profit.

Cette interdépendance de la perception du risque est vitale pour la société. Les explorateurs ont l'énorme mérite d'ouvrir la voie vers des solutions de rechange favorables au développement de la société, mais ils gaspillent leurs ressources, car une sélection naturelle éliminera probablement 99% de leurs idées, jugées inappropriées. Les exploiteurs ont pour rôle de diffuser l'innovation des explorateurs et de la rendre socialement pertinente, mais comme ce sont aussi des concentrateurs, ils rétrécissent, ce faisant, le champ de vision et le savoir au profit d'un savoir-faire plus orienté vers des zones d'activité rentables.

Les explorateurs doivent prendre des risques nouveaux, inconnus, les exploiteurs, quant à eux, se limitent à prendre des risques raisonnables du type dit d'entrepreneur.

Mais parallèlement à l'évolution en matière de responsabilité vis-à-vis des risques au cours de ces dernières décennies, la notion de risque d'entrepreneur s'est élargie. Les dangers potentiels que comporte l'utilisation de certains produits mènent parfois le fabricant à les reprendre; ceux que représente l'utilisation des denrées gratuites, comme l'air et l'eau, dont la pollution était considérée autrefois comme une *catastrophe naturelle*, peuvent conduire à des poursuites en justice. De la même façon, la théorie économique abandonne la notion de biens gratuits, c'est-à-dire que le concept de valeur déduite doit être pris en compte, et que les dangers liés aux biens gratuits doivent être de plus en plus acceptés comme des risques créés par l'homme et dont le producteur doit rendre compte, comme en témoignent les désastres de l'industrie de l'amiante et des produits chimiques (Seveso, Bhopal et Love Canal).

Au contraire, dans le cas de mort par catastrophe naturelle – par inondations, foudre –, il semble qu'il y ait une forme d'acceptation mentale, instinctive et culturelle, attachée à ce genre de désastres et à leurs conséquences, qui est liée à la religion. Dieu ne nous a en effet jamais promis la sécurité sur la terre, seulement au ciel!

L'incertitude peut être décrite comme la somme des dangers potentiels qui nous entourent, qu'ils soient perçus ou non. Chaque individu ignorera sans doute certains de ces dangers, prendra des précautions contre d'autres, en s'entourant de garanties physiques ou financières, ou tombera dans un état d'angoisse qui le mènera tout droit à l'hôpital. De toute manière, il est difficile de se réjouir de trop d'incertitude! Une voiture qui fonce sur un piéton représente une incertitude intolérable (qui pourrait bien devenir une certitude!), tout en procurant au conducteur un frisson de plaisir.

La fumée de cigarette est beaucoup plus cancérigène que l'amiante. Pourtant c'est John Mansville qui a presque fait faillite et non Philip Morris. Ce ne sont pas les risques comparés tels qu'ils sont perçus par les scientifiques, mais le degré «d'excitation/danger» potentiel ressenti par l'individu qui rend le risque acceptable. Le lit est l'endroit le plus dangereux qui soit car, en effet, 75% des gens meurent dans leur lit. Pourtant, il ne viendrait jamais à l'idée de qui que ce soit de ne pas se coucher pour cette seule raison!

La perception de certains risques par les individus est intrinsèquement fonction des diverses périodes de la vie. La responsabilité et les risques qu'implique l'idée de produire et d'élever la génération suivante reposent sur les épaules des jeunes adultes, qui doivent pouvoir gagner leur vie pour les accepter. La pauvreté absolue n'est en aucun cas un encouragement à la prise de risque! Cependant la classe des hommes dont les âges se situent entre 20-34 ans, laquelle inclut 46% de la main-d'œuvre des Etats-Unis (pays industrialisé type), présentait selon les chiffres de 1983, un taux de chômage de 10,8% par rapport à 5,8% pour la classe d'âge des hommes entre 35 et 64 ans. La société devrait se préoccuper de sa propre survie et diminuer l'incertitude économique du groupe le plus important de sa population en lui allouant un revenu minimum garanti.

Un autre facteur irrationnel peut entraîner l'acceptation ou le refus d'un risque par les individus, c'est celui de la gravité d'une réaction en chaîne provoquée par un système créé par l'homme, comme la centrale nucléaire par exemple. Plus un système devient complexe et vulnérable, plus il suscitera de questions: ce risque particulier est-il vraiment nécessaire? Est-il assurable? Est-il possible de mettre sur pied des préventions et d'envisager une diversification des risques en fonction du temps, pour l'optimisation de l'ensemble des périodes de production, de distribution et d'élimination des déchets?

En réalité, à chaque fois qu'un système atteint un certain niveau de complexité et d'envergure, circonstances responsables d'une plus grande vulnérabilité et donc d'une plus grande source de risques, cela crée le sentiment, chez beaucoup, d'être plutôt les victimes que les bénéficiaires de ce système. La plupart des arguments qui parlent en faveur des gros systèmes sont de nature financière, chose qui était acceptable dans les temps de rareté du début de la Révolution Industrielle. Actuellement, il se peut qu'en basculant dans l'économie de service, des facteurs non monétaires fassent davantage partie de la perception du risque par les individus.

L'évaluation du risque scientifique exige donc une prise en compte des facteurs non monétaires; en clair, les risques devraient non seulement être mesurés en morts par millions de dollars investis, étalon de référence possible des industries fortement dotées en capital, mais aussi en morts par 1000 emplois créés, ou par unité de richesse et de bien-être social.

PRÉVENTION ET DIVERSIFICATION DU RISQUE

La prévention d'un risque – ne pas skier dans les couloirs d'avalanche, par exemple – devrait être une solution évidente, mais cette mesure irait à l'encontre à la fois d'une intention d'optimisation du profit et du plaisir du skieur. On ne peut pas éviter tous les risques, puisque la certitude de la mort existe! Néanmoins la médecine et les sciences modernes impliquent d'énormes coûts de prévention dans ce domaine, qui mènent souvent à une prolongation de l'agonie humaine dans une volonté de lutte contre la mort à tout prix. Ceci a attisé le débat concernant le droit à la mort de chacun dans beaucoup de pays industrialisés et les moyens d'utiliser l'argent dans une approche de prévention en faveur de la vie, c'est-à-dire dans des systèmes de médecine préventive destinée à renforcer la qualité de la vie, ou création de la vie comme on parlerait de création des richesses! A tel point que dans certains pays en avance, 50% de l'ensemble des dépenses de santé sont absorbées par des gens qui sont à trois semaines de la fin de leur existence.

La diversification du risque représente une autre possibilité de réduction de l'impact des dangers, tels qu'ils sont présents dans les vols transatlantiques d'avions monomoteurs par exemple. Cependant, la consigne d'économie d'échelle de la Révolution Industrielle est souvent incompatible avec la diversification du risque, comme le révèle le cas de l'industrie des tankers (de la marine) qui utilise des ULCC (*ultra large crude carriers*) qui vont jusqu'à 500 000 tonnes. Les facteurs de vulnérabilité et de risques devraient devenir des éléments essentiels à prendre en compte dans l'optimisation de la taille et des dimensions des activités économiques.

La culture joue aussi un rôle très important dans la perception du risque. Lorsque les premiers trains sont apparus, leurs détracteurs prédirent la mort de gens par douzaines dans des catastrophes ferroviaires, tandis que les découvreurs niaient avec force une telle éventualité en insistant sur toutes les formes de sécurité qui avaient été prises pour prévenir ce genre de désastre. La réalité a de loin dépassé toutes ces prophéties, mais globalement, les accidents de chemin de fer ont reculé derrière les catastrophes aériennes, aux yeux de l'observateur: la mort simultanée de 550 personnes dans un des rares accidents d'avion qui survienne exerce un impact beaucoup plus puissant sur les imaginations que les 150 morts quotidiens par accidents de la route aux Etats-Unis. La mort dans un train a cessé d'être envisagée comme un sujet d'intérêt.

Il faut souligner que la perception du risque par le public diffère énormément de l'appréciation (dans les deux sens) qu'en ont les analystes, comme on peut le voir dans la figure 23 fournie par Paul Slovic [79].

Il est net, ainsi que le note Slovic, que les occurrences de causes de mort tragiques et sensationnelles, largement couvertes par les médias, sont surestimées. Par contre, la fréquence des morts provoquées par des agents silencieux, non spectaculaires sur une personne à la fois, ou des événements mortels qui sont également répandus sous une forme non fatale, est sous-estimée.

Les situations de risque sont nettement associées à la pertinence (ou plutôt au manque de pertinence) des systèmes d'information et de communication tels qu'ils sont présents dans notre société.

Les comparaisons entre les bienfaits et les risques perçus révèlent également une situation très inégale (fig. 25).

Toutes ces références indiquent clairement que le problème central de notre existence et de notre comportement – l'élément risque – n'est pas suffisamment accepté comme tel dans nos sociétés en général.

La psychanalyse a son mot à dire en la matière: «L'angoisse humaine, en contribuant à notre sentiment d'insécurité, conduit à une recherche illusoire de la certitude... si une incertitude excessive peut mener à un état pathologique, nous avons – à l'autre extrême – des rigidités excessives construites autour d'une vision de

Très surestimés	Très sous-estimés
1. Toutes categories d'accidents 2. Accidents de la circulation 3. Grossesse, accouchement, avortement 4. Tornades 5. Inondation 6. Botulisme 7. Toutes formes de cancer 8. Incendies, flammes 9. Piqûres ou morsures venimeuses 10. Homicide	1. Vaccin antivariolique 2. Diabète 3. Cancer de l'estomac 4. Foudre 5. Attaques (cérébrales, cardiaques, etc.) 6. Tuberculose 7. Asthme 8. Emphysème

Exemples

Les morts par attaque (cérébrale, cardiaque, etc.) sont 85% plus élevées que les morts par accidents. Pourtant les gens estiment que les accidents tuent 25 fois plus que les attaques.

L'asthme tue vingt fois plus que les tornades. Les gens estiment que celles-ci tuent trois fois plus que l'asthme.

Fig. 23 Appréciations sur la fréquence et la probabilité de risque.

[Kahneman, Slovic et Tvesky (1983) *Judgement under Uncertainty: Heuristics and Biases*, Cambridge University Press.]

la réalité qui est fixe et *certaine* et qui bloque toute possibilité de trouver une alternative et de développer la créativité» [80].

Le jeu ne consiste pas à trouver des alibis à son anxiété, mais à identifier la vie comme une occasion de développer une stratégie de traitement du risque. Et, comme pour tout bon gestionnaire, la première règle sera d'éviter les jeux dangereux de l'illusion.

LA CERTITUDE DE LA MISÈRE/ LA MISÈRE DE LA CERTITUDE (LE NIHILISME)

La misère correspond à un état d'impuissance, physique ou matérielle, morale ou naturelle. C'est une situation dans laquelle l'aptitude à lutter pour la vie, pour le développement, est détruite. C'est une situation de certitude négative et d'indigence.

Le rôle des religions, des philosophies, des mythes et même de la science, est essentiellement de réduire au moins l'impuissance morale ou psychologique, de sorte que les incertitudes de la vie puissent être affrontées et combattues.

Walter Weisskopf décrit [81] divers systèmes de croyances qui se sont développés dans l'histoire, pour réduire l'anxiété et le sentiment d'impuissance.

«Le monde médiéval croyait en un ordre surnaturel, mais compréhensible. Le modèle newtonien croyait à un ordre inscrit dans la nature et appréhendable par la raison. Ayant abandonné la foi en la providence, en la grâce et autres gratifications terrestres de la vertu religieuse, aussi bien qu'en la croyance déterministe en la nature et la raison, le paradigme heisenbergien [82] semble nous

Cause de mortalité	Taux pour 2,05 × 10^8 habitants aux E.-U.	Estimation selon les sujets	Cas de mort rapportés R-G	S-T
1. Variole	0	57	0	0
2. Empoisonnement par excès de vitamines	1	102	0	0
3. Botulisme	2	183	0	0
4. Oreillons	5	168	0	0
5. Feux d'artifice	6	160	0	0
6. Vaccin antivariolique	8	23	0	0
7. Coqueluche	15	93	0	0
8. Polio	17	97	0	0
9. Piqûres ou morsures venimeuses	48	350	0	0
10. Tornade	90	564	36	23
11. Foudre	107	91	1	0
12. Animaux non venimeux	129	174	4	7
13. Inondation	205	736	4	30
14. Froid	334	314	0	0
15. Syphilis	420	492	0	0
16. Grossesse, naissance, avortement	451	1 344	0	0
17. Hépatite infectieuse	677	545	0	0
18. Appendicite	902	605	0	0
19. Electrocution	1 025	766	5	0
20. Accidents de transport, de train	1 517	689	0	1
21. Asthme	1 886	506	1	0
22. Accident par arme à feu	2 255	1 345	8	1
23. Empoisonnement par acide/liquide	2 563	1 014	3	3
24. Tuberculose	3 690	658	0	0
25. Incendies, feux	7 380	3 336	94	46
26. Noyade	7 380	1 684	47	60
27. Leucémie	14 555	2 496	1	0
28. Chutes accidentelles	17 425	2 675	15	7
29. Homicide	18 860	5 582	278	208
30. Emphysème	21 730	2 848	1	0
31. Suicide	24 600	4 679	29	19
32. Cancer du sein	31 160	2 964	0	0
33. Diabète	38 950	1 476	0	1
34. Accident automobile	55 350	41 161	296	83
35. Cancer du poumon	73 850	9 764	3	2
36. Cancer de l'estomac	95 120	3 283	0	1
37. Tous accidents	112 750	88 679	715	596
38. Attaques (cardiaque, cérébrale, etc.)	209 100	7 109	12	4
39. Toutes formes de cancer	328 000	43 609	25	12
40. Maladie cardiaque	738 000	23 599	49	30
41. Toutes maladies	1 740 430	88 836	111	87
Nombre total de cas constatés (causes 29, 31, 37 et 41)			1133	910
Corrélations (R-G/S-T)			0,97	

Fig. 24 Fréquence statistique et couverture journalistique, étude comparative de 41 causes de mortalité entre le Register-Guard (RG) Eugene, Oregon, et le New Bedford, Massachusetts Standard-Times (ST).

[Combs, B. et Slovic, P. (1979) «Causes de mortalité: Partialité de la couverture journalistique et des jugements individuels, *Journalism Quarterly*, 56, pp. 837 à 843.

Utilisation ou technologie	Bienfait perçu	Risque perçu	Besoin de pondération du risque[b]
1. Boissons alcoolisées	41	161	4,4
2. Bicyclette	82	65	1,5
3. Aviation commerciale	130	52	2,3
4. Contraceptifs	113	50	2,0
5. Courant électrique	274	52	1,0
6. Lutte anti-incendie	178	92	1,1
7. Colorants alimentaires	16	31	3,0
8. Conservateurs alimentaires	44	36	2,7
9. Aviation générale	53	114	2,1
10. Armes à feu (pistolet, revolver)	14	220	17,3
11. Football scolaire	35	37	1,7
12. Equipement électrique ménager	133	25	1,1
13. Chasse	30	82	2,5
14. Grande construction	142	91	1,7
15. Deux roues motorisés	29	176	5,3
16. Véhicules motorisés	137	247	6,1
17. Escalades en montagne	28	68	1,0
18. Energie nucléaire	52	250	29,0
19. Pesticides	87	105	9,5
20. Tondeuses électriques	30	29	1,5
21. Activité de la police	278	111	1,8
22. Prescriptions d'antibiotiques	209	30	1,3
23. Chemins de fer	185	37	1,2
24. Ski	38	45	1,0
25. Tabac	20	189	15,2
26. Bombes vaporisantes	17	73	7,8
27. Chirurgie	164	104	1,9
28. Natation	68	52	1,0
29. Vaccinations	194	17	0,8
30. Radiographie	156	45	1,7

[a] Données adaptées de travaux de Fischhoff et al. (1978), par Paul Slovic.
[b] Les valeurs correspondant à 1,0 indiquent que l'activité offre actuellement un niveau de risque acceptable. Les valeurs supérieures à 1,0 indiquent que l'activité doit être entourée de davantage de précautions en fonction du facteur indiqué dans la colonne. Les valeurs inférieures à 1,0 signifient que l'activité pourrait être plus dangereuse mais qu'elle est encore acceptable pour la société.

Fig. 25 Perception du risque et besoin de pondération selon le risque dans 30 utilisations et technologies[a].

[Paul Slovic, Decision Center on Risk Perception and Risk Communication.]

priver de toute protection contre la menace d'un futur inconnu et d'une réalité inconnaissable».

Pourtant, les deux systèmes de croyance sont d'une nature double. Chacune représente l'homme comme étant à la fois omnipotent et impuissant. Le paradigme newtonien place l'homme sur le trône de l'observateur potentiellement omniscient d'une réalité objective, capable de comprendre au moyen de sa raison la logostructure du monde. Dans le même temps, l'homme est jeté à bas de son piedestal en étant soumis aux lois inexorables de la nature qui déterminent son destin de manière univoque. Dans les modèles micro-économiques, l'individu est présumé capable de connaître et de prédire les futurs prix d'équilibre. En dépit de son omniscience, il est incapable d'exercer une influence sur ce prix ou de s'en écarter. Cette contradiction n'est pas limitée au monde économique; elle fait partie d'une vision d'un monde déterministe cartésien ou newtonien; l'individu est sans pouvoir vis-à-vis des lois de la nature, en dépit de son omniscience virtuelle. Le paradigme d'Heisenberg montre la même ambivalence. Seule la situation est renversée. L'individu est dépouillé de son omniscience; les événements ne sont ni prédéterminés ni prévisibles. L'impuissance naît de la non-connaissance et de l'imprévisibilité du futur. Pourtant, le modèle heisenbergien est, pour partie, à l'origine de la révolution qui, en physique, a rendu possibles la scission de l'atome et la bombe à hydrogène, avec l'énergie nucléaire comme sous-produit. Ceci a renforcé le pouvoir de l'homme sur la nature. En science économique, le nouveau modèle est rattaché à la puissance de marché privé et gouvernemental ainsi qu'à l'administration dirigée de l'économie. Ainsi, les modèles heisenbergien et newtonien font une synthèse de la puissance et de l'absence de puissance, seulement d'une manière différente. L'homme newtonien est puissant dans son savoir et dans ses prévisions, mais impuissant dans ses actions. L'homme heisenbergien est faible dans ses connaissances et prévisions mais il est fort dans son rôle de participant au processus évolutif de la création et à sa destruction.

Walter Weisskopf observe plus loin: «Si l'on étudie l'histoire de l'Occident du Moyen Age à nos jours, on constate une désintégration continue des systèmes de croyance réducteurs d'anxiété». Il entend par-là une désintégration des systèmes de croyance (qu'ils soient religieux ou scientifiques) qui, en effet, donnaient un sentiment de certitude à une humanité à peine sortie de sa première enfance. Le fait que nous soyons capables de supporter des niveaux d'incertitudes plus élevés révèle que nous sommes en train d'acquérir une plus grande maturité et une plus grande aptitude à accepter la dynamique de la vie telle qu'elle existe vraiment. C'est une sorte d'élimination progressive des attitudes légèrement schizophrènes de l'enfant qui, parce qu'il est vulnérable, a besoin d'intermédiaires plus forts (ses parents) pour se construire et survivre psychologiquement et matériellement.

Ceci ne veut pas dire que toutes les formes de religions ou mythes doivent être un jour abandonnés: les rêves, les religions et les utopies représentent des constructions hypothétiques avec des contenus métaphysiques de degrés divers, qui mettront du temps à élaborer des buts, définir des directions à notre évolution, des mises à l'épreuve, et même affronter divers stades d'incertitude insoutenable. Le fait de devenir adulte ne signifie pas automatiquement triompher des angoisses et des incertitudes, mais simplement de pouvoir y faire mieux face qu'un enfant.

Dans ce sens, si l'on se reporte aux citations de Walter Weisskopf, le sentiment d'omniscience et de puissance, courant au XIXe siècle dans une philosophie occidentale fondée sur le déterminisme, provient d'un simple choix intellectuel et abstrait d'éviter le courant normal d'une réalité incertaine.

LE RÊVE POSITIVISTE

Le rêve positiviste de parvenir à l'omniscience dans un monde abstrait et statique est essentiellement un fantasme intellectuel. C'est l'indication de la permanence d'un très haut degré de schizophrénie dans l'enfance de l'humanité, d'une prétention à pouvoir prévoir, à rationaliser dans le sens ancien positiviste et déterministe sur l'éventualité pour l'homme de tout maîtriser un jour ou l'autre. Tout ceci indique que la civilisation n'avance pas, qu'elle réclame encore une illusion de certitude pour rendre le présent plus supportable, du moins psychologiquement. Mais une telle attitude mentale est autodestructive. En effet, la réalité de la vie contredit continuellement l'espoir de construire un futur d'incertitudes, et la réaction sera inévitablement celle du nihilisme.

Nous affirmons que cette forme de rationalisme, aspect de la culture occidentale véhiculé sous les noms de déterminisme, positivisme et scientisme – particulièrement au XIXe siècle –, est en fait non seulement expressive d'une tendance de la civilisation à grandir et à mûrir, mais aussi génératrice de différentes formes du nihilisme. Une fois que la promesse d'un bonheur – futur définitif, déterminé – et d'une certitude a été déclarée comme un but possible, les contradictions normales, les dangers et les incertitudes de la vie sont interprétés comme des échecs au lieu d'être acceptés comme la réalité, matière première du développement, occasion d'une vraie croissance et d'une vraie maturation.

Walter Weisskopf lui-même reste un peu attaché aux schémas anciens lorsqu'il écrit «qu'on éprouve un sentiment d'impuissance en constatant qu'il n'existe pas de prévision sûre dans une réalité dont on examine l'incertitude». S'il subsiste un sentiment d'impuissance en face d'un futur qui est probable et indéterminé, ceci indique à quel point il est difficile d'accepter raisonnablement le tracé normal de la vie et de vraiment y faire adhérer nos comportements, tout en reconnaissant que la tendance vers un modèle indéterminé accroît, en fait, l'étendue de l'action humaine. C'est l'évolution, c'est le progrès!

Nous vivons concrètement, dans le même temps, une période d'incertitude grandissante, avec la menace d'un holocauste nucléaire par exemple. Mais c'est nous qui sommes responsables de cette situation d'angoisse. Ceci est donc une occasion particulière de montrer par une action positive notre aptitude à acquérir notre maturité dans le sens d'une vraie civilisation, ou au contraire d'avouer notre incapacité à nous mener nous-mêmes. Il est manifestement essentiel ici d'être d'une plus grande modestie, et d'avoir une meilleure compréhension et conscience de la réalité. Nous devons nous conduire de manière plus civilisée, nous avons besoin de nouvelles philosophies sociales, politiques et économiques, capables de nous aider à faire face à de telles incertitudes. Nous sommes responsables de leur création et de leur bon fonctionnement. Le futur est notre affaire. La menace d'une catastrophe nucléaire nous donne la mesure du saut quantique à franchir en tant que civilisation humaine. Ce saut échappera à tout schéma préconçu.

Le problème de la misère n'est pas seulement un problème philosophique, psychologique ou nucléaire, c'est aussi celui de la vie quotidienne, et il est donc de nature économique. Ces problèmes peuvent parfois sembler moins importants, mais ils constituent tout de même la préoccupation majeure de notre vie. La misère et le dénuement absolus écartent toute possibilité de traiter le risque et les incertitudes. La misère est un monde de certitude, un monde dans lequel les incertitudes implicites et les risques de la vie ne peuvent pas être affrontés, dans lequel on ne peut pas saisir les occasions offertes. Impossibilité donc de choisir, de changer, d'améliorer, de se battre pour sa propre dignité.

Les notions d'indigence et de pauvreté ne doivent pas être confondues. Comme le fait remarquer Walter Weisskopf: «Les véritables dimensions de la pauvreté sont existentielles plutôt qu'économiques». Pour le moine du Moyen Age, la pauvreté était un moyen de devenir riche au ciel. La pauvreté en elle-même était un signe de type de richesses. Albert Tevoedjre a écrit un livre sur *La pauvreté, richesse de l'humanité* [83], dont le but n'est pas de prêcher la pratique de la pauvreté à travers le monde, mais de mieux identifier ce qui fait que les gens sont plus riches ou plus pauvres.

Dans *Porgy and Bess*, l'opéra de George Gershwin, il est fait une très nette distinction entre la pauvreté et la misère dans une chanson populaire: l'héroïne ne possède que des «petits riens» mais ils lui suffisent, elle n'a pas de voiture, pas de mule, mais n'est pas dans la misère.

Cela ne veut pas nécessairement dire qu'une voiture ou une mule soient un élément de misère, mais qu'elles font partie de nos richesses seulement en fonction du test de leur valeur d'utilisation. Ceci nous ramène à l'économie de service et au problème de la misère.

La révision de la notion de valeur dans l'économie de service, laquelle prend en compte la réelle utilisation et respecte les différences culturelles, est, nous l'espérons, un pas en avant dans la suppression de la misère. Ce n'est pas parce que tout produit ou service doit être d'une valeur d'utilisation vraiment positive pour l'utilisateur ou le consommateur, mais aussi parce que notre propre niveau de richesse est défini en fonction de notre capacité morale et matérielle à affronter la vie, ou ses risques et incertitudes. Notre liberté peut se mesurer en termes de choix de différentes voies et stratégies relatives aux conditions de vie et donc à ses aléas. Nous ne sommes en mesure de vendre de la sécurité sous aucune autre forme que celle de la diversification de nos façon de traiter tous les risques et incertitudes possibles. Personne ne peut nous vendre, du moins en termes économiques, un produit «sécurité», mais seulement les moyens de nous permettre de parer aux accidents ou de relever des défis.

Le vrai pacte que nous devrions conclure avec le Dr Faust de notre époque, c'est qu'il suspende le temps, et qu'une part de certitude nous soit donnée en échange de notre âme et notre identité. Notre angoisse qui nous renvoie à celle de notre mort, unique fait sûr de notre existence, ne nous incite pas à nous en servir comme énergie dynamisante, mais plutôt à nous abandonner à elle, ce qui revient à préférer la mort à la vie. Une situation dont l'anxiété serait absente serait celle de la certitude absolue, laquelle n'existe pas.

Les limites du certain sont précisément celles qui sont, en avant de nous, propices à notre développement matériel et moral. Sur la terre, seuls un dénuement total, une mort spirituelle et matérielle peuvent-ils représenter la certitude.

Un dialogue pour la fondation d'un secrétariat de l'incertain

«Vous avez dit Ulrich, Ulrich Tuzzi?»

ULRICH TUZZI

Ayant quitté mon bureau, je mis environ un quart d'heure pour me rendre à la clinique des Grangettes, à Chêne-Bougeries, un quartier de Genève. Près du parking de la clinique, à l'ouest du bâtiment, j'ai trouvé une vieille maison de deux étages, entourée d'arbres. Peut-être parmi eux sont les survivants des quatre pins, déjà anciens à l'époque, ou des deux bouleaux décrits par Robert Musil dans les notes relatives aux dernières années de sa vie. A moins bien sûr, qu'ils n'aient fait partie des arbres sacrifiés pour le parking. Je m'étais mis en devoir de vérifier si le bassin en demi-lune existait toujours, lorsque je notai la présence d'un ami, collègue chercheur du CERN (Centre Européen pour la Recherche Nucléaire). Physicien, il était accompagné d'une autre personne âgée d'environ quarante ans, aux traits fermes, au front légèrement dégarni, les cheveux noirs rejetés en arrière. Tous deux semblaient chercher quelque chose aux alentours de la vieille maison.

Nous nous sommes serrés la main, puis mon ami a fait les présentations: «Un de mes collègues du CERN, Ulrich Tuzzi [84].

Il a ensuite expliqué qu'ils étaient venus voir s'il serait possible de louer le rez-de-chaussée de la maison, avec véranda, pour y créer le secrétariat d'un Centre de réflexion sur l'incertain.

– Voyez-vous, m'explique Ulrich Tuzzi, quelques années avant que n'éclate la Première Guerre mondiale qui devait voir la fin de l'Empire austro-hongrois (je suis d'origine viennoise), mon grand-père songeait à créer un Secrétariat général de la certitude et de l'âme.

– Il me semble avoir lu quelque part...

– ...mais il n'y est pas parvenu. Il voulait réconcilier la culture et la tradition scientifique européenne qui, de Descartes en passant par Newton jusqu'à nos jours, n'a cessé d'élargir la brèche entre l'âme et le corps, entre la connaissance résultant des sciences naturelles et – ce qui est beaucoup plus difficile à définir – engendrée par la perception artistique, entre le certain et l'incertain. Il disait souvent que dans son univers, jusqu'alors, toute vérité lui apparaissait comme divisée en deux demi-vérités.

– Non! vous n'allez pas me dire, vous qui travaillez pour un centre prestigieux de recherche fondamentale que les découvertes de la physique moderne ne sont que des demi-vérités!

– Si, en quelque sorte. Certaines choses n'étaient pas aussi limpides du temps de mon grand-père – époque dominée par le positivisme et par une accumulation d'unités de savoir définitif et universel. Comme le disait Popper, la science progresse grâce au processus de falsification. Elle étudie les lois de Newton, jusqu'à ce qu'elle réalise que, dans certaines conditions, ces lois sont partiellement fausses. Jusqu'au moment où Einstein arrive sur la scène et révèle qu'elles ne sont plus pertinentes. Et puis après Einstein, arrive un Heisenberg et ensuite un Prigogine. La recherche est un processus dynamique et ne se résout pas à une acquisition de détails éternellement valides. Toute synthèse, tout détail ajouté et la signification des éléments du tout en sera modifiée.

– Mais une chaise sera toujours une chaise, un arbre un arbre, un atome, un atome.

– Dans une certaine mesure, oui et sous certaines conditions. Le principe d'incertitude d'Heisenberg nous mène à reconnaître qu'au niveau de l'infiniment petit, l'équivalent d'une chaise peut, à un point donné dans le temps, apparaître comme quelque chose de totalement différent.

– Mais il n'en est pas moins vrai que la technologie devient de plus en plus efficace et puissante et que je peux distinguer – pour ainsi dire – l'infiniment petit de plus en plus nettement?

– Il arrive un moment précis où le simple fait d'observer l'infiniment petit le modifie, parce que l'énergie dégagée par l'observateur interagit avec ce qui est observé.

– Cher Monsieur Tuzzi, dans ce cas, n'êtes-vous pas en train de me raconter qu'il n'y a plus de différence entre les sciences humaines ou sociales (dans lesquelles nous sommes nous-mêmes immergés) et les sciences naturelles qui, par définition, sont asujetties à l'observation objective et certaine.

CENTRE DE RÉFLEXION SUR L'INCERTAIN

– Cette définition possède ses propres limites. Les sciences exactes et les sciences sociales se retrouvent de plus en plus fréquemment dans la même situation: elles ont toutes deux à faire avec divers degrés d'incertitude. Mais grâce à celle-ci, nous avons la possibilité de combler le fossé qui obnubilait mon grand-père. Le résultat en est qu'il est désormais possible que la création d'un Centre de réflexion sur l'incertain aboutisse à quelque chose dont le Secrétariat général de la certitude et de l'âme aurait bien été incapable, à l'époque où l'on considérait que ces deux pôles étaient irrémédiablement séparés. C'est la raison pour laquelle ce Secrétariat n'a jamais vu le jour et pourquoi mon grand-père a vécu ce roman sans fin, divisé par les contradictions entre la nature de l'homme et celle d'une certaine science positiviste, à la poursuite d'une synthèse impossible. Pourtant, aujourd'hui, on peut mettre au bout de ce roman le mot «Fin», dans l'empressement à perpétuer renaissance et recherche.

– Ce que vous me dites maintenant c'est que la vie de votre grand-père ou plutôt son roman arrive à la fin précisément parce qu'il peut continuer...

– Cela n'est pas simplement un paradoxe. Musil a écrit, sur ce point, que *les hommes de cet acabit existent certainement aujourd'hui, mais qu'ils sont encore peu nombreux et que de ce fait, il est difficile de réunir ce qui est dispersé.* Actuellement une nouvelle culture est en train de se développer et de se répandre à travers le monde, une culture dans laquelle il devient de moins en moins courant de rencontrer des éléments isolés. Une culture dans laquelle s'élabore une Nouvelle Alliance, et comme le dit Le Nobel Prigogine, une culture de processus d'intégration et de construction.

– Il me semble quelque peu problématique que tout ceci, en fait, se fasse à partir de l'incertitude, si le peu de certitude qui reste dans le monde – les quelques certitudes scientifiques – se dérobe sous vos pieds. J'imagine que vous allez simplement aggraver le chaos et le sentiment de vide pour les générations futures.

– C'est tout justement le contraire. Tous les dogmes et les pseudo-religions, qui sont devenus des idéologies politiques, ont pleinement exploité le concept d'une science exacte, certaine et inéluctable. Ils en ont déduit une foule de légitimations sans fondement. Au Moyen Age, les guerres et les massacres étaient justifiés au nom de Dieu. Des massacres encore plus horribles ont été perpétrés, dans notre siècle de barbarie contemporaine, au nom de lois scientifiques de la société. Jamais auparavant le chaos n'a été orchestré avec autant d'efficacité.

– Mais comment peut-on vivre et donner la vie en proclamant que l'incertitude vaut quelque chose?

– Il ne s'agit pas de répandre l'incertitude. Le problème c'est de reconnaître que la vie est incertaine. L'humanité doit décider un jour ou l'autre de créer un monde réellement civilisé, constitué de gens capables de maturité. C'est reconnaître la réalité. C'est un acte de conscience culturelle profonde qui est essentiel si nous voulons éviter les manipulations des pourvoyeurs de certitudes définitives. C'est une question d'apprendre à vivre mieux, d'assumer ses propres responsabilités, de se confronter à l'incertitude, de l'accepter. Ce sera la meilleure des psychothérapies...

– Je vois... vous n'êtes pas Viennois pour rien...

– Oui, mais un Viennois qui accepte la réalité et qui demande même qu'on mène d'urgence une enquête sur ce qui est faux chez Freud.

– Je dois dire, cher Monsieur Tuzzi, que je suis un peu perplexe, même très perplexe. Je comprends que vous ayez beaucoup d'affection pour votre grand-père. Mais ne pourrait-on pas dire que votre attitude est, dans une large mesure, due à un monde en crise, à un monde en décomposition? Si je me souviens bien, votre grand-père a vécu à Vienne surtout pendant les années qui ont immédiatement précédé la chute de l'Empire austro-hongrois. Son souhait de fonder le Secrétariat général de la certitude et de l'âme – j'espère que vous ne m'en voudrez pas si je parle franchement – ne venait-il pas d'un désir de fuir la réalité et, de cette façon, de prendre part à la désagrégation politique de son pays, et même peut-être d'en être responsable, dans une certaine mesure?

– De toute évidence, l'Empire austro-hongrois était plongé dans une crise importante et se trouvait incapable de faire face aux développements historiques de l'époque.

– Une période qui a duré plusieurs dizaines d'années et qui semble avoir coïncidé avec toute la Révolution Industrielle.

– Exactement. La logique de Descartes et de Newton correspondait à celle de la spécialisation industrielle, de la productivité de la fabrication, de la spécialisation de la population, et en conséquence, du nationalisme et des classes. Le drame s'est produit lorsque la ligne qui séparait le conflit et la dialectique s'est rompue et que la brèche fut irréparable. L'incompatibilité entre ces deux pôles est, une fois encore, celle qui existe entre la certitude et l'âme. C'est la manière cartésienne de sous-diviser le monde et la vie, révélant une approche qui est intrinsèquement incapable de stimuler les différences de façon positive. Ici, en Suisse, on a accepté que l'Etat fédéral garantisse et protège la souveraineté et l'individualité des cantons. Ce système substitue un état de légalité à la loi de la jungle internationale. Et notre monde moderne n'est plus capable d'accepter les conflits et les failles irréparables sans que la survie de l'ensemble de l'humanité en soit menacée.

– Du moins, un Etat indépendant peut-il défendre sa liberté.

– Cela dépend de sa force. L'indépendance de pays inégaux met le faible à la merci du plus fort. Seul l'Etat le plus fort, en termes d'absolu, a peut-être intérêt à être vraiment indépendant. Pourtant, il existe actuellement 150 Etats indépendants à travers le monde. Tous ne représentent que des demi-vérités, la force des superpuissances incarnant l'autre part de vérité. C'est la raison pour laquelle le monde est en haleine habituellement à chaque élection ou nomination des leaders des superpuissances, sans pouvoir y participer directement, en vertu de l'indépendance des pays.

– Alors, pour vous, la chute de l'Empire des Habsbourg a été un désastre historique. Ne pensez-vous pas que cela participe d'une certaine nostalgie chez vous? Ne seriez-vous pas par hasard, en train de créer votre Centre pour la commémoration de l'anniversaire de naissance de Franz-Joseph?

– Je dois admettre que vous avez raison sur un point. D'un autre côté, les nombreuses raisons pour lesquelles l'ancien Empire des Habsbourg devait disparaître doivent être clairement dites: son inaptitude à susciter un plan valable de fédéralisme moderne, sa gestion erratique des effets ravageurs de la Révolution Industrielle, la rénovation maladroite des structures sociales... Pourtant, d'un autre côté, il est nécessaire de souligner les aspects positifs de la coéxistence des différentes nations et de ne pas oublier que la désintégration de cet Empire a ouvert la voie au nazisme. Le point important consiste à trouver dans cette nouvelle culture, qui se répand à travers le monde, une possibilité neuve de dépasser la situation actuelle, de progresser, de recréer une image du futur et des opportunités que les vieilles cultures et idéologies (qui ne sont plus celles de l'Empire austro-hongrois, mais celles qui l'ont détruit) ont de plus en plus de mal à promouvoir.

– Votre Centre de l'incertain n'est certes pas sans ambitions globales. Je crains que vous ne soyez en train de chercher un type d'humanité qui n'existe tout simplement pas.

– C'est assez vrai, il y a là un défi à relever. Mais si personne ne le fait, notre planète périra. C'est le défi de la capacité à évoluer de l'humanité et en outre, aujourd'hui plus que jamais, à développer un minimum d'intelligence, de bon sens et de qualité humaine.

– Tout dépend de ce que vous entendez par qualité. Mon grand-père avait l'habitude de dire qu'il n'avait aucune qualité, puisqu'il ne possédait pas celle que demandait son époque. La *Qualité*, selon lui, était celle de pouvoir se limiter à une spécialisation, une activité clairement définie, sans avoir à intégrer son propre univers à un schéma général, sans réunir les deux pôles de deux moitiés de vérité.

– De ce point de vue, j'aurais tendance à me définir comme homme sans qualité.

– Alors faites-donc partie de notre Centre de réflexion sur l'incertain!

Alors nous nous sommes mis à discuter du montant de la cotisation. La nuit était tombée et quelqu'un avait allumé les lumières de la véranda de la maison du chemin des Grangettes (le n° 29 pour être précis).

ÉBAUCHE DE DÉCLARATION

Avant de nous séparer, Ulrich Tuzzi m'a tendu un document qui portait le titre de *Centre de réflexion sur l'incertain. Ebauche de déclaration.* Le voici:

«Ce n'est qu'en tentant de résoudre ses incertitudes morales que l'homme peut, en créant, découvrir ce qu'il est. De la même façon, ce n'est qu'en tentant de résoudre leurs incertitudes morales qu'une institution ou un groupe peuvent, en créant, découvrir leur identité [85].»

Ce ne sont pas simplement des faits objectifs – ceux qui existent en dehors de l'homme – qui comptent. Les faits deviennent de l'histoire, lorsqu'une culture humaine, une certaine attitude, les a révélés ou même créés. Il n'existe qu'un seul fait qui s'impose de soi, sans ambiguïté, qu'une seule certitude future: la mort de l'individu et de notre univers. Tout le reste c'est la vie, l'incertitude, le fil de l'histoire, la naissance de nouveaux univers.

L'Europe, aujourd'hui, manifeste une multitude de faits qui brossent un tableau du véritable comportement de ses peuples et gouvernements. A chaque instant, des douzaines d'occasions se présentent à nous d'agir et c'est à chacun de se définir et de réfléchir en fonction de ces faits, par un choix, un refus, une acceptation et, par-dessus tout, une participation. La liberté est avant tout une manière de modeler notre personnalité, grâce à l'exploitation constructive, sélective des faits. C'est la raison pour laquelle il est si difficile de s'entendre avec les autres à propos des faits.

Cependant, une civilisation est une certaine manière de vivre et d'engendrer des faits. C'est une attitude spécifique vis-à-vis de l'existence et de son incertitude. C'est une bataille permanente pour s'assurer que le mirage de la certitude ne progresse pas au point de nuire au vivant, en berçant les esprits du faux espoir du définitif, ce qui persuaderait sournoisement l'homme d'abdiquer tout combat au profit des dogmes.

C'est cette certitude même, source de vie et de responsabilisation, qui nous permet de croire à la possibilité d'une stratégie du progrès. Grâce à ceci, nous savons que les circonstances se renouvellent constamment, que l'espoir est éternel, même dans les situations les plus graves. Cependant, le combat est loin d'être facile lorsqu'on réalise à quel point au cours de l'histoire, il a été possible de pétrifier toute forme de vie – rouge, blanche ou noire – par de soi-disant Saintes Inquisitions qui agissaient au nom de certitudes.

Pour cette raison, quand il s'agit de l'Europe et de sa crise de civilisation, il est important de ne pas confondre son manque de concepts directeurs avec ses incertitudes.

L'Europe est en crise parce qu'elle est bloquée par des certitudes dépassées et frustrantes. La crise est symbolisée, par-dessus tout, par des attitudes d'un choix d'images du passé ou du futur qui exorcisent le présent. Par ailleurs, si les incertitudes du présent sont acceptées, le futur devient la matière première de l'action, la probabilité de la création active, la possibilité de la vie.

Le monde dans lequel nous vivons a rarement été aussi complexe, aussi réagissant dans tous ses éléments, aussi pleinement évolutif dans tous les domaines. Il y a rarement eu autant d'occasions que maintenant – à la fois pour les Européens et les autres peuples – de créer et, en conséquence, de vivre à l'échelon planétaire. Les grandes incertitudes et les drames de notre époque comportent et offrent aux Européens de vastes opportunités d'action, de découverte de soi, de création – en particulier de soi – en tant que partie, et avec les autres parties du reste du monde. S'ils souffrent d'un sentiment de crise spécifique, ce n'est pas en raison de l'étendue du défi à relever mais plutôt de leur incapacité à vouloir l'affronter. L'impression de crise vient de notre propre comportement, de notre manque d'aptitude ou – plus simplement – de notre manque de désir d'exister.

On admet, qu'en surface, l'Europe comprend les faits du monde. Elle regorge d'experts dans tous les problèmes. On peut obtenir des rapports approfondis et complets sur n'importe quelle question, importante ou moins importante, dans tous les domaines. Pourtant, trop souvent, ces rapports encombrent les archives du faux alibi. Comme le fait un gouvernement qui prône bien haut l'union européenne tout en continuant de pratiquer le nationalisme. Comme tout intellectuel qui revendique justice et liberté mais qui les étouffe sous des comportements de pensée bureaucratiques.

Depuis quelques années maintenant, de nombreux experts ont travaillé à des projets pour l'Europe. La valeur d'un rapport n'est pas tant attachée au travail des experts qui l'ont produit qu'à l'usage qu'en fera quelqu'un. Quelqu'un qui, devant l'incertitude, devant la vie, saura trouver de nouvelles occasions d'agir.

Il est temps pour l'Europe de renaître, de faire peau neuve dans un monde neuf, de se retrouver dans une recherche et des projets pour l'avenir ou, plus simplement, de se créer elle-même.

Une Europe unie, capable de garantir le pluralisme de ses peuples et de leurs différences, ouvrira d'un pas ambitieux la voie vers un monde plus harmonieux, vers plus de civilisation, marche qu'il est urgent d'entreprendre à la veille du prochain millénaire.

Notes et références bibliographiques

[1] Extraits de *Penser avec les mains*, Gallimard, 1972, p. 32.

[2] Citations extraites de documents distribués au Séminaire sur la Complexité, organisé par l'Université des Nations Unies, Tokyo et par l'IDATE, Montpellier en mai 1984.

[3] En ce qui concerne le Patrimoine, se reporter à l'ouvrage de Giarini, Orio (1980), *Dialogue on Wealth and Welfare*, Pergamon Press, Oxford, pp. 168–248.

[4] Zimmermann, Erich (1933, 1951), *World Resources and Industry*, Harper & Broth, New York, N.Y.

[5] Dans son essai, *Principle of Population.*

[6] Kahane, Ernest (1979), *Parmentier ou la dignité de la Pomme – Essais sur la Faim*, A. Blanchard, Paris.

[7] Campbell, R.H. et Skinner, A.G. (1982), *Adam Smith*, Croom Helm, London.

[8] Heilbronner, R. (1971), *Les Grands Economistes*, Le Seuil, Paris pp. 46–48.

[9] L'un des meilleurs ouvrages sur l'histoire de la Révolution Industrielle: Landes, David S. (1972), *The Unbound Prometheus*, Cambridge University Press, Cambridge.

[10] Evaluation réalisée par Ivan Illich à propos d'une communication sur l'«Emploi Fantôme», lors d'une conférence à l'Université de Kassel, en septembre 1980.

[11] Se reporter à Giarini, Orio (ed.) (1984), *Cycles, Value and Employment*, Pergamon Press, Oxford; également Mensch, G. (1977), *Das Technologische Patt*, Fischer Verlag, Frankfurt.

[12] Comme dans le cas de C. Marchetti (1980), Society as a Learning System: Discovery, and Innovation Cycles Revisited, *Technological Forecasting and Social Change*, No 18, pp. 267–282.

[13] Meadows, D. (1972), *The Limits to Growth*, Universe Books, New York, N.Y.

[14] Voir Leveson, Irving, Hudson Institute Strategy Group, New York, *The Service Economy in Economic Development*, communication présentée au Graduate Institute of European Studies, Université de Genève, 16 avril, 1985.

[15] Voir Fourastier, Jean (1958), *Le Grand Espoir du XXe siècle*, Gallimard, Paris; également Clark, Colin (1960), *Les Conditions du Progrès Economique* (The conditions of Economic Progress), PUF, Paris; et aussi Bell, Daniel (1973), *The Coming of the Post-Industrial Society*, Basil Books, New York, N.Y.

[16] Voir Enthoven, Alain (Université de Stanford) *The HMO's* communication présentée à Paris, le 23 avril 1985, à l'Institut de la Boétie; également Zigler, Martin (1985), *The Changing Face of Health Care Delivery*, Emphasis, by Tillighast Actuaries, Atlanta, Georgie.

[17] La définition de l'économie de service comme système de maillage de réseau, a été également présentée par Leveson, Irvin (1985), *The Networking Economy*, Hudson Institute Papers, New York, N.Y.; on retrouve la même orientation dans un livre récent de Bressant, Albert et Distler, Catherine (1985), *Le Prochain Monde* (Resopolis), Paris.

[18] Voir Berliner, Baruch, 1982, *Limits of Insurability of Risks*, Prentice Hall, Inc. Eaglewood Cliffs, N.J.

[19] Knight, Frank (1921, 1971), *Risk, Uncertainty and Profit*, University of Chicago Press, Chicago, Ill.

[20] Voir 19.

[21] Voir Arrow, Kenneth (1978), Risk Allocation and Information, *The Geneva Papers on Risk and Insurance*, Geneva, N° 8, pp. 5-19 et bibliographie.

[22] Voir Furstenberg, George von (ed.) (1979), *Social Security versus Private Savings*, Ballinger Publishing Company, Cambridge, Mass.

[23] Voir le bulletin *SIGMA*, Compagnie de Réassurance Suisse, Zurich (annuel).

[24] Voir Forrester, Jay (1975), *Counter-Intuitive Behaviour in Social Sciences (collected papers)*, Wright-Allen Press, Cambridge, Mass.

[25] George, A. (1979), «Les Pertes Informatiques», *The Geneva Papers on Risk and Insurance*, Geneva, n° 13.

[26] The Energy Outlook, *Etudes et Dossiers* N° 93, L'Association de Genève, Genève, septembre 1985.

[27] Voir Hailey, Arthur (1985), *Strong Medecine*, Pan Books, Londres.

[28] The European Communities, Bruxelles (1985), *Directive on Product Liability*.

[29] Voir Kunreuther, H. (ed.) (1986), *Transportation, Storage and Disposal of Hazardous Materials*, communications d'une conférence à l'IIASA, Laxenburg/Vienna, Wharton School, Université de Pennsylvanie, Philadelphia, Penn.

[30] Voir Baglini, Norma (1976), *Risk Management in International Corporations*, Risk Studies Foundation, New York, N.Y.

[31] Parmi d'autres références: Stiglitz, Joseph (1983), Conférence annuelle de l'Association de Genève, *The Geneva Papers on Risk and Insurance*, Genève, N° 26.

[32] Voir Tobias, Andrew (1982), *The Invisible Bankers*, Pocket Books, New York, N.Y.

[33] Là se situe un problème de compromis économique et social délicat: un niveau élevé d'indemnisation du chômage est sans doute souhaitable d'un point de vue social. Mais il est également souhaitable, toujours de ce même point de vue, que l'utilisation de l'argent des travailleurs imposés ne dépasse pas un certain niveau ce qui pourrait encourager ceux qui manquent de motivation à se faire prendre en charge sans nécessité.

[34] Stiglitz, Joseph (1983), The Pure Theory of Moral Hazard, *The Geneva Papers on Risks and Insurance*, Geneva, N° 26, vol. 8.

[35] Voir Nussbaumer, Jacques, (1984), *Les Services*, Economica, Paris.

[36] Giarini, Orio and Louberge, Henri (1978), *The Diminishing Returns of Technologie*, Pergamon Press, Oxford.

[37] Stahel Walter R. (1984), *The Product-Life Factor*, Susan Grinton ed., *An Inquiry into the Nature of Sustainable Societies: The Role of Private Sector*, HARL, The Woodlands, Tx.

[38] Déclaration de Michael Cohen, Chef de Division, Département du Développement urbain et de l'approvisionnement en eau, La Banque Mondiale.

[39] Voir Laslett, Peter (1987), *The World we have lost*, Methuen on the Domesday Book.

[40] Voir Robertson, James (1985), *Future Work; jobs, self-employment and leisure after the industrial age*, Gower Publishing Co., London.

[41] Mill, John Stuart (réimpression 1968), *Principle of Political Economy*, Routledge and Kegan, Londres.

[41] Voir rubrique 40.

[42] Voir égalemnt la lettre d'informations du programme d'action de coopération sur les Initiatives locales de création d'emploi, OCDE, Paris.

[43] Voir en particulier l'initiative des "Women World Banking", lancée par Michaela Walsh à New York, USA, avec un rapport sur les initiatives réussies en Afrique et en Asie.

[44] New Scientist, 10 mai, 1984.

[45] Rose, Richard (1985), *Public Employment in Western Nations*, Cambridge University Press, texte résumé dans *The Economist*, le 16 novembre, 1985.
[46] Jordan, Bill (1986), *Basic Incomes and Hidden Economic Potential*, Science and Public Policy, London.
[47] Voir les travaux du Basic Income Research Group in London.
[48] De Hugues, Thomas P. (1983), *Network of Power*, John Hopkins University Press, Baltimore, Maryland and London.
[49] Dito 48.
[50] Dito 48.
[51] Marshall, Alfred, *Principles of Economics*, (1920) op cit.
[52] Hicks, John R. (1939), *Value and Capital*, Oxford University Press, Oxford/GB.
[53] Clark, Ronald (1980), *Free to choose*, Penguin Books, Middlesex/GB.
[54] Clark, Ronald (1980), *Einstein, sa vie et son époque*, Stock, Paris.
[55] Consulter, entre autres: Arrow, Kenneth (1978), *New Developments in the Theory of Risk Allocation*, The Geneva Papers on Risk and Insurance, Geneva, ainsi que bibliographie jointe.
[56] Popper, Karl (1977), *Unended Quest*, Fontant Collins, Glasgow /GB, p. 86.
[57] Très intéressant pour les non-spécialistes: Kline, M. (1980), *Mathematics – the loss of certainty*, Oxford University Press, Oxford; court article donnant une explication claire de la vérité relative en mathématiques: Little, J. (1980), "The uncertain craft of mathematics", *New Scientist*, 88, p. 626–628; en ce qui concerne le domaine de la physique: Bohm, D. (1980), *Wholeness and the Implicate Order*, Routledge & Keenan, Londres.
[58] Pour une description et une analyse claires sur ce point, consulter Clark, R.W. (1973), *Einstein, the life and times*, Hodder & Stoughton, Londres.
[59] C'est précisément le type de dialogue que *Dialogue on Wealth and Welfare* (op cit) a tenté d'ouvrir.
[60] Weisskopf, Walter (1984) Reflection on Uncertainty in Economics, septième conférence annuelle de l'Association de Genève, *The Geneva Papers on Risk and Insurance*, Geneva.
[61] René Passet est l'un des premiers économistes a avoir jeté un pont entre le développement contemporain de la pensée scientifique et la science économique. Voir par exemple: Passet, René (1979), *L'économique et le vivant*, Payot, Paris.
[62] Sa vérification des modèles économiques à partir du travail d'Ilya Prigogine, est très prometteuse.
[63] Extraits de la conférence Honda, 1983, du Professeur Ilya Prigogine, Prix Nobel de Chimie en 1977, Professeur aux Universités de Bruxelles et d'Austin, TX.

[64] Consulter entre autres: Capra, Frank (en préparation) Keppel: *Uncertainty, the ground for life.*

[65] Publié par le Hutchinson Group SA Ltd, Londres.

[66] Voir 63.

[67] Sur cette question, voir la notion de «valeurs déduites» dans Giarini, Orio (1980), Dialogue on Wealth and Welfare, p. 121.

[68] Voir Tevoedjre, Albert (1978), *Pauvreté, Richesse des Peuples*, Editions Sociales, Paris.

[69] Voir Weisskopf, Walter (1972), *The Psychology of Economics*, University of Chicago Press, Ill., pp. 57ss.

[70] Voir 69., pp. 11ff, 33ff, 166ss.

[71] Voir "Assessing wealth and welfare", in Giarini, Orio (1980), pp. 200ss.

[72] Marshall, Alfred (19..), *Principles of Economics*, op cit.

[73] Il existe bien entendu une forme opposée de l'inefficacité, lorsque la spécialisation mène à ne pas voir comment la partie spécialisée de l'activité s'intègre dans un tout.

[74] Max Weber et beaucoup d'autres sociologues ont mieux indiqué que les économistes eux-mêmes, dans leur description, les risques auxquels l'entrepreneur est confronté. Un livre de Frank Knight a traité ce sujet, dans les années 20.

[75] La notion de complexité est devenue un sujet de recherche de plus en plus prisé dans beaucoup de domaines. Entre autres, l'Université des Nations Unies a entamé un programme dans cette direction. Voir UNU (1985), *The Science and Praxis of Complexity*, L'Université des Nations Unies, Tokyo.

[76] Dans un article publié en 1985 dans *Business Week*, les économistes étaient décrits comme «espèce en voie d'extinction».

[77] Voir Henderson, Hazel (1980), *The End of Economics – Creating an Alternative Future*, Pergee Books, Putmans's Sons, New York, N.Y.

[78] Ritter, Don (1985), *Risk Management Reports*, XII/2, page 13.

[79] Decision Research Center on Risk Perception and Risk Communication; voir en particulier: Kahneman, Slovic et Tvesky (1983), *Judgement under Uncertainty: Heuristics and Biases*, Cambridge University Press.

[80] De Haynal, André (1985), *Anxiety Security and Certainty*, interventions dans le cadre des Rencontres Internationales de Genève.

[81] Weisskopf, Walter, *Reflections on Uncertainty in Economics*, op cit.

[82] Voir les commentaires sur Heisenberg, *Indetermination and Uncertainty*, notes de Walter Weisskopf, au chapitre 3.

[83] Publié par Pergamon Press (1978), Oxford. Il est aussi instructif de lire dans ce livre, à la page 57, une référence évidente à

l'économie de service, dans le sens où nous l'analysons dans ce rapport: «l'économie basée sur l'échange, qu'elle soit régulée par le marché ou par le plan, est nécessaire à tous les niveaux si on accepte que la spécialisation est indispensable à certaines activités pour accroître leur productivité. Cependant, on ne devrait pas éliminer la production de marchandises à usage direct par les producteurs eux-mêmes. De plus, il doit y avoir place pour ce qu'il convient d'appeler une véritable économie de service, non telle qu'elle a été conçue jusqu'ici, comme le résultat, mais comme la véritable source de développement. Une économie de ce type, qui fournit des services directs, assure la promotion de la valeur d'utilisation en même temps que ses activités profitent à un très grand nombre de gens. Ce n'est donc pas une question de «tertiarisation» systématique de la société, (qui est)... déplorée dans bien des pays industrialisés.»

[84] Note de l'auteur: Ulrich est le nom du héros d'un roman de Musil intitulé «L'homme sans qualités». La maison du Chemin des Grangettes fut la dernière demeure de l'auteur.

[85] Szaz, Tomas S., *Ideology and Madness* (1967), Harper and Raw.

Table des matières

Orio Giarini est né le 31 janvier 1936. Docteur en sciences économiques de l'Université de Trieste, il achève ses études aux Etats-Unis à l'Université de Austin. Ancien chef de projet d'économie industrielle et de services à l'Institut Battelle, il est Secrétaire général de l'Association internationale pour l'étude de l'économie de l'assurance à Genève. Professeur à l'Institut universitaire d'études européennes de Genève, il donne un cours ainsi qu'un séminaire sur l'économie de service. Il est entre autre Secrétaire général honoraire du Mouvement fédéraliste européen et membre du Club de Rome. Il est éditeur des *Cahiers de Genève sur le Risque et l'Assurance* depuis leur création en 1976. Il a publié notamment *The Emerging Service Economy* en 1987 chez Pergamon pour le compte du Services World Forum et *Dialogue sur la Richesse et le Bien-être* chez Economica en 1982. Il est l'auteur de nombreux articles sur le développement économique, la gestion du risque et de l'assurance ainsi que l'orateur de plus d'une centaine de conférences durant ces dix dernières années sur ces mêmes sujets.

Walter Stahel est né le 5 juin 1946. Diplômé en architecture et urbanisme de l'Ecole polytechnique fédérale de Zurich, ancien chef de projet au Centre d'économie appliquée de l'Institut Battelle à Genève, il est actuellement consultant indépendant en gestion d'entreprise, notamment dans les domaines de l'optimisation de la durée de vie des biens et services, des conseils en ressources humaines et de la gestion préventive des risques. Il est également Secrétaire général délégué de l'Association internationale pour l'étude de l'économie de l'assurance (Association de Genève). Il est entre autre secrétaire du Groupement européen pour la promotion des initiatives locales pour l'emploi à Bruxelles ainsi que de la Section européenne de la Science Policy Foundation à Londres. Il est l'auteur de nombreux articles et ouvrages sur la création d'emploi et sur l'optimisation de la durée de vie des produits dont un qui lui a valu un des Mitchell Prizes 1982 aux Etats-Unis.